ACCESO GRATIS *a la Lectura en la Nube*

Para visualizar el libro electrónico en la nube de lectura envíe junto a su nombre y apellidos una fotografía del código de barras situado en la contraportada del libro y otra del ticket de compra a la dirección:

ebooktirant@tirant.com

En un máximo de 72 horas laborables le enviaremos el código de acceso con sus instrucciones.

POLÍTICAS ECONÓMICAS COYUNTURALES

Objetivos e instrumentos

Procedimiento de selección de originales, ver página web:
www.tirant.net/index.php/editorial/procedimiento-de-seleccion-de-originales

POLÍTICAS ECONÓMICAS COYUNTURALES

Objetivos e instrumentos

3ª Edición

Coordinador
Carlos Ochando Claramunt
Universidad de Valencia

tirant lo blanch
Valencia, 2025

En caso de erratas y actualizaciones, la Editorial Tirant lo Blanch publicará la pertinente corrección en la página web www.tirant.com.

EDITA: TIRANT LO BLANCH
C/ Artes Gráficas, 14 - 46010 - Valencia
TELFS.: 96/361 00 48 - 50
FAX: 96/369 41 51
Email: tlb@tirant.com
www.tirant.com
Librería virtual: www.tirant.es
DEPÓSITO LEGAL: V-3004-2025
ISBN: 979-13-7010-680-5
Maqueta: Tink Factoría de Color

Si tiene alguna queja o sugerencia, envíenos un mail a: *atencioncliente@tirant.com*. En caso de no ser atendida su sugerencia, por favor, lea en *www.tirant.net/index.php/empresa/politicas-de-empresa* nuestro procedimiento de quejas.

Responsabilidad Social Corporativa: http://www.tirant.net/Docs/RSCTirant.pdf

AUTORES

Maja Barac
(Universidad de Valencia)

Jorge Uxó
(Universidad Complutense Madrid)

Josep Banyuls y Josep V. Pitxer
(Universidad de Valencia)

Carlos Ochando Claramunt
(Universidad de Valencia)

Paloma Villanueva y Luis Cárdenas del Rey
(Universidad Complutense Madrid)

Juan Francisco Albert
(Universidad de Valencia)

Jesús Paúl Gutiérrez
(Universidad CEU San Pablo)

Índice

Prólogo

"No solo estamos obligados a la solidaridad o a la compasión, sino sobre todo a la razón. La razón es mucho más estable y fiable que la mera compasión"
Byung-Chul Han: *Capiltalismo y pulsión de muerte*, Herder, 2022, p.: 93

El presente manual es fruto de la actualización del anterior publicado en 2021. Por tanto, es heredero de las dos ediciones anteriores (2015 y 2021) aparecidas con el mismo título y publicados en esta misma editorial. Sin embargo, esta edición se ha cambiado sustancialmente. Desde la anterior publicación, el mundo se ha transformado radicalmente. Fenómenos como la pandemia de la COVID-19, la guerra en Ucrania como resultado de la invasión rusa, la guerra en Gaza y el genocio cometido por Israel, la crisis inflacionista y, la más reciente, victoria de Trump en las elecciones norteamericanas están transformando el mundo y las instituciones que lo gobernaban. El resultado, como comprobamos todos los días, es una fuerte incertidumbre, una extrema polarización social, amenazas geopolíticas, la desaparición de los consensos y las reglas multilaterales que habían regido la gobernanza mundial, una extrema desigualdad y el ascenso de los gobiernos populistas de extrema derecha. Y por encima de todas las crisis y amenazas, la más transcendental si cabe: la crisis climática que representa un reto existencial para el conjunto de la Humanidad.

Este nuevo escenario económico, social y político interpela directamente a la política económica. El reto es de una magnitud considerable: ¿qué políticas económicas se han aplicado?, ¿cuáles han sido (y son) los debates significativos en política económica?, ¿cómo han cambiado los objetivos e instrumentos de la política económica?, ¿qué alternativas de política económica se plantean?, ¿cuáles son las nuevas instituciones que saldrán de este profundo periodo de incertidumbre y polarización?, ¿qué papel deben de jugar los Estados en la economía?, ¿qué nuevo modelo de gobernanza mundial nacerá de este periodo?, ¿qué políticas económicas caben esperar de los gobiernos autocráticos y de extrema derecha que están creciendo en medio mundo?, ¿sabremos aplicar una política económica inteligente y consensuada que combata el cambio climático? Y podríamos seguir con más preguntas. Como puede apreciar el lector, muchas son las preguntas y pocas las respuestas ciertas, seguras e infalibles. Si buscamos una palabra que defina el momento actual, esta podría ser "*incertidumbre*". Sería ilusorio pensar que el manual da respuesta a todas a estas preguntas. El objetivo es mucho más modesto: contribuir con algunas ideas y aportaciones doctrinales a dar luz en la búsqueda de algunas soluciones posibles.

La Política Económica es una disciplina que, en el seno de las ciencias sociales, tiene por objeto de estudio los fines, medios, resultados y orientaciones doctrinales en torno a la actividad político-económica del Estado. Es decir, su objetivo es el estudio del proceso real de decisiones y actuaciones públicas en materia económica. Todo estudiante de Economía debería saber —y reconocer— que la ciencia económica no es un constructo teórico para ser admirado en elegantes modelos conceptuales y matemáticos, sino que debe servir para transformar la realidad económica y social. En definitiva, partiendo de una clara vocación normativa y transformadora, contribuir a alcanzar un mundo mejor, donde las necesidades humanas estén cubiertas. De eso va, en definitiva, la Política Económica, de contribuir a la resolución de los problemas y conflictos económicos para alcanzar el máximo bienestar para todos los ciudadanos. La economía debe ser útil, servir al ser humano en la satisfacción de sus necesidades económicas, afectivas y de realización personal.

¿Cuál es el contenido del libro y quiénes son sus autores?

El presente manual tiene por objeto el análisis de los principales objetivos e instrumentos de las llamadas políticas coyunturales o instrumentales. Es decir, aquellas políticas de naturaleza macroeconómica que tratan de estabilizar los ciclos económicos y los shocks externos y que fijan sus objetivos en el corto y medio plazo.

El primer capítulo, realizado por la profesora Maja Barac de la Universidad de Valencia, aborda la relación entre la política económica y los ciclos económicos. La existencia de ciclos económicos (inestabilidad recurrente de la economía que da lugar a la existencia de desempleo e inflación) es la principal justificación de la intervención del Estado con políticas de estabilización. Por tanto, era necesario empezar nuestro manual estudiando los tipos de ciclos económicos y las teorías económicas que han tratado de explicar los mismos. La autora no se limita a estudiar las principales corrientes económicas, sino que se adentra en la explicación que aportan las teorías económicas más heterodoxas. Además, el capítulo finaliza con una reflexión sobre los retos a los que se enfrenta la política económica en la actualidad.

El capítulo 2 está dedicado al objetivo de estabilidad de precios y está elaborado por el profesor Jorge Uxó (Universidad Complutense de Madrid). El autor analiza la manera que tenemos de medir el crecimiento de los precios, sus causas y los efectos negativos sobre la economía. Incide, especialmente, en los aspectos distributivos de la inflación (tanto en sus orígenes como en sus consecuencias). El capítulo finaliza mostrando las políticas económicas a disposición de los gobiernos para asegurar la estabilidad de precios.

El capítulo 3 sigue estando dedicado al análisis de los objetivos de política económica. En este caso, al objetivo del empleo. Los autores, Josep Banyuls y Josep Vicent Pitxer (ambos de la Universidad de Valencia), afrontan este reto desde un enfoque estructural e institucional, alejándose del simplismo e irrealismo que han demostrado las corrientes más convencionales de la Economía, como el enfoque Neoclásico. Como no podía ser de otra manera, los autores destacan en el trabajo las aternativas de política de empleo —y de política económica en general— que nos pueden permitir alcanzar el objetivo de creación de empleo, tanto en su dimensión cuantitativa como cualitativa.

A partir del capítulo 4 nos adentramos en el estudio de los instrumentos, medios y/o políticas que nos permiten alcanzar los objetivos propuestos por los gobiernos. La primera política analizada en el manual es la política de rentas. El autor es el mismo que escribe estas líneas a modo de prólogo. La política de rentas interviene en el proceso de generación de las rentas y no en el momento del gasto (como ocurre con la política fiscal o la política monetaria). A pesar de esta naturaleza diferente creemos que la política de rentas debe de tener su espacio en un libro de estas características, por dos razones fundamentales: la primera, porque ha sido un instrumento de política económica muy utilizado en el pasado —el caso español da buena muestra de ello— y la segunda, porque el reciente proceso inflacionista vivido en las economías de medio mundo ha vuelto a poner en la agenda política y social la necesidad de adoptar una política de rentas que compatibilice la estabilidad de los precios con una distribución más justa de los costes regresivos que acarrea la inflación.

El capítulo 5 está dedicado a la política fiscal. La autoría del mismo corresponde a Luis Cárdenas del Rey y Paloma Villanueva, ambos profesores de la Universidad Complutense de Madrid. Se analiza en el mismo la orientación y efectos de la política fiscal a partir de un modelo macroeconómico sencillo. Los autores centran el debate en los indicadores de la política fiscal, la importancia del valor del multiplicador fiscal y en la dinámica de la deuda pública. Al final del capítulo analizan los límites en la eficacia de la política fiscal.

El capítulo 6, realizado por el profesor de la Universidad de Valencia Juan Francisco Albert, afronta el desafío de analizar una política compleja desde el punto de vista técnico como es la política monetaria. Como es sabido, la política monetaria no es competencia de los gobiernos, sino de los Bancos Centrales. En el capítulo se analiza el proceso de creación monetaria, los instrumentos y objetivos de la misma, los mecanismos y canales de transmisión al sector real de la economía. También, el autor reconstruye la intervención del BCE desde la Gran Recesión de 2008 hasta la actualidad. Tras hacer una referencia a la política financiera macroprudencial, el capítulo finaliza con una reflexión sobre los límites y desafíos de la política monetaria.

Finalmente, el capítulo 7 está dedicado a los desequilibrios exteriores de la economía y a las políticas que permiten su corrección. En una economía ampliamente globalizada y con una fuerte interconexión entre diferentes países, las restricciones y crisis externas adquieren una importancia creciente en la agenda de la política económica. Asímismo, el objetivo de competitividad se ubica en el núcleo central de la política económica actual. Su autor es el profesor de la Universiad CEU San Pablo de Madrid Jesús Paúl.

¿Qué rasgos destacaríamos del manual?

Existen dos propósitos y/o motivaciones que han guiado el trabajo de los autores y que nos gustaría poner en valor: 1) la adopción de un enfoque metodológico plural y 2) la necesidad de incorporar una análisis interdisciplinar en la disciplina de la Política Económica.

En primer lugar, los autores proceden, no sólo de distintas Universidades, sino de diferentes corrientes de pensamiento dentro de una ciencia económica que siempre es, no lo olvidemos, plural y con multitud de paradigmas metodológicos, en ocasiones, contradictorios entre sí. Es, especialmente, en la Política Económica donde debemos tener más presente la existencia de esa diversidad teórica y metodológica. No existe una visión teórica monista y monolítica para observar y explicar la realidad. La adopción de la pluralidad paradigmática debe constituir uno de los rasgos de cualquier enfoque de Política Económica. En la práxis, hacer política económica es elegir entre diferentes opciones disponibles lo cual conlleva siempre la incorporación de juicios de valor y posicionamientos normativos (que por definición son plurales). Esperemos que esa riqueza metodológica esté recogida en el manual y sea puesta en valor por el lector.

En segundo lugar, es en el ámbito sobre todo de la Política Económica, donde debemos aplicar una metodología interdisciplinar, nutriéndola con conocimientos procedentes de ámbitos tan diversos como la Sociología, la Psicología, la Antropología, la Ciencia Política y otras disciplinas sociales. No podría ser de otra manera. Comprender la intervención del Estado y las consiguientes reacciones y comportamientos de las personas derivadas de la misma, requiere del conocimiento que aportan otras ciencias sociales diferentes a la Economía. La totalidad de los autores del manual proceden del campo de la Economía, pero tratan de mirar la realidad económica con unas "*gafas*" amplias que incorporen las otras "*miradas*" de las disciplinas sociales.

¿A quién va dirigido?

Como decíamos en el anterior prólogo del manual, el libro que ahora se edita está dirigido, esencialmente, al estudiantado del Grado de Economía, aunque puede ser utilizado por el alumnado de otras titulaciones e, incluso, por personas expertas y especializadas en la materia. Dirigirnos principalmente a este público nos ha obligado a ser didácticos. Hemos intentado exponer los principales conceptos, los diferentes enfoques teóricos y las principales ideas con claridad y sencillez, intentando que la lectura de los distintos capítulos sea atractiva y útil como herramienta de estudio. Todos los capítulos incluyen cuadros, recuadros, tablas, gráficos, esquemas y ejemplos para facilitar su lectura. Los autores que participan han realizado un esfuerzo de síntesis, realismo y de actualización de la información. De ahí que el libro puede llegar a un público más general y servir de fuente de información y divulgación de ideas para la ciudadanía interesada por estos temas.

Agradecimientos finales

Para finalizar, permítaseme expresar solo dos agradecimientos muy especiales, ya que la lista sería demasiado extensa para un prólogo tan breve. En primer lugar, a todos los autores de los capítulos (unos ya estaban en la anterior edición y otros se han incorporado ahora al proyecto). Todos ellos han realizado un valioso esfuerzo de transmisión de sus conocimientos y contribuyen así al proceso de aprendizaje de la Política Económica. Desde los orígenes, la coordinación del manual siempre ha sido toda una fuente de placer y de conocimiento para su coordinador.

En segundo lugar, deseo expresar mi más sincero agradecimiento a todos los compañeros y compañeras que participaron en la publicación de los manuales anteriores de Política Económica. La lista sería muy larga. En la motivación de hacer este libro está el intento de ser un digno guardian de esa herencia.

Todo trabajo académico es una labor colectiva. Se nutre de las relaciones personales y del intercambio de ideas. También este libro es el resultado de años de intercambio de ideas, de experiencias, de seminarios, de materiales didácticos compartidos, etc. En definitiva, de la generosidad de muchas personas, especialmente, de los/as compañeros/as de Política Económica de la Universidad de Valencia. Vaya por delante, pues, mi agradecimiento a ellos/as por tantas ideas y experiencias compartidas.

CARLOS OCHANDO CLARAMUNT
Valencia, junio de 2025.

Capítulo 1
Política económica y ciclos económicos

MAJA BARAC
Universitat de València

La política económica se caracteriza por su gran dinamismo
su capacidad predictiva y moduladora de la realidad
como rasgo diferenciador que la delimita
respecto de las otras ramas del saber económico.
La actividad científica de la política económica
no se limita a la explicación teórica,
sino que pretende generar normas y recomendaciones
en un intento de transformación de la situación existente.
Este es su papel diferenciador respecto de la teoría económica.
Orduna (1999)[1]

1. INTRODUCCIÓN

En 2025 observamos muchos frentes en los que la política económica juega un papel crucial, ya que enfrenta una serie de desafíos que requieren respuestas coordinadas, adaptativas y estratégicas. Aunque la realidad nunca está exenta de complejidad, los desafíos actuales tienen ciertas características diferenciales respecto a periodos previos. Observamos que la interconexión entre los mismos es elevadísima, la celeridad con la que se debe responder es absoluta y la velocidad con la que se producen los cambios y se propagan no tiene parangón, con lo cual nos enfrentamos a niveles máximos de volatilidad e incertidumbre.

Las tensiones y conflictos entre grandes potencias están a la orden del día. Estados Unidos está adoptando un papel activo e incluso agresivo en la geopolítica global, tratando de contrarrestar con ello la creciente relevancia de China, con quien disputa el liderazgo mundial. Con ello, se están produciendo cambios en el *statu quo* preponderante como ocurre con la

---

1 Orduna Díez, P. (1999). La política económica como disciplina de la economía aplicada. *Documento de trabajo, 9904,* 48 p. Madrid: Universidad Complutense de Madrid. Escuela Universitaria de Estudios Empresariales.

vuelta a las políticas proteccionistas y sus efectos sobre el comercio internacional y las cadenas de suministro dado el nivel de globalización actual.

Son cada vez más frecuentes y devastadores los eventos climáticos extremos, como inundaciones y sequías, que están causando daños significativos a infraestructuras y afectando gravemente la productividad agrícola. Pero aún mayor y más trágico es el coste que suponen estos fenómenos en vidas humanas dejando consecuencias irreparables. Aunque estos fenómenos son más habituales en países en desarrollo, las recientes DANAs sufridas en 2024 en España y que afectaron de forma más trágica a Valencia (con 227 fallecidos), muestran que el primer mundo no está exento de esta problemática.

A pesar de la moderación de la inflación durante 2025, el aumento sostenido de los precios de bienes y servicios esenciales tras la pandemia de 2020 ha erosionado de forma significativa el poder adquisitivo de los hogares, exacerbando las desigualdades económicas. Esta situación ha generado descontento social y presiones políticas, desafiando la cohesión social y la estabilidad política en diversas regiones, alimentando a su vez la polarización y las posturas extremas y radicalizadas.

En un mundo donde todo nuestro “universo” queda reducido a un teléfono inteligente que cabe en la palma de nuestra mano, la dependencia de las tecnologías digitales sigue acrecentándose. Con ello ha aumentado también la vulnerabilidad a ciberataques y la propagación de desinformación, a todos los niveles. Estos riesgos no solo amenazan la seguridad económica, sino que también socavan la confianza en las instituciones y desestabilizan a las sociedades.

La rápida adopción y el avance de tecnologías como la inteligencia artificial generativa y la automatización está transformando la sociedad. Los impactos más evidentes de esta transición tecnológica se dan en el mercado laboral, planteando desafíos significativos para la capacitación laboral y la adaptación de las políticas educativas y de empleo. Pero se vislumbra que su carácter disruptivo, va mucho más allá y plantea, además, cuestiones que alcanzan un nivel existencial para la humanidad, al abrir el abanico de futuros posibles y acercarnos a las sociedades distópicas que hasta ahora estaban relegadas a la ficción.

El presente capítulo se estructura de la siguiente forma. Seguidamente, en la sección segunda vamos a hacer un breve repaso sobre cómo ha evolucionado la disciplina de Política Económica con algunas matizaciones desde la perspectiva actual, incidiendo en el papel que juegan las instituciones. En la sección 3 vamos a exponer y analizar los principales objetivos o fines que se fijan, aportando algunas propuestas de actualización. Asimismo, vamos a plantear brevemente los instrumentos disponibles para la alcanzar dichos objetivos centrándonos más en el corto plazo que es el escenario en el que se centra este manual. En la sección 4 nos enfocaremos en los ciclos económicos, comenzando con los conceptos básicos y definiciones. Después, abordaremos los distintos enfoques teóricos sobre los ciclos económicos desde los autores clásicos y *mainstream* hasta los enfoques más actuales y heterodoxos. Las diferentes fases del ciclo son muy relevantes, ya que suelen contribuir a la incompatibilidad de objetivos, limitan o amplifican los resultados de los instrumentos y, por lo tanto, moldean las actuaciones en Política Económica. La sección quinta aborda un tema interdisciplinar como son las narrativas en Política Económica. A continuación, dedicaremos la sección 6 a esbozar algunas de las limitaciones y los retos de la política económica. Por un lado, los inherentes a la disciplina y su capacidad de delimitar los efectos negativos, sin desaprovechar las ventajas que puedan traer dichos desafíos y, por otro lado, los desafíos socio-económicos actuales y futuros que moldean su diseño, ejecución y resultados. Finalmente, concluimos el capítulo con una reflexión.

2. LA POLÍTICA ECONÓMICA Y DEBATES

En el contexto de este manual la *política económica* se define como el conjunto de medidas elegidas, diseñadas y llevadas a cabo por las autoridades públicas (instituciones) para alcanzar unos fines u objetivos predeterminados. Es una herramienta de intervención (acción deliberada) del Estado en el sector económico a través de distintos instrumentos o medios. Su objetivo es facilitar al gobierno información sobre las consecuencias esperadas de su intervención sobre el bienestar social, y busca lograr metas tanto para el bienestar de los ciudadanos como del propio Estado, interna y externamente.

El fin último de la política económica se puede definir como la satisfacción de las necesidades colectivas o el bienestar social, o más específicamente, la maximización del bienestar social. Pero, aunque nos movamos en el terreno de lo económico, dicho fin no reside únicamente en el bienestar material, sino que debe contribuir a la realización personal y autonomía de las personas. Esto implica crear las condiciones estructurales e institucionales que permitan el desarrollo de las capacidades económicas, políticas, sociales, de información y seguridad, maximizando también la libertad. Esta visión más amplia aumenta el espacio de decisión y la importancia de las preferencias e intereses de los distintos grupos sociales.

El proceso de formación de la política económica en la práctica es un proceso político complejo, resultado de una red de relaciones donde participan diversos actores con intereses en conflicto, y la actuación del gobierno está condicionada por estos intereses y el marco institucional. El gobierno no actúa únicamente buscando el bien común, es por ello que también presenta fallos y limitaciones que deben minimizarse con trasparencia, participación ciudadana, pluralidad y contrapesos que creen los incentivos adecuados para alinear los intereses políticos con los de la sociedad. Jeffry Frieden afirma que "la política a menudo es desordenada, pero es la forma en que la sociedad asigna un valor a cosas que los economistas no pueden medir [...] es el ámbito en que las personas tienen la oportunidad de sopesar, por ejemplo, la viabilidad de un pueblo pequeño frente a las ventajas para los consumidores de comprar ropa más barata". De este modo, el cometido de la Política Económica es complejo y amplio y ha ido evolucionando con el avance de las sociedades (véase Recuadro 1). En un mundo mejor deben ser los valores éticos y los objetivos metaeconómicos los que orienten la senda de la disciplina adaptándose al contexto socioeconómico y político que van a ser claves para determinar las restricciones que tendrán que considerarse en su diseño, implementación y ejecución, y consecuentemente, afectarán también a los resultados obtenidos.

Recuadro 1
Revisión de un clásico: la mano invisible

In Search of the Invisible Hand - Adam Smith es considerado uno de los mayores exponentes de la economía clásica y de la filosofía de la economía del siglo XVIII. Desde finales del siglo XX, cualquiera que haya cursado Economía ha estudiado el concepto, pero ¿qué concepto has aprendido tú?

• Concepto original de Smith

Adam Smith menciona la mano invisible solo una vez en La Riqueza de las Naciones y en La teoría de los sentimientos morales, en contextos diferentes. En su formulación original, el beneficio individual puede coincidir con el bien común solo bajo ciertas condiciones: inversión en la industria nacional y producción de mayor valor.

• Distorsión moderna del concepto

Paul Samuelson, en su manual Economía (1948), simplificó la idea, omitiendo los matices y condiciones clave. Oren Cass critica esta simplificación como origen de un "fundamentalismo de mercado": la creencia errónea de que los mercados son siempre autorregulados y eficaces. Friedrich Hayek reforzó esta visión en "Por qué no soy conservador", defendiendo una fe ciega en los mercados autorregulados, que llegarán por sí mismos a resultados correctos.

• Consecuencias de esta visión distorsionada

Primero, *globalización excesiva* y *deslocalización,* justificadas por una lectura sesgada del comercio internacional (aunque Smith, Ricardo y Mill defendían el intercambio cuando ambos países producen algo). Segundo, *financiarización* de la economía: priorización de beneficios financieros especulativos sin creación de valor real. Tercero, *desregulación* y *pasividad del Estado*: la suposición de que cualquier actividad orientada al lucro será automáticamente socialmente beneficiosa.

• Impacto en la política económica y en la confianza pública

Esta ideología ha moldeado decisiones de política económica en EE. UU. y Occidente, contribuyendo a efectos sociales negativos. Ha generado desconfianza ciudadana hacia el conocimiento económico, al asociarlo con una defensa acrítica de los mercados.

Fuente: Cass, O. (2025). Point of View – In Search of the Invisible Hand. *Finance & Development, 0062*(001), A004. Retrieved May 19, 2025, from https://doi.org/10.5089/9798400297144.022.A004 *PODCAST*

PREGUNTA PARA LA REFLEXIÓN CRÍTICA Y EL DEBATE:

1. Adicionalmente a lo expuesto por Cass (2025), Adam Smith en su libro expone unos sesenta ejemplos en los que la búsqueda del interés propio produce consecuencias perjudiciales para el interés común. Además, reconoce la necesidad de intervención gubernamental en diversos ámbitos: límites a los tipos de interés, aranceles compensatorios, impuestos específicos (como a los licores y sobre la renta), educación, regulación bancaria, protección salarial y servicios públicos como limpieza, sanidad o entretenimiento. Su preocupación central no es el poder del Estado per se, sino el riesgo de que intereses privados influyentes lo capturen en su beneficio. ¿Cómo un economista que tenía un enfoque humanista, pro Estado y filosófico de la economía ha acabado siendo un referente de teorías económicas que distan tanto de dicho enfoque?

Jan Tinbergen (1903-1994) se puede considerar como el precursor de la econometría moderna, al recurrir a modelos matemáticos complejos para el análisis económico. En la actualidad, existe cierta controversia sobre si la economía moderna, al abusar de los modelos matemáticos y simplificados y centrarse en agentes económicos racionales —enfoques más ortodoxos, convencionales o también denominados *mainstream*— ha perdido la capacidad de capturar la complejidad de la realidad como el cambio climático y abordar algunos problemas del mundo real como la desigualdad. Schumpeter, ya criticó a Ricardo por crear teorías que dejaban fuera aspectos importantes y complicados de la realidad social. Sin desmerecer las utilidades de la aplicación de técnicas o de las simplificaciones puntuales, estas enseñanzas no deberían desdeñar los enfoques heterodoxos, más realistas, plurales e interdisciplinares.

No se trata de sentenciar que las técnicas matemáticas o econométricas sean un error absoluto, es decir, ya que *per se* son sólo herramientas y como tales pueden ser muy útiles. Sin embargo, es importante señalar y tener presente cuando las usemos que:

- En la abstracción analítica los supuestos simplificadores o las limitaciones introducidas por los datos disponibles o los modelos cuantitativos *no implican imparcialidad*, aunque se asuman por cuestiones técnicas u operativas.
- Los instrumentos *no son neutrales*, ya que afectan de manera diferente a distintos grupos sociales, tienen impactos colaterales y la elección de instrumentos puede estar influenciada por las preferencias, limitaciones cognitivas y sesgos de analistas y asesores/as.
- Los fines y los medios son *interdependientes* y se influyen recíprocamente. Los economistas pueden y deben analizar los fines, incluyendo su plausibilidad e impacto.
- La no intervención *no es ecuánime*, porque el hecho de que el Estado no intervenga no elimina la interacción del resto de actores, ni siempre conduce a óptimos.

Algunos debates habituales de la política económica no están cerrados y muy a menudo se presentan en forma de conflictos o *trade-offs*. A continuación, vamos a discutir sobre dos de los aspectos más convencionales y controvertidos.

2.1. *Entre "lo positivo" y "lo normativo"*

En "lo positivo" se asume que hay que objetivar al máximo el análisis y tratar de aproximar la forma de estudiar la economía a los estándares de análisis de las ciencias puras (véase Recuadro 2 para entender mejor la parte conceptual de este debate). En el contexto de la disciplina de la Economía se suele hacer referencia a los hechos estilizados (*stylized facts*), esto es, regularidades empíricas observadas de forma consistente en distintas economías y momentos históricos, simplificadas y generalizadas para ser utilizadas como punto de partida en la formulación de teorías económicas. El término fue popularizado por Nicholas Kaldor[2] en 1961, quien subrayaba que las teorías económicas deben ajustarse a los hechos estilizados y no a observaciones aisladas o anomalías estadísticas. Por lo tanto, su función debería ser la de describir hechos económicos. En "lo normativo", sin embargo, se asume que serán los juicios de valor los que guiarán el análisis. Por lo tanto, hay mucha más subjetividad explícita y se persigue hacer recomendaciones y prescripciones sobre cómo actuar basadas en valores éticos, sociales y políticos.

Teniendo en cuenta esto, ¿las posturas son realmente excluyentes o son complementarias y ambas útiles para la ciencia económica? Continuando con la reflexión, ¿realmente es posible eliminar los juicios de valor de las recomendaciones? En una disciplina social cuyas prescripciones impactan directamente en las vidas de las personas, esto nunca puede ser inocuo. Y en ese caso, ¿dónde reside realmente el conflicto entre "lo positivo" y "lo normativo"? Consideramos dos posibles situaciones de conflicto, que no pretenden ser exhaustivas, sino ilustrativas.

La primera podría estar relacionada con el significado literal de las propias palabras (esto entronca con las narrativas de las que hablaremos en la sección 5 de este capítulo). Por un lado, para "lo positivo": "Cierto, efectivo, verdadero y que no ofrece duda" donde, además, el antónimo es "Falso". Pero, la economía rara vez puede formular afirmaciones a ese nivel de universalización y la duda es fundamentada y constante. Es más, incluso en las ciencias puras el avance de la tecnología y el conocimiento también ha desmentido leyes. También puede darse si se confunde con otra acepción "Útil, práctico o beneficioso" donde, el antónimo es "Negativo, inútil" ya que esta acepción parece entrañar juicios de valor que son pertenecientes a "lo nor-

---

2 Kaldor (1908-86) pertenece a la escuela de la "nueva economía del bienestar" (*New Welfare Economics*), que incluye a economistas como Bergson, Hicks, Scitovsky, Allais, Samuelson y Little.

mativo". Por otro lado, para "lo normativo": "Que fija la norma. Regla que se debe seguir o a que se deben ajustar las conductas, tareas, actividades, etc." aunque hablemos de reglas a seguir, no implica que no podamos volver atrás y discutir sobre los juicios de valor que se han aplicado para crear la regla, por lo tanto, no deben ser inamovibles ni ignorar las excepciones que se van a suscitar, especialmente en momentos de crisis, periodos bélicos o situaciones con grandes cambios en el *statu quo* que requieran repensar valores, cambiar la jerarquía de objetivos y, por ende, revisar las reglas o ignorarlas.

La segunda se produciría cuando se "mezclan" sus "funciones". Esto ocurriría, por ejemplo, cuando se usan modelos estáticos, rígidos y absolutamente alejados de la realidad, no para tratar de explicar fenómenos económicos que pueden ocurrir (o no, y dejando esto absolutamente claro), sino para hacer recomendaciones de política económica. Cuando en las discusiones sobre cómo alcanzar un objetivo o abordar los problemas de carácter económico de las sociedades se descartan muchas alternativas y políticas sólo porque en su formulación no se construyen con modelos o no utilizan ciertas herramientas. Cuando se hacen las mismas prescripciones, con propuestas genéricas para diferentes momentos del tiempo, diferentes países y en definitiva diferentes realidades, sólo porque los problemas detectados son temáticamente los mismos, como por ejemplo altos niveles de pobreza o de inflación.

Es probable también que la realidad, siendo tan compleja, no encaje en esta clasificación dicotómica. Así, probablemente lo más honesto sería:

- Explicitar siempre los juicios de valor que estamos introduciendo en el análisis en vez de disfrazarlo de otras cosas.
- Evidenciar todas las limitaciones de los modelos y las herramientas de análisis, de las bases de datos utilizadas, de los sesgos introducidos, etc. Y explorar cómo pueden estar afectando al resultado.
- Ser muy prudentes a la hora de hacer recomendaciones o afirmaciones categóricas y de elevar los hallazgos a hechos estilizados, ya que estos, deberán ser suficientemente generales como para ser útiles como criterios de plausibilidad o realismo.
- Analizar las excepciones y las irregularidades, para así ampliar el conocimiento. Y recordar que, al aplicar el método científico, para afirmar que algo es verdad no debe haber duda y esto no se puede probar por haber encontrado que algo ocurre muchas veces, sino que pasa por demostrar que *nunca* ocurre lo contrario. Es decir, se debe tratar de falsar la hipótesis de partida.

Recuadro 2
Distinción en Economía: Economía Positiva vs Economía Normativa

	ECONOMÍA POSITIVA	ECONOMÍA NORMATIVA
DEFINICIÓN	Se ocupa de describir y explicar los hechos económicos tal como son, sin emitir juicios de valor. Se centra en el análisis objetivo y en la verificación empírica de hipótesis.	Se ocupa de los juicios de valor y de lo que "debería ser". Propone recomendaciones y políticas basadas en valores éticos, sociales o políticos.
CARACTERÍSTICAS	– Describe "lo que es" o "lo que sucede". – Utiliza datos y modelos para explicar fenómenos económicos. – Busca entender las causas y efectos, sin opinar sobre si son buenos o malos. – Es fundamental para construir teorías y hacer predicciones.	– Describe "lo que debería ser" o "lo que es deseable". – Involucra criterios subjetivos, como justicia, equidad, bienestar. – Es usada para formular políticas públicas y propuestas de cambio. – No puede ser verificada ni refutada sólo con datos, depende de opiniones o consensos sociales.
ENFOQUE	Descriptivo y analítico.	Prescriptivo y evaluativo.
VERIFICABILIDAD	Sí, con datos y análisis.	Solo efectos *ex post*. Admite alternativas.
EJEMPLOS	– "Un aumento en la tasa de interés reduce la inversión empresarial". – "El desempleo en España se situó en el 12% en 2023". – "La inflación aumentó un 3% este año".	– "El gobierno debería aumentar el gasto social para reducir la desigualdad". – "Es necesario implementar impuestos más altos a las grandes fortunas para lograr justicia distributiva". – "Se debería controlar la inflación para proteger a los más pobres".

2.2. *Entre el mercado y el Estado*

Se ha debatido extensamente sobre el grado en que debe intervenir el Estado en la economía. Normalmente, las alternativas se han planteado y clasificado en función del tamaño del Estado. El tamaño puede ser entendido de manera literal como el volumen del presupuesto (que designa su capacidad de gasto e ingresos) o incluso como la cantidad de actores que forma parte del mismo (como políticos/as, empresas públicas, funcionarios/as, etc.). Pero también como la extensión de la intervención estatal, que en su expresión mínima consistiría en limitarse a establecer las reglas del juego, pero se podría expandir en mayor o menor medida para delimitar o modelar y cambiar las capacidades de actuación y comportamientos del resto de actores, así como del mercado. Aunque el debate sobre cuál es el grado adecuado de intervención del Estado en la economía sigue estando abierto, probablemente este debate sólo tiene sentido en un contexto democrático donde se entienda la dicotomía como los contrapesos y delimitaciones de poderes público-privados, para evitar abusos por parte de unos u otros. Aun así, dado el alto nivel de complejidad e incertidumbre que enfrenta la economía moderna, ¿tiene sentido delimitar la intervención *ex ante*, es decir, decidir en qué ámbitos puede o no intervenir el Estado en vez explorar fórmulas más flexibles como, por ejemplo, exigir mayor evaluación de las políticas implementadas y rendición de cuentas? Asimismo, hoy en día, todas las desregulaciones (merma del poder del Estado) suelen justificarse como la panacea para cualquier problema con prometer mejoras de productividad o de eficiencia. La contrariedad reside en que dichas medidas generalmente presentan sesgo y son imperfectas y, aunque deben tenerse en cuenta para orientar, no deberían ser la única forma de evaluar los progresos hacia los objetivos. Por ejemplo, es habitual que se hable de la productividad del trabajo como el resultado de la producción total dividida entre las horas trabajadas o número de personas empleadas, agregando a menudo sectores muy dispares, ignorando la productividad del resto de factores o aspectos culturales y organizacionales que pueden estar influyendo en dicho resultado. En el mejor de los casos se considerará la productividad total de los factores, si hay datos disponibles, pero se seguirá ignorando la calidad y otros aspectos cualitativos que podrían ser más informativos sobre las causas de la baja productividad y matizar los beneficios de mejorarla "a cualquier precio". Así, siguiendo con el ejemplo anterior, deberían responderse preguntas adicionales como qué se produce, cómo son el tejido y la cultura empresarial, cuál es la formación de los trabadores, cuál es la estructura organizativa y flexibilidad dentro de las empresas (más allá de poder despedir barato), etc. Es probable que al alejarnos de los modelos y las supuestas "regularidades" empíricas o teóricas podamos prestar más atención a la realidad para que los cambios implementados, además, de mejorar la productividad, mejoren el bienestar de trabajadores y empresarios de forma más holística, y que construyan puentes para buscar compatibilidades entre los intereses confrontados de ambos, sin que ningún colectivo deba sentirse necesariamente el perdedor absoluto en la batalla.

En definitiva, la Política Económica debe servirnos para tender a la utopía en su segunda acepción de la RAE "representación imaginativa de una sociedad futura de características favorecedoras del bien humano" y abstraer de ahí los objetivos y metas que queremos alcanzar como sociedad, a pesar de que, tal y como señala la primera definición, el plan, proyecto, doctrina o sistema ideales parezcan de muy difícil realización.

3. OBJETIVO E INSTRUMENTOS DE LA POLÍTICA ECONÓMICA

3.1. Objetivos convencionales de la Política Económica

A pesar de la imprecisión del fin último del bienestar social, los objetivos de la política económica se concretan, clasifican y jerarquizan, como acotación pragmática. En la aplicación práctica la política económica se dota de objetivos más operativos. Una de las clasificaciones más usadas es de carácter temporal. Sin embargo, dicha distinción es convencional, ya que muchos objetivos pueden verse afectados por políticas de ambos horizontes temporales. Siguiendo esta distinción, en la que también se basa la estructura de este manual, los objetivos se presentan en el cuadro 1, con una breve descripción y el indicador más comúnmente empleado:

Cuadro 1
Clasificación de los objetivos de Política Económica en función del plazo

PLAZO	TIPO	OBJETIVOS	CARACTERÍSTICAS BÁSICAS
PRINCIPALMENTE DE **CORTO/MEDIO PLAZO**:	Equilibrio interno	Estabilidad de precios	Mantener estables los niveles generales de precios. **INDICADOR**: Índice de precios al consumo.
		Pleno empleo	Prevenir y reducir el desempleo involuntario, incluyendo el coyuntural, estructural y friccional. Se busca mantener un nivel de empleo elevado y estable. **INDICADORES**: Tasa de desempleo y tasa de ocupación.
	Equilibrio externo	Equilibrio de la balanza de pagos	Mantener las transacciones económicas: comerciales y financieras con otros países en un nivel sostenible. **INDICADOR:** Saldo de la balanza de pagos.

PLAZO	OBJETIVOS	CARACTERÍSTICAS BÁSICAS
PRINCIPALMENTE DE **LARGO PLAZO**:	Crecimiento económico.	Aumento del nivel de vida. **INDICADOR**: PIB
	Distribución de la renta y la riqueza.	Reducir las desigualdades existentes. **INDICADORES**: Gini, medidas de pobreza.
	Desarrollo sostenible	Alcanzar un mayor crecimiento integral (económico, social y sostenible) que satisfaga las necesidades presentes sin comprometer las de las generaciones futuras. **INDICADORES**: socioeconómicos, ambientales y de sectores productivos y sintéticos o de progreso de la sociedad.
	Reducción de disparidades regionales	Promover el desarrollo económico y empleo a nivel de las distintas regiones. **INDICADORES**: de crecimiento y empleo desde la perspectiva regional.

Fuente: elaboración propia.

Asimismo, queremos matizar y señalar algunos aspectos de los objetivos que se pueden e incluso deben considerar desde un análisis menos convencional:

- **Estabilidad de precios.**

En las últimas décadas, la política monetaria ha tendido hacia sistemas de metas de inflación (*inflation tageting*, estrategia iniciada por Nueva Zelanda en 1989). Se caracteriza por otorgar una mayor autonomía al Banco Central (BC) y suele implicar la supeditación de otros objetivos de política económica dando prioridad a la estabilidad de precios.

Desde una perspectiva más heterodoxa, por un lado, se admite que la transparencia en los objetivos y decisiones, así como la rendición de cuentas periódica, son requisitos clave para reforzar la credibilidad institucional. Por otro lado, sin embargo, este enfoque también recibe críticas. Las implicaciones que tiene que la independencia de un BC también conlleve falta de democracia en la fijación de la agenda política. La falta de flexibilidad en algunas metas, que ignoran los ciclos económicos, especialmente cuando son objetivos asimétricos como lo fue el de la Unión Económica y Monetaria (UEM) hasta 2021. Asimismo, estudios recientes señalan que los instrumentos, de la política monetaria en este caso, no son neutrales, aunque su impacto sea más complejo de aislar o cuantificar que los de la política fiscal. Este objetivo se abordará más extensamente en el capítulo 2 del manual.

• **Pleno empleo.**

En la práctica se acaba centrando en la reducción del desempleo. Sin embargo, desde el enfoque heterodoxo la calidad y los aspectos cualitativos del empleo, encaminados en su mayoría a reducir cualquier tipo de precariedad laboral, resultan igual o más importantes si cabe que el nivel de desempleo. Las variables flujo también son importantes, ya que permiten observar la rotación arrojando así más información sobre cómo funciona el mercado de trabajo. Desde el punto de vista cuantitativo, el objetivo persigue que las tasas relativas a actividad y empleo sean elevadas; cualitativamente, además, se persigue que esto se consiga con las mínimas desigualdades (por sexo, geográficas, sectoriales, etc.) y extiende el enfoque sobre la calidad de las condiciones del empleo (contratos, horarios y jornadas, remuneración salarial y en especie, seguridad en el empleo, niveles de protección social, etc.). En definitiva, los rasgos que mejor califican el mercado de trabajo, tanto en su dimensión cuantitativa como cualitativa, son la complejidad y su interdependencia con otros ámbitos de índole económica, social, política e institucional.

Así, a partir de ciertos umbrales de desempleo suficientemente bajos o persistentes, las políticas o actuaciones económicas no pueden justificarse sólo porque se cree más empleo si éste no es de calidad. Asimismo, el trabajo no es homogéneo, ni el salario se puede considerar un precio más como el de un bien cualquiera. Mientras que la fijación de precios en otros ámbitos suele ser indeseable, porque normalmente genera más problemas que beneficios (aunque también puede verse condicionada por niveles de desarrollo del país o sector), suele ser una práctica mucho más aceptada, y para muchos necesaria, en el mercado laboral. Esta aproximación más social, permite justificar la fijación de salarios mínimos. Este objetivo se abordará más ampliamente en el capítulo 3 del manual.

• **Equilibrio de la balanza de pagos.**

A veces se considera un cuasi objetivo, ya que afecta indirectamente a los ciudadanos. En ocasiones se ha incluido en el largo plazo como un objetivo de competitividad. Las políticas de estabilización externa se abordarán más extensamente en el capítulo 7 del manual.

• **Crecimiento económico.**

El PIB ha sido muy útil durante años para la medición del crecimiento y comparativa internacional. En la actualidad, sin embargo, ha perdido valor como indicador de prosperidad desde una perspectiva heterodoxa y aunque se debe seguir usando como herramienta, no debería constituir un fin en sí mismo. Estas críticas se abordan más en profundidad en la subsección 4.3 de este capítulo.

• **Distribución de la renta y la riqueza, desarrollo sostenible y reducción de disparidades regionales.**

Estos tres objetivos se pueden abordar conjuntamente considerando un objetivo de desigualdad multidimensional más ajustado al contexto actual, con economías globales mayormente enfocadas al sector servicios (generalmente intensivo en trabajo).

A continuación, en esta misma sección se propone una redefinición multidisciplinar de estos tres objetivos que no sólo aborde las desigualdades desde la perspectiva económica, sino también desde un prisma más amplio y holístico. Esto recalca el hecho de que la extensión de la problemática también requiere combinar y alinear las medidas fiscales con otras estructurales.

De este modo, se podrían incluir los diferentes objetivos operativos adaptados a cada caso particular y ordenar en función de la urgencia con la que deban abordarse. Otra posible perspectiva, que puede ser más factible en países menos desarrollados donde las desigualdades económicas sean muy grandes, sería distinguir entre la reducción de desigualdades económicas y más cuantitativas y agrupar el resto de las características no económicas o cualitativas para simplificar el abordaje hasta que no se reduzcan las desigualdades materiales. Desde este prisma, está más que demostrado que la educación, aunque se considere más estructural que coyuntural y escapa al análisis en profundidad de este manual, es clave. Por lo tanto, deberá fomentarse su universalización y garantizar una calidad suficiente, ya que es la forma más efectiva de atacar y reducir la pobreza y las brechas socioeconómicas tanto regionales, como nacionales.

3.2. Otros objetivos

Se han considerado en la política más reciente objetivos como la *competitividad.* Sin embargo, en la práctica se tendía más a considerar la *competitividad-precio* desde la perspectiva del largo plazo, un concepto que propicia las reducciones de costes, y que en la práctica suele prestar menos atención a la dimensión cualitativa, fomentando recomendaciones simplistas de política económica como la devaluación salarial en los países periféricos de la UEM a raíz de la Gran Recesión. Otro objetivo, que precisamente cobró importancia a raíz de la crisis de 2008 fue la *estabilidad financiera,* ya que la desregulación del sector propició el caldo de cultivo (pudiendo considerarse como una causa no sólo necesaria, sino suficiente) de los desequilibrios que se desencadenaron en los mercados financieros y en muchos países también en el sector inmobiliario. Tal y como hemos señalado en la introducción, el contexto es determinante en la configuración de los objetivos (esto se ejemplifica en el Recuadro 3) porque define las necesidades económicas y esto ha sido una constante.

La selección de objetivos no es imparcial, junto con el contexto, la capacidad de los grupos de presión para hacer valer sus intereses también es determinante. Además, los objetivos también pueden ser competitivos entre sí, como puede ocurrir con el empleo y la estabilidad de precios, y los recursos disponibles para las políticas son limitados, con lo cual se suelen jerarquizar estableciendo las prioridades en función de distintos intereses. Abordaremos los retos y limitaciones que afecta a la implementación de la Política Económica en la sección 6 de este capítulo.

Recuadro 3
Ejemplo de la importancia del contexto

Conviene darse cuenta de esta constante referencia de los bienes a las necesidades. Se trata de conceptos correlativos, hemos dicho antes. Un ejemplo puede ayudarnos a comprender esta íntima unión existente entre bienes y necesidades. Winston Churchill ha narrado el estado en el que se encontraban los materiales que Inglaterra tenía al llegar el día del armisticio de la primera guerra mundial. Después de dos años de esfuerzos Inglaterra tenía la organización necesaria para producir material bélico en cantidades sin precedentes. Se estaban cumpliendo enormes programas de producción. Súbitamente, con la paz, cambió la situación. Las necesidades de la guerra habían terminado, y así lo que a las 10,55 de aquella mañana del 11 de noviembre de 1918 eran bienes económicos a las 11,05, al firmarse el armisticio, habían dejado de serlo, convirtiéndose en un desperdicio, en algo inútil, en un despilfarro social. La substancia no había cambiado. Los cañones eran los mismos. Idéntica la potencia de los tanques. Un ingeniero a quien preguntásemos nos diría que la situación era idéntica a las 10,55 que a las 11,05, pero un economista jamás: todo era diferentes a las 11,05. Cañones, tanques, explosivos, todo había sufrido un profundo cambio. Y esto porque el economista no contempla los bienes como entidades físicas y objetivas, sino en cuanto encienden un deseo individual, una necesidad. Necesidad que existía a las 10,55 de la mañana del 11 de noviembre de 1918: ganar la guerra, y que se había satisfecho a las 11,05, al firmarse la paz, razón por la cual aquellos bienes no eran ya aptos para la nueva situación. Esta referencia de los bienes a las necesidades ha de tenerse siempre presente. El fin de la actividad económica no es producir bienes. Es satisfacer necesidades. La producción por la producción es un absurdo económico. Extraído de "Política Económica" de Fuentes Quintana y Velarde Fuertes (1959, pp. 19-20):

También queremos mencionar los *objetivos de carácter social* que, aunque no constituyen objetivos económicos en sentido estricto, tienen como finalidad mejorar o preservar el bienestar colectivo y absorben una parte significativa de los recursos económicos, por lo que, desde la perspectiva heterodoxa, su consideración por quienes diseñan la política económica estaría más que justificada. Entre estos objetivos suelen encontrarse la defensa, la seguridad (tanto interna como externa), la educación, la salud y la protección del medio ambiente. Precisamente el objetivo de defensa, en la parte occidental residía en tiempos de paz en un segundo o tercer plano. Sin embargo, muy recientemente a raíz del conflicto bélico entre Ucrania y Rusia y propiciado por la reelección de Donald Trump como presidente de Estados Unidos y su presión política para que se incremente el gasto militar se ha "colado" a la fuerza en la agenda política. Efectivamente, con este debate sobre el gasto militar, de nuevo se observa cómo el enfoque ortodoxo trata de imponerse a medida en que la discusión se centra más en cuánto gastar que en qué hacerlo o para qué. Al fijar un objetivo estrictamente cuantitativo, aunque sea más fácil de medir, no es garantía (al menos no de manera automática) que nuestra capacidad defensiva se incremente en la práctica, más bien parece una forma de promoción de la industria armamentística estadounidense, conseguida bajo la táctica coercitiva tras amenazar a Europa con desorbitados aranceles, proliferando así los frentes de conflicto y diluyendo la combatividad que hubiese supuesto el abordaje agresivo de este objetivo, si se hubiese planteado de forma aislada. Aun con esto, la respuesta de la Unión Europea (UE) decepciona cuando nuevamente los objetivos, y por ende las políticas que suscitan, se simplifican y se traducen en indicadores que deberían ser informativos y no un fin en sí mismos, como ya hemos señalado.

Continuando con el enfoque social, cabe señalar (como se ha planteado en la Subsección 3.1) que la *desigualdad* es un fenómeno complejo y multidimensional que no puede explicarse únicamente a partir de diferencias económicas. Desde un enfoque interdisciplinar, es posible identificar diversas dimensiones que interactúan y se retroalimentan entre sí, y que contribuyen a generar, sostener o agravar las desigualdades dentro y entre sociedades (Véase Recuadro 4 donde proponemos una clasificación en 9 dimensiones). Este enfoque multidimensional de la desigualdad puede considerarse también desde la perspectiva de los Objetivos de Desarrollo Sostenible (ODS) de la Agenda 2030 de Naciones Unidas. Precisamente los ODS se concibieron con la idea de abordar la desigualdad desde un enfoque integral, interconectado y multidimensional. Esto nos facilita la contextualización de las acciones de la política económica en un marco más global, así como la justificación de la imperante coordinación de las políticas públicas, los derechos sociales y los compromisos internacionales para avanzar hacia un desarrollo verdaderamente sostenible y equitativo.

Recuadro 4
La desigualdad multidimensional

Las desigualdades sociales adoptan múltiples formas y se manifiestan en distintas dimensiones estructurales que interactúan entre sí.

1. *Económica:*

La distribución de ingresos y riqueza es uno de los indicadores más visibles de la desigualdad, estrechamente ligada al funcionamiento del mercado laboral, marcado por la precariedad, la segmentación y las barreras de acceso. Las políticas económicas (fiscales, monetarias, redistributivas) y la coyuntura nacional o internacional también inciden en la intensificación o mitigación de estas brechas.

2. *Educativa y cultural:*

El acceso desigual a una educación de calidad impacta directamente en las oportunidades vitales. Además, el capital cultural y simbólico —reconocimiento social, redes y competencias— refuerza las desigualdades sociales, especialmente cuando se reproducen estereotipos o discriminaciones.

3. *Institucional y política:*

La calidad de las instituciones, la equidad en el acceso a servicios, el régimen político y el papel de los medios afectan la configuración de desigualdades. La representación política efectiva y el derecho a participar también son claves para garantizar inclusión y justicia social.

4. *Social e identitaria:*

Factores como género, edad, etnicidad, religión o estatus migratorio condicionan el acceso a derechos y servicios, generando barreras estructurales. Estas desigualdades suelen entrelazarse, acumulando desventajas.

5. *Territorial:*

La ubicación geográfica influye en el acceso a recursos y servicios. Las desigualdades se dan tanto entre territorios dentro de un mismo país (rural/urbano, regiones) como a escala global (centro/periferia), reproduciendo jerarquías históricas.

6. *Tecnológica:*

La brecha digital es una nueva fuente de exclusión. El acceso desigual a internet, dispositivos y competencias digitales limita oportunidades educativas, laborales y de participación.

7. *Salud y bienestar:*

El acceso desigual a servicios básicos como salud, cuidados o vivienda genera importantes diferencias en bienestar y esperanza de vida. Factores como la salud mental y la carga de cuidados no remunerados también reflejan desigualdades invisibilizadas.

8. *Seguridad, libertades y derechos:*

La exposición a la violencia, la criminalidad o la represión varía entre grupos sociales. El acceso efectivo a la justicia y al ejercicio de derechos fundamentales es esencial para medir la equidad social.

9. *Ambiental:*

El acceso a recursos naturales y la vulnerabilidad frente a riesgos ecológicos están desigualmente repartidos. Las comunidades más afectadas por el cambio climático suelen ser las que menos responsabilidad tienen sobre su origen, generando injusticia ambiental.

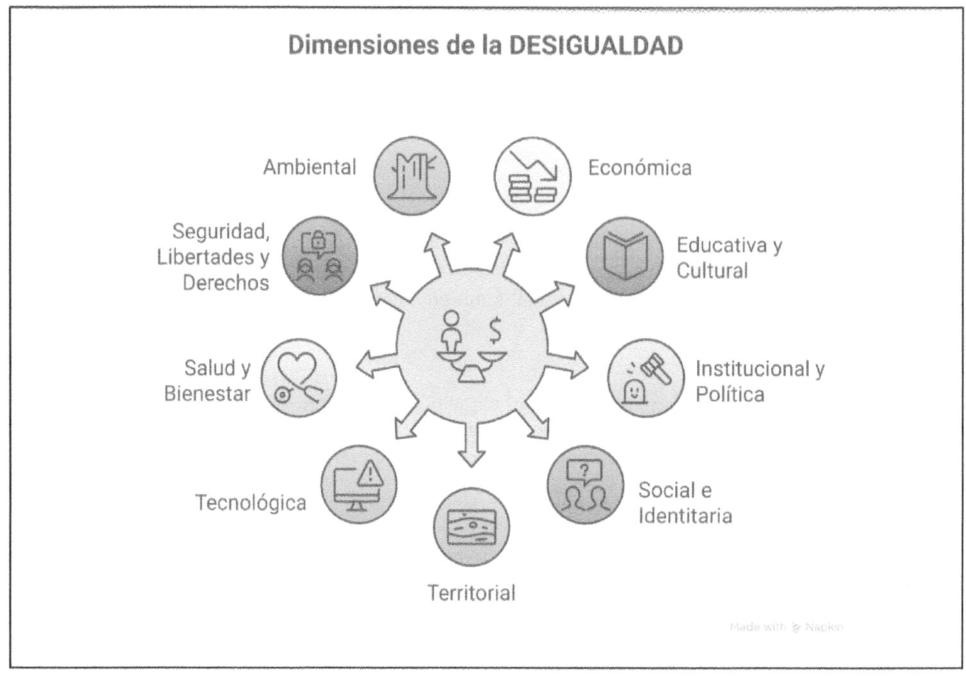

3.3. Instrumentos de la Política Económica

Los medios o instrumentos son variables susceptibles de ser gestionadas por las autoridades económicas y cuya manipulación puede facilitar el logro de los objetivos propuestos. Al igual que los objetivos, se pueden distinguir, en base a su horizonte temporal, en dos grandes categorías:

- Instrumentos de carácter más *coyuntural (corto plazo):* política fiscal, política monetaria, política de comercio internacional y, eventualmente, de tipo de cambio, y política de rentas.
- Instrumentos de carácter más *estructural (largo plazo):* política industrial y tecnológica, política agraria, política de servicios, política de empleo y mercado laboral, políticas regionales, política de competencia, entre otras.

Las primeras son las que nos ocupan en este manual. También denominadas *políticas de estabilización,* ya que tratan de mitigar los efectos de los ciclos económicos a corto plazo. La política fiscal (capítulo 5), manejada por el gobierno, se centra en la gestión del presupuesto estatal, utilizando el gasto público y los ingresos públicos —los impuestos y las transferencias— para influir en la demanda agregada. La política monetaria (capítulo 6), a cargo de las autoridades monetarias (como los bancos centrales), expande o contrae la oferta monetaria para mantener la estabilidad de precios y, según el momento del ciclo económico, también en el crecimiento, influyendo, principalmente a través del canal del tipo de interés. La política de rentas (capítulo 4), es especialmente útil en la estabilización en los momentos en que los *shocks* provienen del lado de la oferta y conviven problemas de inflación y bajo crecimiento o incluso decrecimiento. La política comercial (capítulo 7), busca el equilibrio externo a través de la variación en las exportaciones e importaciones, así como, a través de aranceles, contingentes, subsidios o la fijación de tipos de cambio.

Finalmente, reseñar que una parte crucial del éxito de la Política Económica recae en la adecuada evaluación de las políticas públicas, recopilando información cuantitativa y cualitativa. La evaluación *ex ante*, es decir, antes de que se apruebe una política, es más útil para mejorar la eficiencia del gasto público y orientar la toma de decisiones. La evaluación *ex post*, sin embargo, también es muy relevante. Primero, para analizar el grado de consecución de los objetivos propuestos y, segundo, para aprender de los errores, hacer correcciones y mejorar así el ajuste o diseño de futuras políticas, su implementación y también de sus evaluaciones.

4. LOS CICLOS ECONÓMICOS

La principal motivación para dar explicación a los fenómenos de fluctuaciones económicas surgió del interés de los economistas por predecir los periodos de crisis. Este interés se acrecentó durante el siglo XX tras las dos graves depresiones sufridas durante los años 30 y los 80 producidas por el Crack del 29 y las crisis del petróleo de 1973 y 1979. Asimismo, hasta ahora la fijación de los objetivos de estabilidad de precios y empleo, así como el papel de la política económica para alcanzarlos, se fundamentaba en gran medida en los diferentes modelos sobre el ciclo económico y sus conclusiones teóricas.

A principios del siglo XXI, sin embargo, los postulados de la "Gran Moderación" asumían el final de las volatilidades económicas y con ello la desaparición de fuertes fluctuaciones cíclicas y depresiones en las economías desarrolladas. Su teoría parecía respaldarse por la evidencia empírica: el crecimiento sostenido de los países, el control más estricto de la inflación y la ausencia de crisis graves. Las recesiones sufridas desde los años 90 habían sido producidas por shocks transitorios y más sectoriales, y la recuperación llegaba en periodos relativamente breves. Sin embargo, la profundidad de la Gran Recesión, con consecuencias negativas graves y persistentes sobre el empleo y con la adicional preocupación por la deflación, ha demostrado que la Gran Moderación fue en realidad una fase de auge del ciclo. La propia evidencia ha desmentido la desaparición de los ciclos económicos.

A finales de 2019, cuando muchas de las regiones del mundo que más sufrieron los efectos de la Gran Recesión, apenas habían recuperado los niveles de PIBpc previos a 2008, una nueva crisis mundial en forma de pandemia se estaba gestando en Wuhan (China). La crisis de la COVID-19, aunque posee características que la hacen única y su origen ha sido exógeno y sanitario, ha vuelto a poner énfasis en la importancia de las interacciones y fluctuaciones económicas para justificar el uso efectivo de las políticas coyunturales o estabilizadoras.

4.1. El concepto teórico del ciclo económico

Definiremos el ciclo económico como las fluctuaciones del crecimiento de la producción agregada efectiva o nominal que se producen en el corto plazo y se caracterizan por la alternancia entre elevaciones y caídas, es decir, por períodos alternativos de prosperidad y depresión, que suelen tener un carácter aleatorio, asimétrico y no periódico, pero recurrente. Aunque no hay un claro consenso al respecto, la evidencia empírica parece señalar que las causas de las fluctuaciones se deben tanto a componentes inherentes al propio funcionamiento de las economías (endógenos), como a los efectos producidos por perturbaciones o *shocks* externos (principalmente de demanda o de oferta). El movimiento oscilatorio del ciclo económico se suele diferenciar en dos fases o cuatro etapas. Las dos fases distinguen entre crecimiento y decrecimiento (contracción) de la producción entre los puntos de inflexión (cima y valle). Las cuatro etapas relacionan el crecimiento o decrecimiento con el nivel de inflación (véase el Cuadro 2 y el Gráfico 1).

Cuadro 2
Las fases del ciclo económico

2 FASES	4 ETAPAS	PIB efectivo	ΔPIB efectivo	INFLACIÓN
Recesión (valle o fondo)	Recesión/ estanflación	> PIB potencial	Negativo (contracción)	Inflación moderada o inflación alta
	Depresión o crisis	< PIB potencial		Inflación baja o deflación
Expansión (cima)	Recuperación	< PIB potencial	Positivo (crecimiento)	Inflación baja
	Expansión/ sobrecalentamiento	> PIB potencial		Inflación alta o hiperinflación

Fuente: Elaboración propia.

Gráfico 1
Representación de las oscilaciones del ciclo económico

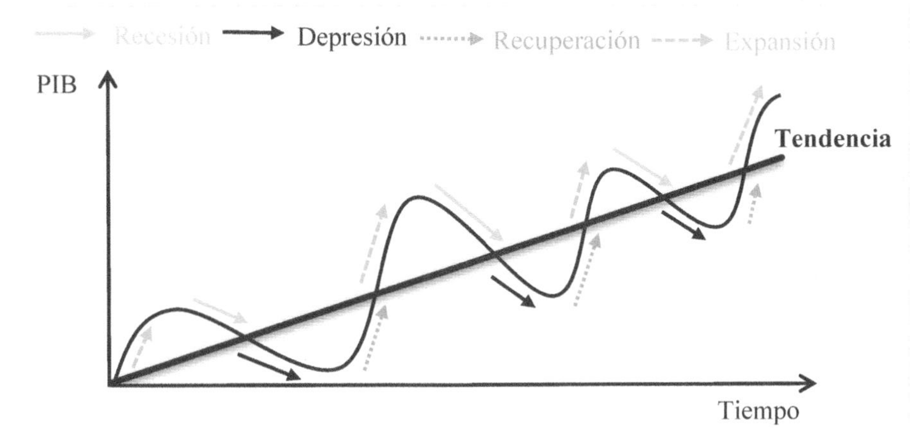

Fuente: Elaboración propia.

Aunque en la realidad cada fase económica tiene rasgos particulares y es influenciada por múltiples factores dinámicos (característica que dificulta su predicción y diagnóstico); también podemos identificar algunos rasgos comunes. De manera generalizada, se acepta que un país sufre una recesión cuando experimenta una caída del PIB durante dos trimestres consecutivos y una depresión si dicha contracción del PIB es muy aguda, alcanzando cifras superiores al 10%. Además, las recesiones suelen caracterizarse por tener una duración media de un año y una reducción de la media del PIB del 2% si son más leves y del 5%, si son más profundas.

Véase la evolución cíclica de España a modo de ejemplo en los gráficos 2 y 3. Suelen comportar importantes pérdidas de la producción, la inversión y del comercio exterior, especialmente las importaciones. Desde el punto de vista del desempleo, las cifras se disparan de forma abrupta y consecuentemente la inflación cae. Suele comportar inestabilidad de los mercados financieros y pérdidas de valor en el mercado de la vivienda y en las acciones.

Gráfico 2
PIB España (mil millones de dólares corrientes y constantes, 1960-2023) y principales crisis

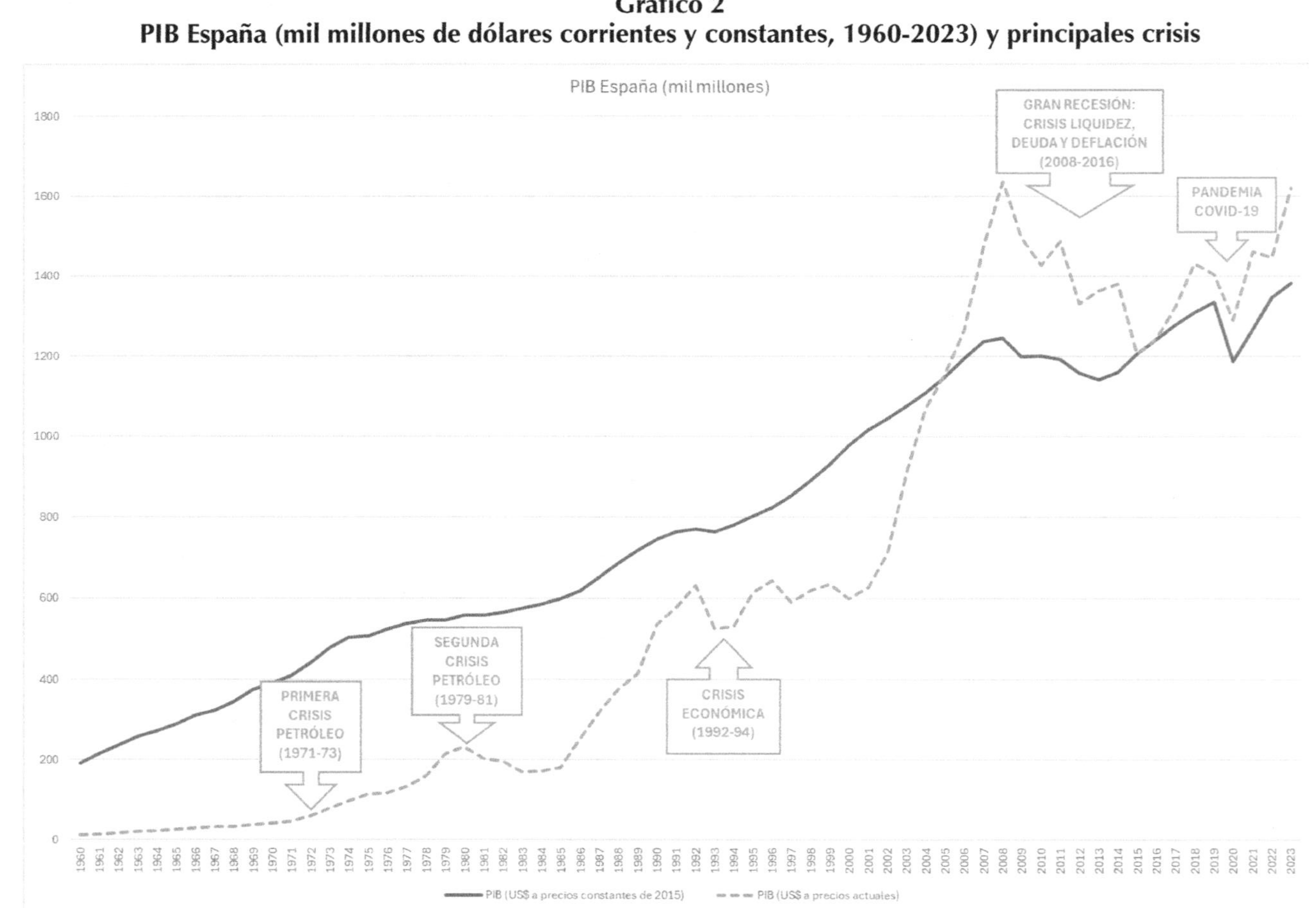

Fuente: Banco Mundial y elaboración propia.

Gráfico 3
Tasas de variación del PIB trimestral de España (%, 1995T2-2025T1)

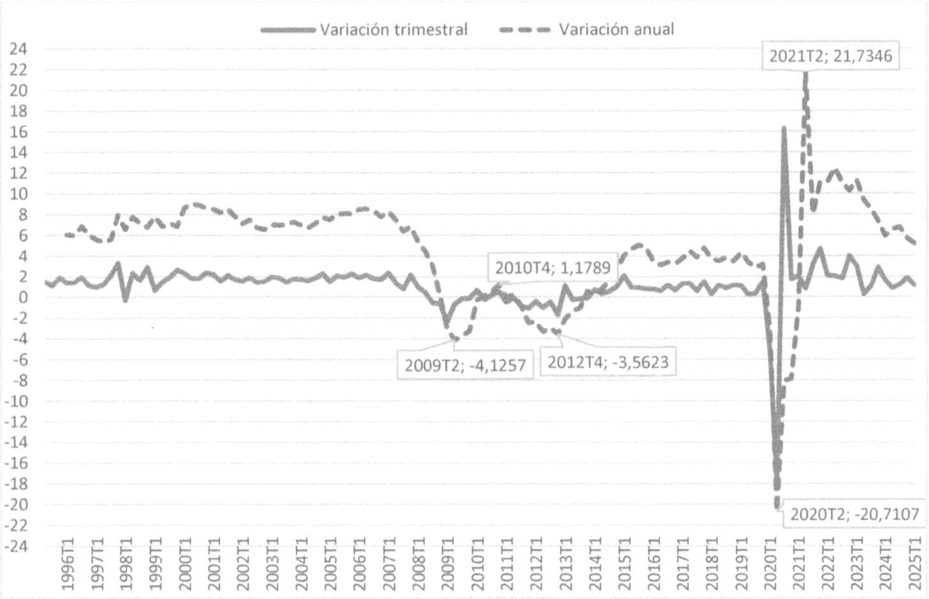

Fuente: INE.

4.2. Las perturbaciones generadoras de los ciclos económicos

Podemos remontarnos hasta el año 1800 para encontrar los antecedentes de las *Teorías de los Ciclos Económicos.* Desde entonces se han adoptado múltiples enfoques para explicar el origen e impacto de las fluctuaciones económicas. Antes de abordar las teorías y sus implicaciones económicas vamos a hacer una primera clasificación (véase cuadro 3) de las distintas aproximaciones de los ciclos económicos, en función de varias características.

Cuadro 3
Diferentes clasificaciones de los ciclos económicos

CRITERIO	TIPO	CARACTERÍSTICAS	EJEMPLOS
Según la procedencia del shock o perturbación	Exógenos	Las fluctuaciones irregulares son el resultado de shocks externos aleatorios que afectan al crecimiento económico en determinados momentos, alejándolo de la senda de equilibrio.	Cambios tecnológicos, demográficos, climatológicos o de expectativas, descubrimiento de nuevos países, guerras y revoluciones, medidas de política económica, etc.
	Endógenos	Las oscilaciones cíclicas son fruto de efectos internos del propio funcionamiento del sistema económico.	Institucional: inestabilidad crónica del capitalismo (Marx). Económico: propensión al ahorro, acumulación de capital o de beneficios.
Según la naturaleza del shock o perturbación del sistema económico	Demanda	El origen de la fluctuación es producido por un cambio en los componentes reales de la demanda (la inversión, el consumo, el gasto público o la demanda externa) y su efecto también tiene un impacto sobre la renta real, al menos a corto plazo.	El consumo previamente reprimido, cambios en las expectativas de inversores, variaciones imprevistas en ingresos y gastos públicos, etc. (Teoría keynesiana)
		El origen de la fluctuación es producido por un cambio en la oferta monetaria, que produce variaciones en la demanda agregada, pero tiene un efecto nominal (se traslada a los precios).	Modificaciones de los tipos de interés o de los coeficientes de caja, facilidades de acceso al crédito, etc. (Teoría monetarista)
	Oferta	El origen de la fluctuación es producido por un cambio en la oferta agregada: costes, beneficios o tecnología.	Volatilidad en los precios de materias primas, innovaciones de producto o de proceso, agotamiento de la capacidad productiva, etc.

CRITERIO	TIPO	AUTOR	CARACTERÍSTICAS	CICLO
Según la duración del ciclo	Cortos	Kitchin	Ciclo de inventarios.	3-5 años
	Medios	Juglar	Olas periódicas de inversión fija, con 3 fases: ascenso, explosión y liquidación.	8-10 años
		Marx	Cuatro fases: actividad media, sobreproducción, crisis y estancamiento.	10 años
		Hicks	Ciclos de la inversión autónoma (bandas de fluctuación).	7-10 años
		Moore	Ciclos de lluvia.	8 años
	Largos	Kuznets	Análisis demográficos.	15-25 años
		Kondratieff	Shocks externos sobre el continuo desarrollo. Shock por "acumulación" de innovaciones.	45-60 años 50 años
		Schumpeter	Ondas de "destrucción creativa"	-
		Goodwin	Shock por acumulación de beneficios	-

Fuente: Elaboración propia.

Para el estudio de los ciclos se han utilizado diferentes metodologías. Algunos modelos son teóricos basados en hechos estilizados y otros son de carácter empírico. Los empíricos se basan tanto en observaciones estadísticas de largos periodos de la realidad, como análisis econométricos complejos que además intentan encontrar regularidades en los ciclos para tratar de anticipar las crisis. Sin embargo, la realidad es mucho más compleja que los modelos. Las irregularidades de las fluctuaciones observadas (en su duración e intensidad), la existencia de shocks aleatorios y la confluencia de múltiples causas, han dificultado la capacidad de los modelos, y por lo tanto de los economistas, para predecir los ciclos y, por lo tanto, minimizarlos.

4.3. ¿Cómo cuantificamos el ciclo económico?

Comencemos por definir el concepto de PIB potencial. Se trata de una variable flujo que estima la producción máxima que puede obtener un país, dados sus recursos de trabajo, capital y tecnología, sin producir tensiones inflacionistas, ni deflacionistas. Es decir, es un valor máximo de producción condicionado a la estabilidad de precios, no al máximo técnico. La diferencia entre el PIB potencial y el PIB efectivo observado en la economía nos da una brecha de producción u *output gap* que, si es positiva, implica que estamos en una fase expansiva con presiones inflacionarias y, por el contrario, si es negativa, supone que hay un crecimiento rezagado con recursos ociosos y mayor desempleo.

Por ejemplo, en EE. UU. se creó en 1920 la Oficina Nacional de Investigaciones Económicas (NBER, por sus siglas en inglés), que es un organismo privado que se encarga de monitorizar las recesiones a través de su Comité de Investigación del Ciclo Económico. Para ello utilizan una gran variedad de indicadores mensuales de la actividad económica y otros indicadores que puedan complementar la información, según el caso. Además, tal y como ellos mismos indican en su web (www.nber.org), utilizan un enfoque retrospectivo para determinar el inicio de una recesión, lo cual implica que en muchas ocasiones lo acaban determinando una vez la propia recesión ha concluido. Concretamente, han definido el periodo de la Gran Recesión desde diciembre de 2007 hasta junio de 2009 y el pico de la última crisis de origen sanitario en febrero de 2020.

En junio de 2018, BBVA Research, Fedea y la Fundación Rafael del Pino crearon el Observatorio sobre el ciclo económico de España (OCE, https://bit.ly/3fbiH1s) con la contribución de investigadores de la Universitat de València. En sus informes han anlizado el impacto de la crisis de la COVID-19, que nos dejó con una contracción de casi 11 puntos porcentuales del PIB en 2020. Durante los dos primeros trimestres de la crisis, cuando las medidas de confinamiento aplicadas fueron más estrictas, el PIB por población en edad de trabajar se contrajo en más de 25 puntos porcentuales. En mayo de 2025, la brecha calculada entre el PIB por persona en edad de trabajar y su potencial es ligeramnete inferior a un punto porcentual.

El carácter estimado del PIB potencial (ya sea mediante cálculos econométricos o ajustes del PIB real) le confiere ciertas limitaciones innegables, sin embargo, se ha utilizado recurrentemente como referencia para justificar o desaconsejar el uso de políticas económicas estabilizadoras (véase Recuadro 5).

Recuadro 5
Las estimaciones sobre el PIB

Los pronósticos prospectivos sobre el crecimiento económico se utilizan frecuentemente como referencia para detectar problemas económicos, para favorecer el crecimiento orientando el tipo de instrumentos y su magnitud, así como, para analizar el impacto de políticas económicas. El problema es que se ha demostrado que dichos pronósticos tienen muchos sesgos y, cuando subestiman o sobreestiman ciertos impactos, pueden acarrear problemas importantes y tener efectos indeseados y que, por desgracia, en muchas ocasiones además son persistentes. Esto ocurre normalmente cuando dichos pronósticos no se toman con cautela, explicitando cuánta incertidumbre les rodea, sino que sirven para hacer recomendaciones tajantes y poco flexibles como las recomendaciones de las políticas de austeridad que hemos mencionado.

Uno de los principales sesgos se observa en las estimaciones sobre los países en vías de desarrollo o emergentes cuyo crecimiento se suele subestimar. Una de las razones aludidas por el FMI es que se tiene más experiencia en los cálculos para los países del G-7 o que hay más incertidumbre asociada a los países emergentes. En general, parece ser que las previsiones de las fases de recuperación son algo más exactas, aunque con los mismos sesgos presentes.

Por otro lado, la estimación del output *gap*, presenta incluso más problemas porque el PIB potencial no es una variable observable, lo cual impide aprender de los errores de estimación. Deroose et al. (2019) señalan que las estimaciones del PIB potencial suelen ser procíclicas y que sobrerreaccionan a los shocks de demanda y infrarreaccionan ante los shocks de oferta. Además, Brooks y Fortune (2019) han publicado varios artículos con el tema de "Campaña contra las absurdas brechas de producción". En ellos señalan que "estos modelos generan lo que son básicamente medias lentas de los resultados del PIB en el pasado, no medidas de «el potencial» o «¡lo que podría haber sido!»". Ponen, entre otros, el ejemplo de que en 2019 el FMI señala unas brechas de producción similares para Italia (-1,0%), España (+0,7%) y Alemania (+0,8%), que para ellos son claramente incoherentes, ya que desde 2007 el PIB real alemán ha aumentado un 12%, el español un 1% y el italiano ha disminuido un 8%.

En conclusión, los modelos y estimaciones nos ayudan a hacer pronósticos y tratan de ampliar la información disponible para que se tomen mejores decisiones en materia de política económica. Sin embargo, no podemos perder de vista sus limitaciones y debemos evitar caer en errores de arrogancia como los cometidos durante la Gran Moderación. Debemos ser cautos y más transparentes con las estimaciones y sus limitaciones, así como manejar siempre una variedad suficiente de indicadores y de fuentes para la toma de decisiones. Asimismo, sería conveniente promover siempre las discusiones y análisis de diversos enfoques y medidas alternativas, para obtener las soluciones óptimas a los problemas de política económica.

Fuentes: Loungani, P. y J. Rodríguez (septiembre de 2008) Los pronósticos económicos, ¿son de fiar?, Bajo la lupa, Finanzas & Desarrollo, FMI; Deroose, M., Rannenberg, A., & Wauters, J. (2019). Separating the trend from the cycle: The debate on euro area potential output and implications for monetary policy. Economic Review, (ii), 7-28; Brooks, R. y J. Fortun (2019) Campaign against Nonsense Output Gaps (CANOO) https://bit.ly/3uiUbjk, https://bit.ly/2QPHf72 y https://bit.ly/34bleS4

Las propias características de las fases recesivas o expansivas pueden tener efectos transitorios o permanentes sobre el PIB potencial. De este modo, las últimas crisis económicas, la Gran Recesión y la crisis de la COVID-19, han sido lo suficientemente graves y duraderas como para afectar al nivel del PIB potencial de los países que las han sufrido, sobre todo a través de la destrucción del empleo. Pero no sólo el shock (endógeno o exógeno) que desencadena la crisis y el impacto negativo inicial repercute en la senda de recuperación más o menos rápida y efectiva, sino que los procesos desencadenados para su neutralización a través de las políticas económicas adoptadas también influyen en el resultado final. En este sentido, la evidencia parece haber desmentido la efectividad de las políticas de austeridad o también llamada "consolidación expansiva" que se recomendaron a los países periféricos de la UE. Por un lado, los países que adoptaron este tipo de medidas tardaron mucho más tiempo en recuperarse y, aunque es probable que parcialmente se deba a que sufrieron un impacto inicial mayor, es innegable que se subestimó de manera sustancial el efecto contractivo de dichas políticas (en los estudios del FMI que las recomendaron). Además, el principal argumento para su implantación fue el control de las ratios de déficit y deuda sobre el PIB, que no se recuperaron a los ritmos esperados, requiriendo constantes y sistemáticas redefiniciones de los objetivos fijados, a pesar de que algunos de los países siguieron fielmente las pautas prescritas por la troika. Si bien, la evidencia es más confusa sobre algunas de las medidas estructurales que se recomendaron y siguieron con visos de mejorar la productividad y competitividad, eliminar rigideces de los mercados, especialmente los laborales, etc. Así, en el caso de España, algunos estudios y autores concluyen que las reformas laborales de 2010 y 2012, que incrementan la flexibilidad del mercado de trabajo, han tenido efectos positivos reduciendo la elevada correlación entre el desempleo y la fase cíclica (medida por la evolución del PIB) y favoreciendo su paulatina reducción a partir del año 2013 y hasta el 2019. Sin embargo, sus detractores consideran que el incremento del poder de negociación de los empresarios frente a los trabajadores ha contribuido a perpetuar las formas laborales precarias que reducen estructuralmente la productividad y el poder adquisitivo de la masa asalariada. La evidencia probablemente muestre ambos efectos, con una mayor flexibilidad para los empresarios, pero también una clara precarización del empleo con el aumento de la temporalidad, la parcialidad no deseada y la inestabilidad laboral (por otro lado, consecuencia directa de esa mayor flexibilización).

Ante una crisis económica, por un lado, se debe actuar rápidamente (actitud *forward looking* ante los retardos asociados a las políticas coyunturales) para reconducir la economía hacia su nivel potencial. Por otro lado, es conveniente valorar en qué medida y en qué forma se deben usar las políticas estabilizadoras, así como valorar la efectividad y las implicaciones de soluciones alternativas, ya que, como hemos señalado, estas tendrán efectos sobre el crecimiento futuro. Dado que la realidad es cada vez más compleja, estas características no pueden ignorarse, ni en la definición de los objetivos coyunturales, ni en la elección de los instrumentos anticíclicos adecuados.

4.4. Los principales enfoques sobre Teorías de los Ciclos Económicos

Para exponer las principales teorías trataremos de agrupar a los principales autores por orden cronológico y enfoque adoptado:

- *Las teorías clásicas y marxistas*: en este bloque agrupamos a la mayoría de los autores del siglo XIX, entre los que destacan Sismondi, Juglar, Malthus y Marx. Suelen mantener el supuesto de la *Ley de Say* que expone que toda oferta crea su propia demanda, excepto Malthus, que considera que puede haber saturación crónica de los mercados que impida su ajuste automático. El origen de las crisis o estancamiento de la producción se debe a una saturación general y periodos de subconsumo y/o sobreproducción.
- *Teorías neoclásicas y los ciclos largos de Kondratieff*: suelen atribuir un origen externo a las perturbaciones cíclicas. Kondratieff y Kuznets llevan a cabo análisis empíricos para formular sus teorías. Para Kondratieff, las causas de la caída de la producción pueden ser cuatro: cambios en la tecnología, guerras y revoluciones, la aparición de nuevos países en el mapa del mundo o las fluctuaciones en la producción de oro. Supone que, además de la interiorización de la perturbación mediante las relaciones económicas, sociales y políticas, las fluctuaciones también se deben a una acumulación de sucesos previos (causas endógenas). Kuznets, sin embargo, establece seis rasgos clave del crecimiento económico moderno: los incrementos en el crecimiento per cápita y en la población en las economías desarrolladas, el aumento de las tasas de productividad, el aumento de las tasas de transformación estructural, el aumento de la urbanización y la secularización, la difusión de la tecnología y las mejoras de infraestructuras (comunicaciones) y, por último, los límites de la propagación a gran escala del crecimiento económico y de los beneficios. Otros autores encuentran relaciones entre una perturbación externa y ciertos desequilibrios económicos transitorios, pero el ajuste suele ser automático (Ley de Say). Estas teorías asumen que el origen del shock exógeno está en: las menores restricciones del crédito disponible (Marshall), un aumento de liquidez (Hawtrey, Hansen), un cambio en las expectativas (Pigou), las reformas institucionales (Vogel), etc.

- *Enfoque keynesiano*: se basa en el modelo propuesto en la *Teoría General del Empleo, Interés y Dinero* (1936) de Keynes. La perturbación es exógena, pero se propaga por toda la economía mediante el efecto multiplicador. Algunas teorías keynesianas se exponen brevemente en el Recuadro 6. Estos son los principales supuestos que adopta el modelo:
    - Rompe con la idea clásica que toda renta es gastada y que todo el ahorro es invertido. El ahorro depende del nivel de renta, una parte del ahorro puede invertirse y el resto se conserva en forma de dinero para las transacciones, por precaución y/o especulación. Las inversiones dependen de las expectativas y del tipo interés. Por lo tanto, el tipo de interés es un fenómeno monetario que no es apto para equilibrar ahorro e inversión.
    - En las depresiones económicas la política monetaria expansiva tiene poca capacidad de reactivar la economía, porque las expectativas negativas neutralizan las condiciones favorables de los bajos tipos de interés (preferencias por la liquidez), y es fácil caer en la trampa de la liquidez. El Estado debe compensar la falta de inversión privada.
    - Los precios presentan rigideces (tanto en los bienes y servicios, como la rigidez salarial nominal a la baja) de modo que los ajustes se realizan mediante cantidades: cae la producción y aumenta el desempleo (ausencia de pleno empleo).
- *Teorías monetaristas:* Friedman es su máxima figura. El origen del shock es monetario y su efecto sobre la economía también es nominal. Introduce las expectativas adaptativas que implican la neutralidad monetaria. Asume que existen rigideces en el mercado de trabajo y en la producción de modo que para reducir el desempleo recomienda políticas estructurales de oferta que eliminen dichas rigideces. La intervención estabilizadora se centra en una política monetaria reglada encaminada a mantener la estabilidad de precios, mediante el control de la tasa de crecimiento del dinero, y a evitar las distorsiones cíclicas.

Recuadro 6
Las teorías del ciclo: basadas en modelos keynesianos

Los autores aquí comentados, parten de la teoría de Keynes para la formulación de sus teorías sobre los ciclos económicos:

- Samuelson combina el análisis del multiplicador de Keynes con el principio de aceleración (Aftalión, Spiethoff) para demostrar que su interacción genera los movimientos oscilatorios sucesivos del nivel de renta: una serie interminable de expansiones y contracciones.

Otros autores endogeneizan las perturbaciones, creando ciclos autogeneradores o autosostenidos:

- Kaldor: introduce la no linealidad en las funciones de ahorro e inversión keynesianas, generando perturbaciones internas de la propensión media al ahorro y la acumulación de capital.
- Hicks: considera que la tasa del crecimiento a largo plazo equivale a la tasa de crecimiento de la inversión autónoma. Pero la senda de crecimiento de la producción fluctúa entre unas bandas, donde el suelo lo fijan los niveles mínimos de consumo (supervivencia) e inversión (depreciación), y el techo, el progreso tecnológico y el crecimiento de la población.
- Schumpeter: describe la competencia empresarial, no como una fuerza estabilizadora, sino como un ciclo evolutivo de "destrucción creativa". El desarrollo de innovaciones de procesos, de productos y organizativas de la empresa y las nuevas formas de control financiero son el origen de la perturbación técnica que genera beneficios extraordinarios transitorios, provocando ondas largas y ciclos económicos. Los beneficios monopolísticos temporales son una recompensa para el innovador y una ganancia para la sociedad capitalista. (Este autor no es considerado estrictamente keynesiano, aunque cronológicamente sí se ubica en este grupo).
- Goodwin: aplica el principio de aceleración a la participación de los beneficios, que aumenta en las recesiones y se reduce en las expansiones.

- *La nueva teoría clásica:* a su vez se subdivide en dos enfoques basados en shocks externos, donde se asume de nuevo la neutralidad del dinero (demanda monetaria endógena) y la flexibilidad de precios y salarios.
  - La nueva macroeconomía clásica (Lucas): introduce las expectativas racionales, que permiten el ajuste cíclico de las perturbaciones monetarias con información imperfecta. La perturbación es nominal con efectos reales.
  - Los modelos de ciclo real: los ciclos son fruto del proceso de ajuste ante las perturbaciones reales de oferta; tecnológicas (Solow y Prescott) u originadas en el mercado de trabajo (Barro y Sargent). Los agentes toman decisiones Pareto-óptimas que permiten la eliminación de la perturbación.
- *Los enfoques de los neokeynesianos o nueva economía keynesiana:* mantienen los principios keynesianos básicos (efectos reales) incluso asumiendo expectativas reales (Mankiw). Los desequilibrios son fruto de la información asimétrica y las rigideces en precios y salarios. Por

ejemplo, los modelos de racionalidad incompleta y costes de menú introducen las rigideces de precios, y los modelos de contratos, las rigideces salariales nominales.

- *El enfoque post-keynesiano:* asume la existencia de incertidumbre que puede provocar desequilibrios incluso en ausencia de rigideces en precios y salarios. En este grupo encontramos, entre otros, los modelos de racionamiento del crédito (oferta monetaria endógena), que asumen la no neutralidad del dinero y los modelos de influencia marxista. En esta corriente se suele ubicar la *teoría del ciclo financiero o el ciclo de Minsky* (véase Recuadro 7). Minsky asume que el capitalismo es propenso a generar ciclos con crisis financieras periódicas leves de auge y depresión (ciclo básico) y ciclos más largos de inestabilidad financiera a gran escala (el súper-ciclo). Establece una perturbación de carácter psicológico que combina con el mecanismo multiplicador-acelerador. En periodos de estabilidad se genera una actitud optimista, tanto en los prestatarios como en los prestamistas, que incrementa el apalancamiento privado. Con el tiempo la especulación incrementa, pero el efecto disciplinador del mercado no se traduce en mayores primas de riesgo (como las teorías clásicas predicen), es decir, el mercado deja de funcionar correctamente, y genera burbujas financieras, que cuando explotan, resultan en graves crisis económicas.
- *Teorías del ciclo político-económico:* las teorías del ciclo político-económico tratan de ligar los ciclos económicos con el desempeño político. Las fluctuaciones surgen en los principales objetivos económicos (crecimiento, empleo y precios) e instrumentos (tipo de interés, estructura de ingresos y gastos presupuestarios, déficit público, etc.), ante la presencia de eventos electorales. Se suelen clasificar en el ciclo político-económico y el ciclo económico de partidos políticos. El ciclo político-económico, también llamado el ciclo político-económico oportunista, es el que resulta del uso de las políticas macroeconómicas coyunturales para mejorar el estado de la economía en el periodo preelectoral. La segunda teoría se asocia a las fluctuaciones económicas producidas por la alternancia en el poder de partidos ideológicamente distintos, en un sistema democrático.

Más que una teoría del ciclo, la "nueva economía" defendió la idea de la desaparición de los ciclos durante la llamada Gran Moderación. Dicha idea radica en los constantes incrementos de productividad, que generan un crecimiento sostenido sin tensiones inflacionarias (gracias al uso de las nuevas tecnologías, la supresión de barreras al comercio y a la circulación de capitales). Como ya hemos señalado, esta teoría ha quedado refutada por el estallido de la burbuja financiera, acompañada en varios países como EE.UU. o España de una burbuja inmobiliaria, que dio lugar a la Gran Recesión de 2008.

Recuadro 7

Durante muchos años, mientras la economía funcionaba, los principales responsables políticos y los economistas del mundo vivieron en una burbuja de ingenuidad, hasta que la crisis financiera desmontó algunos fundamentos que se creían sólidos y plenamente asentados. Este es el reto al que ahora nos enfrentamos. Deseamos que los próximos cien años de vida de la Política Económica sean muy fructíferos. (Mañé, 2015, p. 11).

Fuente: Mañé Estrada, A. (ed.) (2015). Víctor Pío Brugada, primer catedrático de Política Económica. Departamento de Política Económica y Estructura Económica Mundial, Universitat de Barcelona.

El ciclo de Minsky y la crisis financiera de 2008.

El modelo descrito por Minsky sobre crisis financieras se ajusta tanto a los acontecimientos observados en la crisis de los años 30 como a los de la crisis financiera iniciada en el 2008. Los sucesos ocurridos en la Gran Recesión parecen confirmar un exceso de optimismo, no sólo de los mercados financieros, sino también de los reguladores y responsables políticos. Téngase en cuenta la política monetaria expansiva (en la etapa de auge) iniciada por Alan Greenspan y prolongada por Ben Bernanke (directores de la Reserva Federal). Este último, además, llegó a afirmar la desaparición de los ciclos económicos. Esto hace que, ante graves crisis financieras, las intervenciones de política económica no sólo deban neutralizar los efectos negativos de la depresión, sino que, además, se necesitan cambios institucionales, legislativos y regulatorios que reestablezcan el funcionamiento correcto de la disciplina del mercado financiero. Aunque es innegable que se han extraído algunas lecciones de la Gran Recesión, ¿se han hecho suficientes avances en el terreno regulatorio?

Fuente: Bernard, L., Gevorkyan, A. V., Palley, T. I., y Semmler, W. (2014), "Time Scales and Mechanisms of Economic Cycles: a Review of Theories of Long Waves", *Review of Keynesian Economics*, (1), 87-107.

4.5. El crecimiento y ciclos desde la perspectiva heterodoxa

En esta subsección vamos a explicar brevemente cómo abordan la idea del crecimiento y los ciclos económicos algunos de los enfoques heterodoxos. El planteamiento es sintético y no exhaustivo, ya que hay una variedad amplia de enfoques e incluso subdivisiones entre ellos, consecuencia natural de la especialización académica de los teóricos/as que los desarrollan y la pluralidad con la que se abordan. Esto implica también que las corrientes tienen conexiones y puntos en común entre sí.

4.5.1. Énfasis en el género

Desde esta perspectiva nos centramos en la *economía feminista,* una crítica fundamental a la economía convencional (especialmente la neoclásica) por su marginalización de las mujeres, sus vidas y su trabajo. Enfoca los análisis económicos desde la perspectiva de género, subrayando que existen roles económicos diferenciados. La principal contribución de este enfoque reside en demostrar los sesgos implícitos masculinos de las teorías tradicionales. En el Cuadro 4 resumimos las aportaciones más relevantes referentes a los ciclos económicos.

Cuadro 4
Crecimiento y ciclos desde la Economía feminista

CARACTERÍSTICAS	EJEMPLOS
Costes ocultos del crecimiento	– El crecimiento puede desgastar el tejido social y sobreexplotar el tiempo de cuidados. – Propuesta de indicadores alternativos al PIB que incluyan igualdad y seguridad económica de grupos vulnerables, para diseñar políticas más equitativas y resilientes ante crisis.
Diferencias de género en fluctuaciones cíclicas	– Si se ignora el sector de cuidados, el desempleo masculino parece más cíclico. – Las mujeres ajustan internamente: asumen más trabajo (remunerado o no) en expansión (las largas jornadas formales descansan en el cuidado no remunerado de mujeres) y en crisis (ellas o sus redes asumen sobrecarga).
Impactos sociales y de género de las recesiones	– Las crisis implican no solo caída del PIB, sino también aumento de la violencia doméstica, estrés en hogares y presión sobre redes informales de cuidado. – Las políticas de austeridad recortan salud, educación y cuidados, transfiriendo la carga al trabajo no remunerado de las mujeres. – Sectores feminizados (servicios, turismo, cuidado) muy afectados en la pandemia de COVID-19.
Propuestas de política económica con enfoque de género	– Estímulos fiscales con perspectiva de género. Inversión pública en infraestructura económica esencial: guarderías, escuelas y atención de mayores. – Doble efecto: reactivar la economía y reducir la brecha de género. Generan empleo en sector mayoritariamente femenino y liberan tiempo de cuidados en hogares para buscar empleo remunerado.
REFERENTES DE ECONOMÍA FEMINISTA: Nancy Folbre, Marilyn Waring, Diane Elson, Julie A. Nelson, Bina Agarwal, Cristina Carrasco Bengoa, etc.	

Fuente: Elaboración propia.

4.5.2. Énfasis en la sostenibilidad

En este bloque podemos incluir diferentes enfoques que ponen el acento en la sostenibilidad. Critican el modelo lineal de consumo basado en extraer-producir-desechar, el paradigma de crecimiento infinito y el uso más responsable de los recursos que no comprometan el desarrollo futuro (véase Cuadro 5).

Cuadro 5
Crecimiento y ciclos desde los enfoques económicos centrados en la sostenibilidad

ENFOQUES Y REFERENTES	CARACTERÍSTICAS
Economía circular REFERENTES: Ken Webster	– Nivel microeconómico. – No cuestiona tanto el crecimiento como la forma de crecer. – Propone diseñar un patrón económico para aumentar la eficiencia de producción y consumo mediante el uso, reutilización e intercambio de recursos, lo que resulta en ciclos suavizados.
Economía ecológica REFERENTES: Herman E. Daly (concepto de economía en estado estacionario), Nicholas Georgescu-Roegen, etc.	– Nivel macroeconómico: centrada en los límites biofísicos del planeta y la relación entre sistemas económicos y ecosistemas. – Estos límites frenan las expansiones y amplifican recesiones. – Un ciclo convencional de recuperación puede ocultar el deterioro ecológico; indicadores ecológicos revelarían crisis más profundas. – Las políticas contracíclicas como la infraestructura verde y las tecnologías de eficiencia energética regeneran capital natural y al mismo tiempo crean empleo.
Decrecimiento REFERENTES: Serge Latouche, Giorgos Kallis, Joan Martínez-Alier, etc.	– Modelo socioeconómico: representa un cambio sistémico hacia una economía resiliente y sostenible. – Propone redirigir la economía para vivir mejor con menos, reduciendo la producción y el consumo en las economías ricas de forma planificada, justa y democrática. Aboga por la innovación no mercantil (bien común, eco-innovación social) que suavice las fases de ajuste y promueva la reutilización antes que la sustitución. Aporta una nueva comprensión del bienestar que no se basa principalmente en la ganancia personal o el crecimiento del ingreso nacional, sino que da mayor peso a la igualdad y la redistribución. Propone políticas que implican nuevas asignaciones entre la provisión pública y privada de bienes y servicios y un enfoque más estricto en los límites ambientales.

Fuente: Elaboración propia.

4.5.3. La economía institucionalista

Este enfoque centra su análisis en las instituciones desde una acepción amplia y completa. Se aleja de las concepciones económicas de carácter más individualista y de la idea exclusiva de mercado como principal regulador del crecimiento económico. Un resumen de las principales características se presenta en el Cuadro 6.

Cuadro 6
Crecimiento y ciclos desde la economía institucionalista

CARACTERÍSTICAS	EJEMPLOS
Papel clave de las instituciones.	– Los conflictos políticos determinan el tipo de instituciones económicas, políticas y sociales. – Incluyen leyes, regulaciones, normas, organizaciones (bancos centrales, sistemas financieros, sindicatos, empresas, gobierno) y los comportamientos asociados a las mismas.
Instituciones inclusivas y crecimiento sostenido vs. instituciones extractivas y estancamiento.	– El crecimiento sostenido descansa en instituciones económicas y políticas inclusivas: amplia distribución del poder político, límites al poder gubernamental, participación mayoritaria en la actividad económica, adopción de nuevas tecnologías, etc. – Instituciones extractivas y estancamiento: concentración del poder en una élite reducida y extracción de recursos al resto de la sociedad, que dan como resultado pobreza, inestabilidad y desarrollo limitado y no sostenible.
Impacto en las fluctuaciones cíclicas.	– Los niveles de regulación que equilibran poderes favorecen la estabilidad. – Las excesivas desregulaciones suelen contribuir a las crisis.
Propuestas de política económica con enfoque institucional.	– Crear y fortalecer instituciones contracíclicas: por ejemplo, garantizar reglas fiscales anticíclicas tanto en crisis como en expansiones y bancos centrales creíbles, pero también flexibles ante las recesiones.
REFERENTES DE ECONOMÍA INSTITUCIONALISTA: Elinor Ostrom, Douglass North, Daron Acemoglu, etc.	

Fuente: Elaboración propia.

5. LA IMPORTANCIA DE LA NARRATIVA

Es importante recalcar que la realidad no es en blanco y negro, sino que suele ser una combinación de grises cuya interpretación cambia de intensidad según las gafas del que observa y el momento en que mire. El premio Nobel (2013) Robert J. Shiller, señala que "la narrativa hace que la economía se mezcle con la política impidiendo que se compartimenten" (Véase Recuadro 8 para un ejemplo concreto de la influencia de las narrativas).

Para la Política Económica la narrativa es fundamental. Así en este juego tan complejo se entrelazan las narrativas de la esfera política y de la disciplina económica con las de los diferentes actores que participan, presionan y sufren las consecuencias de la política económica. Como ya hemos señalado, la elaboración y aplicación de políticas económicas no es un proceso puramente técnico, sino que está profundamente entrelazado con factores políticos e institucionales y, dentro de este proceso complejo, la narrativa actúa en varios niveles.

Indiscutiblemente, la información es útil y fundamental para la política económica y más hoy en día en un mundo tan digitalizado e interconectado. Pero las narrativas son una mezcla de información empírica e interpelaciones emotivas, que tratan de controlar e interpretar la ambigüedad generada ante el exceso de información y el coste, como mínimo temporal, que implica informarse. De este modo, definir las narrativas conlleva poder, no es imparcial y requiere cierta manipulación política (benevolente o no). Dicha manipulación incluye no solo el lenguaje, sino también la emoción. El poder de las ideas y los relatos económicos impregna nuestra manera de entender el mundo. La forma en que los políticos y otros órganos decisores usan el lenguaje, disfrazando a menudo las razones reales que se esconden detrás de sus actuaciones, puede reducir o ampliar nuestras opciones y resulta fundamental para la identidad, la afiliación y la acción social.

Sin embargo, tampoco hay que desdeñar que la causalidad también se da a la inversa. Así, la toma de decisiones de política económica se ve influida y condicionada por la opinión pública, factor fundamental en la reelección de los *policy makers*. En la práctica, la política económica es el resultado de una red de procesos y relaciones en la que participan diversos actores, y la narrativa es una herramienta clave en estas interacciones.

En resumen, la narrativa es un componente esencial en la política económica porque moldea las percepciones de los actores, influye en la agenda y la toma de decisiones, determina el apoyo público y político, contribuye a la credibilidad de las políticas y es una herramienta de influencia en el complejo entramado de relaciones entre los diversos agentes que participan en su elaboración. Y, cuando la narrativa básica pierde credibilidad y atractivo, se necesita una nueva que rediseñe nuestro mapa mental colectivo.

Así, la diversidad informativa, en contraposición a la homogeneización, es la que enriquece y desarrolla la disciplina, esto es, el hecho de que se siga debatiendo al respecto y el cuestionamiento constante siempre son positivos. Forman parte del pensamiento crítico y la adaptación a los cambios que se dan en el entorno, las técnicas que disponemos para el análisis y la capacidad de recopilar información. Si bien, cabe señalar que el pensamiento crítico tampoco es polarización. Aunque a priori pueda ser muy tentador irnos a ese terreno, porque es un arma psicológica poderosa para ganar adeptos, la polarización de la sociedad genera una epidemia poderosa y perniciosa que se alimenta del descrédito y la desconfianza, rehúye la tolerancia de lo diferente o distinto y exacerba nuestros sesgos cognitivos, dando mayor protagonismo a la ira, los conflictos y el odio. Y ese no parece ser el legado que deberíamos querer dejar a las generaciones futuras.

Recuadro 8
El efecto de los "*animal spirits*" en la economía

¿Sabías que la economía y la psicología comparten múltiples puntos de conexión y áreas de estudio comunes? Además de los temas de confianza, emociones y narrativa, esta interdisciplinariedad se halla en la economía del comportamiento, los análisis de toma de decisiones bajo incertidumbre, el estudio de las preferencias intertemporales, la psicología social y de mercados o la neuroeconomía.

Flynn y Sastry investigan cómo los "espíritus animales" de Keynes —las emociones e instintos que influyen en las decisiones económicas— afectan los ciclos económicos. Utilizando técnicas de procesamiento de lenguaje natural, analizan documentos y llamadas de empresas estadounidenses para identificar y medir la propagación de narrativas económicas. Los resultados muestran que estas narrativas son contagiosas entre las empresas y tienen un impacto real en decisiones de contratación: las empresas con un lenguaje más optimista contratan, de media, un 2,6 % más al año que las pesimistas. Este efecto no está vinculado al rendimiento financiero ni anticipa mejores resultados, lo que refuerza la idea de que son factores irracionales los que influyen.

Además, se identifica un fenómeno denominado "histéresis narrativa", por el cual un shock puntual puede desencadenar efectos prolongados en los ciclos económicos. La influencia es mayor cuando las narrativas provienen de grandes corporaciones. Según sus estimaciones, para EE. UU. las narrativas explican el 20% de las fluctuaciones desde 1995, incluyendo el 32% de la recesión de principios de los 2000 y el 18% de la Gran Recesión de 2008-2009.

El estudio destaca tres conclusiones clave:

1. *El valor informativo del lenguaje*. El lenguaje usado en discursos empresariales refleja actitudes que pueden anticipar tendencias económicas.
2. *La influencia desigual de las narrativas*. Algunas narrativas son más persuasivas y virales. Por eso, es necesario no solo medirlas, sino también analizar sus efectos y cómo se difunden en la sociedad.
3. *El poder de las narrativas institucionales*. Entender por qué algunas prevalecen —como el famoso "todo lo que sea necesario" de Mario Draghi— es vital para el diseño de políticas económicas.

Este enfoque sugiere que los responsables políticos podrían monitorizar e incluso influir estratégicamente en las narrativas dominantes.

Fuente: Flynn, J., & Sastry, K. (2025). How Animal Spirits Affect the Economy. *Finance & Development, 0062*(001), A014. Retrieved May 18, 2025, from https://doi.org/10.5089/9798400297144.022.A014 *PODCAST*

PREGUNTAS PARA LA REFLEXIÓN CRÍTICA Y EL DEBATE:

1. La relevancia de las narrativas en la política económica reside en su capacidad de incidir sobre la realidad más allá del plano individual, cabe preguntarse: ¿qué consecuencias tiene la desregulación de las redes sociales y la permisividad frente a la desinformación (*fake news*) para la libertad de información? ¿Qué papel deben asumir las instituciones en la configuración de las narrativas contemporáneas en el ámbito de la política económica? En un mundo global como el actual, ¿quién y cómo puede regular los medios de información (en el sentido amplio de la palabra) para alcanzar un equilibrio adecuado entre el escepticismo generalizado (desinformación ciudadana por desconfianza) y la censura (libertad insuficiente de los medios)?

2. Diversos estudios señalan que variables como la edad, el estatus socioeconómico, la orientación ideológica y el género influyen en el consumo incidental de noticias y en la verificación de la información. ¿De qué manera se informa actualmente la ciudadanía? ¿Y, en particular, los jóvenes? Para ampliar esta cuestión, se recomienda la consulta del *Reuters Institute Digital News Report* (2022), para una visión global, y de Ceballos-del-Cid, Y., Gómez-Calderón, B., y Córdoba-Cabús, A. (2025). Redes sociales y hábitos de consumo informativo de los jóvenes españoles: un análisis diacrónico (2021-2023). *Revista Mediterránea de Comunicación/Mediterranean Journal of Communication*, 16(1), e28010. https://www.doi.org/10.14198/MEDCOM.28010 para el caso de los jóvenes españoles.

3. En la actualidad, por un lado, el acceso a la información es más sencillo y ágil que nunca gracias a las tecnologías de la información y la comunicación (TIC) y a internet; sin embargo, el elevado número de fuentes, publicaciones y formatos disponibles hace que, en términos de tiempo y esfuerzo cognitivo, estar "bien informado" resulte cada vez menos económico. ¿Qué efectos ejerce esta dinámica sobre el conocimiento público y la calidad de la deliberación democrática en la política económica?

4. Ligado con la pregunta anterior, ¿qué papel juega la polarización en la política económica?

La polarización percibida de los medios es más elevada en Polonia (54%), España (49%), Tailandia (48%) y Argentina (47%), lugares donde alrededor de la mitad piensa que los principales medios están políticamente bastante o muy alejados. Las cifras más bajas se dan en Corea del Sur (15%), Portugal (16%) y Singapur (16%). A nivel regional, la polarización percibida en promedio es menor en el norte de Europa y mayor en el sur de Europa y en América Latina. [Reuters Institute Digital News Report (2022), p. 41].

6. LIMITACIONES Y RETOS

6.1. Limitaciones de la propia disciplina

La política económica global en 2025 enfrenta desafíos complejos que requieren enfoques innovadores y adaptativos. A continuación, en el Cuadro 7 se presenta un resumen de los principales retos actuales que afronta la disciplina.

Cuadro 7
Las limitaciones de la Política Económica

TIPO LIMITACIÓN	CARACTERÍSTICAS
Modelos económicos tradicionales insuficientes	Los modelos económicos convencionales, basados en supuestos como preferencias fijas y competencia perfecta, no capturan la complejidad de la realidad actual. Estos enfoques simplifican el comportamiento humano y omiten factores como externalidades y rendimientos crecientes, limitando su aplicabilidad en contextos contemporáneos.
Complejidad de la realidad económica y valores intangibles	La economía actual está influenciada por variables históricas, sociales y políticas que los modelos tradicionales no consideran adecuadamente. Además, aspectos no materiales como la cohesión social y el bienestar comunitario son difíciles de cuantificar, pero esenciales para una evaluación completa de las políticas económicas.
Importancia del contexto histórico y multidisciplinariedad	Las soluciones económicas deben adaptarse a contextos específicos, reconociendo la relevancia de factores históricos y la necesidad de integrar conocimientos de otras disciplinas. La falta de esta perspectiva puede conducir a políticas ineficaces o contraproducentes.
Dificultades en la implementación de políticas	Incluso las políticas teóricamente beneficiosas enfrentan obstáculos prácticos, como la resistencia política, la complejidad administrativa y la falta de credibilidad institucional. Estas barreras dificultan la aplicación efectiva de medidas que podrían mejorar el bienestar social.
Necesidad de una perspectiva más amplia y reforma disciplinaria	Es crucial ampliar el enfoque de la economía para incluir métricas sociales y ecológicas, considerar diversas formas de provisión más allá del mercado y el estado, y reformar la enseñanza y práctica económica para reflejar mejor la realidad y los valores contemporáneos.
Nuevos desafíos globales (Epígrafe 6.2)	Problemas como el cambio climático, la pérdida de biodiversidad, la creciente desigualdad y los riesgos tecnológicos, incluyendo la inteligencia artificial, presentan retos que los modelos existentes no abordan eficazmente. Estos desafíos requieren herramientas analíticas nuevas y más integrales.

Fuente: Elaboración propia.

Estos desafíos subrayan la necesidad de una transformación fundamental en la disciplina, orientada hacia análisis más realistas, inclusivos y adaptativos que puedan abordar eficazmente la complejidad del mundo actual. Y aunque no es fácil romper con las inercias y las narrativas instaladas, hay algunos indicios que invitan a la esperanza. Esto se puede observar con el tipo de trabajos laureados con Premios Nobel de economía en los últimos años, que reflejan cierta interdisciplinariedad, mayor paridad y preocupación por problemas del mundo real, aunque con cierto sesgo anglosajón (véase el Recuadro 9).

Recuadro 9
Premios de Economía Conmemorativo de Alfred Nobel con carácter más heterodoxo (últimos 10 años)

- Angus Deaton (2015) por los análisis de consumo, pobreza y bienestar.
- Richard H. Thaler (2017) por los estudios sobre los mecanismos psicológicos y sociales que median en las decisiones de consumidores e inversores.
- Nordhaus y Romer (2018) por la modelización del impacto de la actividad económica sobre el clima.
- Duflo, Banerjee y Kremer (2019) por los trabajos sobre la reducción de la pobreza mundial.
- Claudia Goldin (2023) por sus indagaciones acerca del papel de las mujeres en el mercado laboral.
- Acemoglu, Johnson y Robinson (2024) por sus investigaciones sobre cómo se forman las instituciones y cómo estas influyen en la prosperidad de las naciones.

Fuente: https://www.nobelprize.org/prizes/lists/all-prizes-in-economic-sciences/

6.2. Retos actuales por afrontar

Esta sección pretende reflejar algunos cambios importantes que estamos experimentando en los últimos años y que introducen más complejidad a la hora de abordar los principales desafíos a los que se enfrenta la Política Económica. Estos cambios se caracterizan por la velocidad con la que evolucionan tanto las reglas de juego como los entornos. Así, nos encontramos sistemáticamente en entornos que se resumen con el acrónimo VUCA (por las siglas en inglés: *Volatility*, *Uncertainty*, *Complexity* y *Ambiguity*, US Army War College) que refleja cuatro características: *Volatilidad:* que se manifiesta en cambios muy acelerados; *Incertidumbre*: como la dificultad para prever acontecimientos; *Complejidad:* interconexión entre diversas problemáticas y *Ambigüedad:* situaciones donde múltiples resultados son posibles según las circunstancias. Aunque tratarlas todas con la profundidad que se merecen no es posible en este capítulo, se mencionan de forma resumida algunas de las más relevantes que se deben tener en cuenta a la hora de acercar las actuaciones en política económica a la realidad del presente.

6.2.1. La hiperglobalización

Durante años, y especialmente bajo los acuerdos de Bretton Woods, la *globalización* ha mejorado el acceso a recursos y mercados, ha permitido aprovechar las economías de escala, ha contribuido al crecimiento económico y la reducción de la pobreza y ha incrementado la especialización y la eficiencia aprovechando las ventajas del multilateralismo. Sin embargo, el nivel de interacción e interdependencia se ha elevado con la globalización digital y ha derivado también en efectos negativos, difíciles de revertir sin reducir a su vez el nivel de la actualmente renombrada *hiperglobalización.* Esto ocurre en la medida en que los mercados y otros fenómenos económicos alcanzan una mayor universalización, mientras que el alcance de las políticas económicas de los gobiernos mantiene un nivel nacional. Muchos aspectos de la actualidad adquieren un alcance mundial, pero al escapar de la regulación y el control públicos se diluye la efectividad de las políticas estabilizadoras nacionales y se propagan y se contagian las perturbaciones. Tal y como señala Dani Rodrik estamos ante un "*trilema político fundamental de la economía mundial*" bajo el cual las diferencias entre naciones hacen que no sea posible simultanear la profundización en la democracia, la autodeterminación nacional y la globalización económica porque no disponemos de una autoridad global de defensa de la competencia, una entidad crediticia global de último recurso, una agencia reguladora global o una red de seguridad global. Su postura es defender la democracia y mantener la capacidad de una nación-Estado para tomar sus propias decisiones, aunque sea a costa de renunciar a la hiperglobalización. En resumen, la globalización impone límites en el diseño de las políticas económicas bajo el "trilema", en su ejecución, por la falta de gobernanza mundial, y finalmente, impacta en sus resultados porque aumenta la ambigüedad.

Asimismo, la globalización, unida a otros fenómenos amplifica los efectos dañinos y complica la solución a otros desafíos económicos. En la medida en que ha permitido la proliferación de nuevas potencias económicas, se ha acrecentado la disputa por la hegemonía económica, diluyendo el liderazgo de los países desarrollados clásicos. En ausencia de una autoridad global esto es una fuente de *conflictos en la esfera geopolítica* y la tensión se ha elevado tanto, que las guerras ya no se quedan en el plano económico, sino que los conflictos bélicos con elevadísimos costes humanos, además de materiales, están a la orden del día.

Además, la desregulación y los avances tecnológicos que han generado innovaciones en los mercados de capitales y financieros, como la *financiarización,* han exacerbado la *inestabilidad financiera.* Los mercados son cada vez más volátiles con burbujas y recesiones más amplias y favorecen la especulación, por lo que aumentan las desigualdades beneficiando a los tenedores de capital y los rentistas.

Igualmente, en relación con el comercio internacional su impacto también tiene una vertiente perjudicial. La *deslocalización de la producción* acentúa los riesgos en el mercado laboral, erosiona el pacto social y favorece la elusión fiscal en los países cuyo tejido industrial se debilita y, al mismo tiempo, genera externalidades medioambientales, situaciones de explotación y de abuso en los países que son receptores. En la mayoría de los estudios sobre internacionalización estos fenómenos no se contemplan en los cálculos de bienestar a la hora de considerar si las estrategias empresariales son beneficiosas o no, y es aún más complejo que adopten una perspectiva global y contemplen a todos los actores implicados en el intercambio o que analicen en profundidad los efectos distributivos.

Finalmente, la globalización contribuye a que se vuelva aún más difícil la regulación y el control de temas especialmente complejos y menos tangibles, como las *cuestiones medioambientales y éticas.* Presentan limitaciones a escala nacional, en parte debido a la dificultad de definir indicadores precisos y objetivos alcanzables dentro del marco de la política económica. Esta indefinición favorece comportamientos de *free rider,* donde los distintos actores eluden su responsabilidad, lo que contribuye al deterioro de los recursos naturales, la pérdida de biodiversidad, el agravamiento de desigualdades, la vulneración de derechos y libertades, o la creciente homogeneización cultural, entre otros efectos. Este escenario se ve agravado por la presión hacia la obtención de resultados a corto y cortísimo plazo y la lógica dominante de productividad y eficiencia (tema abordado en el apartado 2.2 de este capítulo). Esto lleva a postergar de forma sistemática las decisiones que requieren una mirada de largo alcance, ignorando las consecuencias acumulativas de dicha inacción.

6.2.2. La inteligencia artificial

La inteligencia artificial (IA), el desarrollo de los modelos largos de lenguaje (LLM, por sus siglas en inglés) y las aplicaciones de la IA generativa se han convertido en un pilar clave de la competencia geopolítica y económica principalmente entre EE. UU. y China, donde la UE entra de forma más rezagada. En EE.UU., la estrategia gubernamental ha estado marcada por una desregulación que favorece el avance de gigantes tecnológicos como OpenAI y Google, junto con restricciones comerciales a rivales extranjeros. China, en contraste, ha canalizado miles de millones en financiación estatal, promoviendo la autosuficiencia tecnológica y la cooperación entre el sector privado y el gobierno, mientras establece regulaciones que alinean la IA con su modelo político. La UE, con su Ley de IA, se ha posicionado como líder en la regulación global, estableciendo requisitos diferenciados según el nivel de riesgo, a la vez que impulsa inversiones a través de programas como Horizonte Europa y fondos de recuperación.

Los pronósticos que había habido antes de OpenAI (30 de noviembre de 2022) sobre cómo la automatización, la robotización y el uso de la IA iba a afectar a las economías se centraban de forma más focalizada en el mercado de trabajo, pronosticando mayores efectos sobre los servicios gastronómicos, la venta minorista, la hostelería, la atención al cliente y el soporte empresarial; es decir, principalmente el empleo de baja cualificación y remuneración. Actualmente la realidad ha superado cualquier expectativa y el alcance de esta tecnología que avanza a pasos vertiginosos e irrumpe en multitud de facetas del ámbito de la política económica de forma transversal impacta en la educación y la formación, el mercado de trabajo, la competitividad empresarial, los estados de derecho, la seguridad, etc. Este proceso se acelera desde el momento que se deja de requerir el desarrollo de software y hardware específico adaptado a las necesidades de cada empresa. Es más, ni siquiera exige un nivel de formación alto y especializado por parte de empleados/as para su uso y aplicación (aunque sí a nivel de desarrollo), ya que se basan en programas que funcionan en un formato conversacional. Aunque el mensaje que más ha calado hasta la fecha es que “la IA no te va a quitar el trabajo, sino que lo hará alguien que sepa usarla” la verdad es que algunos de los retos que plantea la IA aún están por venir. En el Recuadro 10 se resumen de forma más general las oportunidades y retos y desafío que plantea. Pero, además, se vislumbran grandes peligros potenciales que entroncan con las 9 dimensiones que hemos definido en la desigualdad multidimensional (Recuadro 4). A continuación, mencionaremos algunos aspectos complementarios, a modo de ejemplo, sobre cómo la IA pueden tener efectos directos o potenciales en las diferentes dimensiones y derivar, en última instancia, en un aumento de las desigualdades:

- *En la dimensión ambiental*: La contaminación, en forma de CO_2 y de agua, que genera el gasto computacional de la IA, tanto en la fase de entrenamiento como en su uso (servidores, sistemas de almacenamiento, sistemas de refrigeración). Un estudio de Goldman Sachs Research indica que una consulta con ChatGPT gasta 10 veces más electricidad que una búsqueda de Google (2,9 frente a 0,03 vatios hora).

- *La dimensión institucional y política:* La cuestión clave reside en que esta tecnología altamente disruptiva con una capacidad enorme para cambiar nuestras sociedades o incluso, potencialmente amenazar nuestra existencia, se concentra en muy pocas empresas generalmente privadas. En el marco regulatorio, es especialmente preocupante el caso de EE.UU. cuyos gigantes tecnológicos ya han desafiado en más de una ocasión la gobernanza de diferentes países, y donde parece que se prima el ganar la batalla geopolítica frente a garantizar un mínimo de seguridad en el avance de la IA.

- *La dimensión social e identitaria:* Los seres humanos y las sociedades que creamos están plagadas de sesgos que la IA reproduce al alimentarse en su entrenamiento de la información que volcamos en los medios digitales. Asimismo, la IA puede contribuir a reducir las diferencias y singularidades homogeneizando en exceso el lenguaje y por ende la forma de interactuar y pensar, ya que trabaja en base a algoritmos y probabilidades estadísticas que se basan en regularidades, no en excepciones.
- *La dimensión educativa y cultural:* Muchas de las formas tradicionales de transmisión de conocimientos y la forma en que los evaluamos han dejado de tener sentido. Pero, las transformaciones que requiere el sistema educativo chocan con instituciones que se adaptan de forma muy lenta a los cambios tecnológicos y sociales que se están gestando, no tanto, por una falta de voluntad, sino por la velocidad con la que cambian las cosas.

Por otro lado, desde un punto de vista más positivo, el desarrollo de la IA y las automatizaciones puede suponer un alivio para el *reto demográfico* al que nos enfrentamos. En la actualidad, más de la mitad de los países, donde viven dos tercios de la población mundial, tienen tasas de natalidad por debajo del nivel de reemplazo (2,1 hijos por mujer). Japón es pionero en la inversión en este tipo de avances tecnológicos para sortear las bajas tasas de fecundidad y la reducción de la población activa.

Recuadro 10
Principales retos y oportunidades derivados de la IA generativa

ÁMBITO	OPORTUNIDADES	RETOS Y DESAFÍOS
Transformación del mercado laboral	• Reorientación de empleos hacia nuevas capacidades. • Desarrollo de talento: reciclaje profesional (*reskilling*) y mejora de las competencias (*upskilling*).	• Pérdida de empleos tradicionales. • Adaptación organizativa. • Necesidad urgente de políticas centradas en las personas.
Productividad y crecimiento	• Aumento significativo de la productividad. • Transformación económica multisectorial.	• Riesgo de aumento de desigualdades. • Difusión desigual entre empresas y sectores.
Ética, confianza y seguridad	• Desarrollo de IA responsable con criterios de equidad, privacidad, inclusión, etc.	• Riesgos éticos. • Ciberseguridad y protección de datos. • Usos indebido y oportunistas.
Adopción empresarial	• Mejora potencial de competitividad. • Herramientas para la innovación empresarial.	• Barreras: falta de conocimiento, costes, calidad de datos, riesgos legales.
Inversión, talento y formación	• Formación profesional estratégica. • Modernización educativa. • Atracción y retención de talento.	• Falta de profesionales cualificados. • Déficit de inversión en educación. • Déficit energético y de infraestructura.
Gobernanza y política económica	• Capacidad de orientar el desarrollo tecnológico con políticas inclusivas y adaptativas.	• Necesidad de regulación efectiva. • Desafío de equilibrar innovación con derechos. • Respuestas políticas fragmentadas.

FUENTE: International Monetary Fund. Communications Department. (2023). Back to Basics: Artificial Intelligence's Promise and Peril. *Finance & Development*, 0060(004), A003. https://doi.org/10.5089/9798400260179.001.A003

Melina, G. (2024). Mapping the world's readiness for artificial intelligence shows prospects diverge. *IMF Blog*, 25 de junio. https://acortar.link/6d6w7p

7. CONCLUSIONES FINALES: PLURALIDAD, CONCIENCIA CRÍTICA Y PROPÓSITO

Este capítulo ha explorado los múltiples desafíos y transformaciones que enfrenta la política económica en el mundo actual. Como cierre, queremos subrayar una idea central: ante la creciente complejidad e incertidumbre, no debemos caer en la tentación de simplificar en exceso ni de buscar respuestas fáciles. Por el contrario, es fundamental mantener el foco en el propósito último de esta disciplina: contribuir al bienestar de las personas en contextos sociales, económicos y ecológicos diversos.

A nivel individual, la especialización en un enfoque económico concreto puede ser valiosa y necesaria. Permite profundizar en el análisis y afinar herramientas conceptuales. Sin embargo, esta especialización no debe ir acompañada de una aceptación acrítica del enfoque adoptado. Cada marco teórico implica supuestos, valores y límites que deben ser reconocidos abiertamente. Ignorarlos no fortalece el conocimiento, sino que lo debilita. Como en toda ciencia, la transparencia epistemológica y metodológica es indispensable para avanzar con honestidad.

A nivel colectivo, la política económica necesita abrirse al pluralismo teórico, metodológico y ético. La confrontación de ideas, el debate interdisciplinar y la coexistencia de enfoques diversos no solo enriquecen el conocimiento, sino que también fortalecen nuestras instituciones y sociedades. Un campo plural permite imaginar alternativas, evaluar consecuencias múltiples y construir políticas más inclusivas y sostenibles. En definitiva, una sociedad plural necesita una política económica plural.

Por todo ello, te invitamos a seguir explorando con espíritu crítico los enfoques que presentamos a lo largo de este manual. Cuestiona lo aprendido, contrasta ideas y no temas revisar tus propias convicciones. Incluso si al final reafirmas tu adhesión a un enfoque concreto, el proceso de apertura y revisión crítica habrá fortalecido tu comprensión y tu capacidad para actuar en un mundo complejo. Porque en política económica, como en la vida, la pluralidad no es debilidad, sino fuente de sabiduría.

ORIENTACIÓN BIBLIOGRÁFICA

Manuales de consulta complementaria para analizar la disciplina de Política Económica en la economía: Gómez Barroso (2019) *Economía y Política. Una visión íntegra y heterodoxa del papel del Estado en la economía,* Universidad Nacional de Educación a Distancia, UNED, Madrid; Cuadrado, J. R. (Dir.) (2023) *Política Económica: elaboración, objetivos e instrumentos,* 7ª Ed., Parte I. Y para el caso concreto de la política económica de España: Javier Casares Ripol y Enrique San Martín González (coord.) (2023) *Política económica española: lecciones.* Civitas Thomson Reuters, primera parte. También pueden ser útiles, para los conceptos básico y ortodoxos los artículos del FMI *Back to Basics*: https://acortar.link/iEwadK

Unas recopilaciones interesantes sobre los diferentes enfoques del estudio de los ciclos económicos las encontramos en: Fernández Arufe, J. E. y M. García Crespo (2009) Ciclos y crisis en economía, en *Pensar como un Economista. Homenaje al Profesor Andrés Fernández Díaz*, Ed. Delta, Madrid, pp. 409-440, y en los documentos Bernard, L., Gevorkyan, A. V., Palley, T. I., y W. Semmler (2014), Time Scales and Mechanisms of Economic Cycles: a Review of Theories of Long Waves, *Review of Keynesian Economics, (1)*, 87-107 y Avella, M. y L. Fergusson (2003), El ciclo económico, enfoques e ilustraciones. Los ciclos económicos de Estados Unidos y Colombia, *Borradores de Economía, 284*, 1-78. El estudio sobre los ciclos políticos se puede ampliar en el documento de Muñoz, J. R. E. (2006), Ciclos político económicos: teoría y evidencia empírica, *Revista Temas de Coyuntura*, 54. Para un estudio de los ciclos y género en Gomes, D. B. P. (2024). Gender and Business Cycles. *Gender Notes, 2024*(001). https://doi.org/10.5089/9798400270376.067 se analiza desde un enfoque más ortodoxo, así que convendría completarlo con el libro de Vara, M. J. (2006). *Estudios sobre género y economía* (Vol. 15). Ediciones Akal. Y para bibliografía completa sobre los enfoques heterodoxos en economía se debe consultar https://heterodoxnews.com/hed/teaching-material.html.

Finamente, un libro que aborda en profundidad los retos actuales en Política Económica con un enfoque más interdisciplinar basado en problemas es Ochando, C. (Coord.) (2025): *Retos futuros de la política económica y social: problemas, objetivos y estrategias*. Aula Magna Mc Graw Hill.

Capítulo 2
Objetivos de las políticas económicas (I): estabilidad de precios

JORGE UXÓ
Departamento de Economía Aplicada, Pública y Política
Universidad Complutense de Madrid

1. INTRODUCCIÓN

En este capítulo nos ocupamos de definir la "estabilidad de precios" como objetivo de política económica, por qué es importante, cuáles son los principales factores que pueden explicar que las economías registren tasas de inflación demasiado altas o demasiado bajas, y de qué instrumentos de política económica disponemos para corregir estas situaciones.

Los años posteriores a la pandemia se han caracterizado por fuertes subidas de precios y esto ha motivado la preocupación social por la inflación y un debate intenso sobre las medidas más convenientes para reducirla (lo que esta vez se ha logrado con una cierta rapidez). Sin embargo, no debemos ignorar que la política económica tiene que perseguir simultáneamente un conjunto amplio de objetivos y el énfasis que las autoridades ponen en cada uno de ellos en un momento determinado depende de muchas circunstancias.

La teoría keynesiana se desarrolló tras el grave aumento del desempleo asociado a la Gran Depresión de los años 30 del siglo XX, y el pleno empleo se convirtió en el objetivo por excelencia de la política económica en las décadas siguientes.

Sin embargo, esto empezó a cambiar en los años 70, cuando la subida de los precios de la energía elevó la inflación hasta cifras máximas de dos dígitos: el 15% de media entre los miembros de la OCDE, con tasas por encima del 20% en Japón, Reino Unido, Italia y España, y cercanas al 15% en Estados Unidos y Francia. Incluso en un país tan averso a la inflación como Alemania llegó a situarse en el 7%.

Esto implicó también un giro en el diseño de las instituciones encargadas de la política económica, que se orientaron principalmente a la creación de mecanismos para asegurar el control de la inflación. Probablemente, el cambio más importante fue responsabilizar de este objetivo a los bancos centrales y dotarles de plena independencia para lograrlo, a la vez que se limitaba la capacidad de las autoridades fiscales, se ponían en marcha reformas del mercado de trabajo que limitaban la capacidad de los sindicatos para lograr aumentos salariales y se reducía notablemente el compromiso de las autoridades con el pleno empleo.

Como se aprecia en el gráfico 1, esto condujo a una reducción muy significativa de las tasas de inflación en las economías desarrolladas, hasta el punto de que a partir de la crisis financiera de 2008 (y antes en el caso de Japón) el problema había pasado a ser el contrario: bajas tasas de crecimiento de la actividad y tasas de inflación cercanas a cero o negativas. Entre la crisis financiera de 2009 y la pandemia de COVID de 2020, por tanto, la principal preocupación de los responsables de las políticas económicas en Europa fue el riesgo de deflación más que la subida de los precios. En esa década, la tasa media de inflación en la UE se situó en el 1,3%, con varios países registrando tasas negativas algunos años (entre ellos España).

Gráfico 1

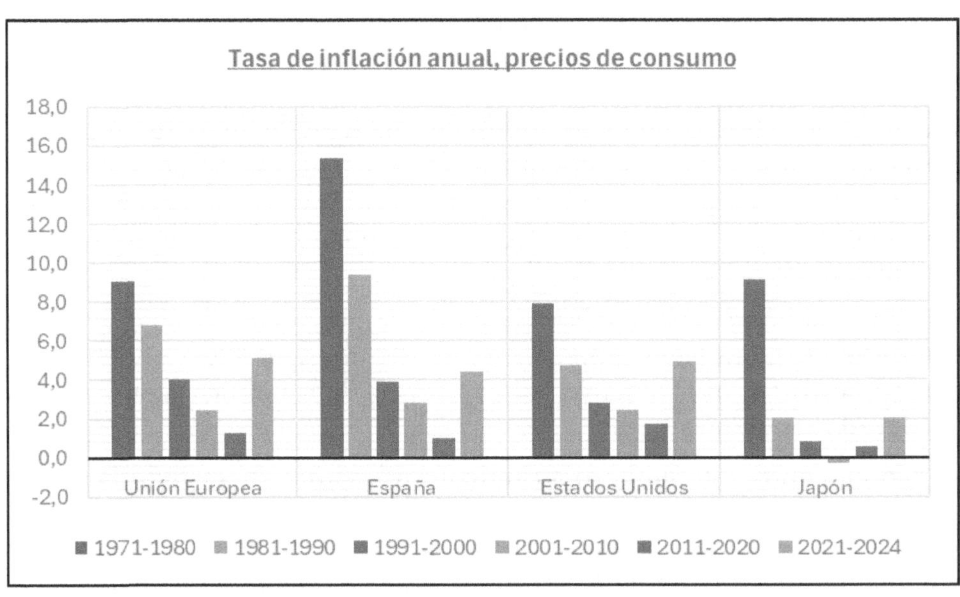

Fuente: Banco Mundial.

Sin embargo, los cuellos de botella asociados a la reapertura de la economía tras la pandemia y las tensiones mundiales en los mercados energéticos —agravadas por la invasión de Ucrania— condujeron nuevamente a tasas de inflación elevadas, que alcanzaron el 10% a mediados de 2022. Aunque en 2024 ya se habían recuperado tasas de inflación en torno al 3%, que se pueden considerar compatibles con el objetivo de "estabilidad de precios", esto ha vuelto a poner sobre la mesa el debate sobre las medidas más adecuadas para controlar la inflación. Trataremos de extraer al final del capítulo algunas conclusiones de este debate reciente.

2. ¿QUÉ ENTENDEMOS POR ESTABILIDAD DE PRECIOS Y POR QUÉ ES UN OBJETIVO DE POLÍTICA ECONÓMICA?

En una economía de mercado, los precios de todos los bienes y servicios cambian a lo largo del tiempo, por distintas razones: una variación en los costes de producción, un cambio en el grado de competencia que modifica el margen de beneficios que cargan las empresas o una variación en la demanda. Estos cambios en los precios de los distintos productos dan lugar a variaciones en los precios relativos que, de hecho, sirven para orientar las decisiones de los agentes económicos y la asignación de los recursos.

Por ejemplo, una innovación técnica que permita producir baterías más baratas para los coches eléctricos acabará llevando —si en el mercado hay suficiente competencia— a una bajada de su precio, lo que probablemente provocará un desplazamiento de la demanda desde los vehículos de combustión hacia este tipo de coches. También puede ocurrir que este desplazamiento se produzca por otras razones, con consecuencias diferentes sobre los precios: las restricciones al acceso al centro de las ciudades que las autoridades están imponiendo a los vehículos de combustión para evitar la contaminación aumenta la demanda de coches eléctricos y, si la capacidad para producirlos está limitada a corto plazo, su precio puede aumentar. Este aumento del precio también da lugar a mayores beneficios para las empresas productoras y esto puede servir, precisamente, para que aumenten las inversiones en este sector (y no en el de vehículos de combustión). Por tanto, irá aumentando la capacidad productiva y se ajustará a la demanda creciente de coches eléctricos.

Estos ejemplos, en los que el funcionamiento del mecanismo de mercado se basa precisamente en los cambios en los precios de algunos productos, nos sirven para mostrar que la "estabilidad de precios" no significa "precios constantes" de los diferentes bienes y servicios. Más bien, este objetivo de política económica se refiere a un crecimiento moderado del nivel general de precios, que es una media de los precios de todos los bienes y servicios de la economía (o de una muestra representativa, que puede cambiar según lo que queramos analizar, como veremos en el siguiente apartado).

La tasa porcentual de crecimiento de este nivel general de precios es lo que llamamos "tasa de inflación" y las autoridades tratan de evitar que esta tasa sea demasiado elevada, por distintas razones. Las más importantes son las siguientes:

- La inflación supone un aumento del coste de la vida: necesitamos mayores ingresos para adquirir la misma cantidad de bienes y servicios. Por tanto, aquellas personas que tengan sus rentas nominales fijadas de antemano (salarios, pensiones u otras prestaciones sociales) perderán capacidad adquisitiva como consecuencia de la inflación. Cuando la tasa de inflación es moderada y estable, es posible anticiparse a este problema. Por ejemplo, acordando revisiones anuales de los salarios o las prestaciones sociales en el mismo porcentaje que la inflación que se registra en la economía. Sin embargo, cuando se producen shocks que elevan la inflación por encima de los habitual o los precios varían de forma menos predecible, pueden producirse pérdidas de capacidad de compra significativas. El Recuadro 1 ilustra este caso, mostrando el retraso que se ha producido en el ajuste de los salarios nominales a los precios en el caso de España tras la subida de la inflación que se inició en 2021.

Recuadro 1
¿Cuánto puedo comprar con lo que gano?

Para satisfacer sus necesidades materiales, las personas necesitan adquirir bienes y servicios con la renta disponible que obtienen por su participación en las actividades económicas y por las transferencias que reciben (por ejemplo, pensiones) netas de los impuestos directos. La mayoría de esa renta procede de los ingresos del trabajo: en España, estos ingresos suponen el 85% de la renta disponible de los hogares. En 2023, los salarios eran la fuente principal de su renta para el 53% de las familias, y para otro 32% lo eran las pensiones.

Evidentemente, la cifra relevante para saber si las personas pueden adquirir o no los bienes que necesitan no es cuánto crecen los salarios nominales (en euros) sino los salarios reales, descontado el aumento de los precios. Esta es una de las razones principales por las que las autoridades procuran evitar tasas de inflación elevadas: para que no se deteriore el poder adquisitivo de las familias. Esto ocurre cuando hay inflación y los salarios (o las pensiones) no suben al mismo ritmo de los precios.

Aunque desde 2021 en España hay una ley que establece que las pensiones tienen que actualizarse lo mismo que crecen los precios, los salarios se deciden en la negociación colectiva entre empresas y sindicatos y esto no está asegurado.

Por ejemplo, en el gráfico siguiente representamos la tasa de inflación interanual y la tasa media de crecimiento de los salarios pactada en la negociación colectiva en los últimos años. Como se ve, la subida de la inflación que se inició en 2021 se trasladó con mucho retraso a la subida de los salarios (solo se empezaron a pactar aumentos salariales similares a la inflación a finales de 2023).

No obstante, la subida que finalmente tiene lugar de forma efectiva en los salarios puede ser distinta a la negociada por distintas razones: se puede crear más empleo en sectores donde se han pactado salarios más altos, hay personas que ascienden y se benefician de mejoras salariales adicionales, etc. Para tener en cuenta esto, en el gráfico representamos también la subida en el salario bruto medio por empleo equivalente a tiempo completo (PTETC), calculada a partir de los datos de contabilidad nacional. Como vemos, hasta mediados de 2023, una persona asalariada a tiempo completo registró por término medio aumentos de su salario por debajo del crecimiento de los precios, mientras que desde entonces está ocurriendo lo contrario.

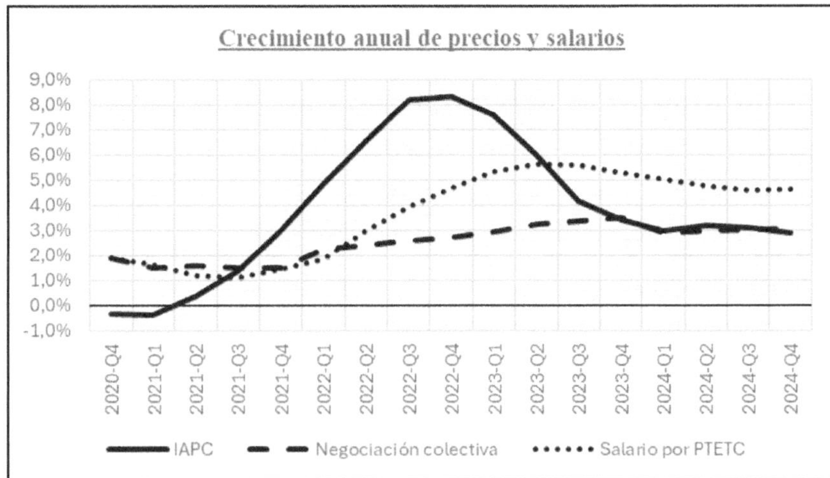

Fuente: INE y elaboración propia.

¿Cómo se traduce esto en el salario real? El crecimiento de esta variable se obtiene restando la tasa de inflación a la tasa de crecimiento media del salario por persona y lo representamos en el gráfico siguiente, también para un empleo a tiempo completo. Como vemos, a finales de 2022 los salarios habían acumulado una pérdida de poder adquisitivo del 5%, y solo en el último trimestre de 2024 tenían la misma capacidad de compra que a finales de 2020. Es decir, el shock inflacionista se ha traducido —en promedio— en cuatro años de pérdida de poder adquisitivo de las personas asalariadas.

Esto no ha ocurrido, sin embargo, para las personas que cobran el salario mínimo interprofesional (SMI) cuyo poder adquisitivo sí se ha protegido con las subidas que se han aprobado en estos años. Entre 2021 y 2024, la subida acumulada del SMI ha sido del 19,4%, ligeramente por encima del crecimiento del IPC.

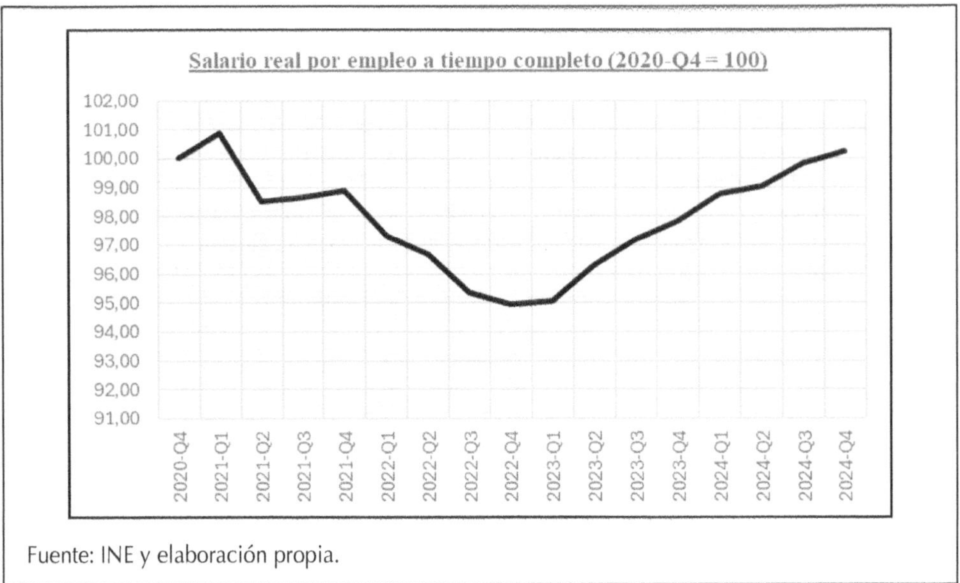

Fuente: INE y elaboración propia.

- La inflación puede producir también procesos redistributivos arbitrarios. El ejemplo típico es el de los deudores y acreedores. Si la cantidad que el deudor tiene que devolver al acreedor se fija en términos nominales y los precios suben, este acaba recibiendo una cantidad de dinero que ahora tiene un valor menor en términos reales (puede comprar menos bienes y servicios). Nuevamente, cuando la inflación se puede anticipar bien, basta con fijar un tipo de interés nominal que incluya ya este efecto de la inflación: si esta suele situarse en torno al 2%, un tipo de interés nominal del 3%, por ejemplo, asegura que el tipo de interés real del crédito es del 1%. Pero tasas de inflación cambiantes hacen que esto sea más difícil de anticipar, especialmente en los contratos a largo plazo. Esta es una de las razones por las que algunos contratos tienen cláusulas de indiciación de los precios a la tasa de inflación general.

- Ya hemos visto que los cambios en los precios relativos son el mecanismo a través del cual se produce la asignación de los recursos en las economías de mercado: ayudan a los agentes a tomar decisiones sobre gasto, producción e inversión. En un contexto en el que el nivel general de precios se comporta de una forma previsible (por seguir con nuestro ejemplo, crece regularmente en torno al 2%), el cambio registrado en el precio de un producto concreto nos ofrece información sobre su comportamiento en relación con el resto de bienes y servicios (si observamos que crece al 4%, se está encareciendo relativamente). En cambio, cuando la tasa de inflación es variable, podemos confundir un aumento del precio de un bien derivado de este proceso con un cambio en los precios relativos. En un contexto inflacionista, las variaciones de precios nos envían "señales" más difíciles de interpretar y se reduce la eficiencia en la asignación de los recursos.

- Otra forma en la que la inflación reduce la eficiencia es, precisamente, porque tenemos que dedicar recursos a anticipar cuál es la inflación más probable y a prevenir sus efectos (por ejemplo, incorporando cláusulas concretas en los contratos o en la negociación salarial). Incluso aunque la inflación sea perfectamente anticipada, hay que incurrir en algunos gastos para evitar sus inconvenientes. Por ejemplo, los "costes de menú": para protegerse de la inflación, las empresas tienen que cambiar sus propios precios, y esto obliga a publicar nuevas listas de precios, contactar con los clientes, hacer nuevas campañas de promoción, etc. Cuanto mayor sea la tasa de inflación, más frecuentemente hay que incurrir en estos costes. Otro ejemplo son los llamados "costes de suela de zapato". Para evitar la pérdida de valor que sufre el dinero en efectivo como consecuencia de la tasa de inflación, si esta es elevada, los agentes reducen la cantidad que conservan (prefieren tener otros activos rentables que les protejan de estos efectos). Por eso, tienen que incurrir en el coste de liquidar estos otros activos cada vez que necesitan hacer un pago (metafóricamente, "desgastando la suela del zapato" al desplazarse a la institución financiera).
- Las economías están cada vez más interconectadas internacionalmente a través de distintos flujos (capitales, personas, bienes y servicios). De hecho, para algunos países, las exportaciones constituyen un componente muy importante de su demanda agregada, y uno de los factores que influye en ellas es la competitividad precio. Cuando los precios de los bienes y servicios comerciables que se producen en un país crecen por encima de los precios de esos mismos productos en países competidores, la competitividad se deteriora (dado el tipo de cambio nominal) y pueden reducirse las exportaciones y aumentar las importaciones. Esto tendría un efecto negativo para la producción y el empleo, por lo que las autoridades tratan de evitar tasas de inflación por encima de las que se registran en otros países.
- En los sistemas fiscales progresivos, el tipo impositivo que hay que pagar se establece normalmente en función de la renta nominal que

se obtiene: cuando esta aumenta, el tipo impositivo puede crecer. En un contexto inflacionista, esto lleva a que la tarifa del impuesto tenga que actualizarse frecuentemente: si no se hace, pueden estar gravándose al mismo tipo impositivo rentas que ahora tienen menos valor en términos reales. También puede ocurrir que suba el tipo impositivo porque las rentas nominales se actualizan para cubrirse de los efectos de la inflación. Por tanto, se pagarían más impuestos por la misma renta real, ya que esa subida en términos nominales solo ha permitido mantener la misma capacidad de compra que se tenía antes de que hubiera inflación.

Estos efectos son importantes cuando el crecimiento de los precios se generaliza (afecta al conjunto de los precios de una economía) y además se trata de un proceso sostenido en el tiempo (no es un acontecimiento puntual).

Por otro lado, es muy importante señalar que, aunque hasta ahora nos hemos referido siempre a una subida de precios ("inflación") una bajada generalizada de los precios (lo que llamamos "deflación", o tasa de inflación negativa) tiene también unos efectos económicos que pueden ser potencialmente muy perjudiciales:

- Si los precios de los bienes y servicios están cayendo, es probable que tanto los hogares como las empresas aplacen sus gastos de consumo e inversión, especialmente si se genera una expectativa de que estos precios van a seguir bajando. Aparte de los bienes de primera necesidad, ¿qué familia renovaría ahora el coche o qué empresa compraría una máquina nueva si puede hacerlo a un precio más bajo el mes que viene? Obviamente, este retraso en las decisiones de gasto reforzaría la propia bajada de los precios, generándose una espiral muy peligrosa.
- Otro efecto de la deflación es que el valor real de las deudas se incrementa: los agentes que tengan contraída una deuda fijada en términos nominales se encontrarán con mayores dificultades para asumir su devolución. Por ejemplo, las empresas tendrán que vender más unidades de sus productos para tener los mismos ingresos nominales que antes y devolver sus créditos, pero es difícil que esto ocurra precisamente por lo que decíamos en el punto anterior. Por tanto, hay un riesgo de que se produzcan impagos, que si se generalizan pueden poner en peligro de solvencia de las entidades de crédito y desencadenar una crisis financiera.

- La bajada de los precios, por último, también eleva el tipo de interés real (un tipo de interés nominal del 3% se corresponde con un tipo de interés real del 1% si la inflación es del 2%, pero del 5% si es del -2%). Esta subida del tipo de interés real refuerza la espiral deflacionista (afecta negativamente a las decisiones de consumo e inversión) y no siempre puede ser compensada con bajadas del tipo de interés nominal, ya que este tiene un límite inferior.

En consecuencia, lo que hemos visto hasta aquí es que el objetivo de estabilidad de precios exige evitar tanto subidas como bajadas generalizadas de los precios de una economía, pero esto no equivale a que las autoridades deban perseguir una "tasa de inflación cero". En realidad, hay argumentos que hacen deseable para la economía una cierta tasa de inflación positiva, pero moderada y estable. Por ejemplo, dado que muchos precios son rígidos a la baja, el ajuste de los precios relativos se produce más fácilmente con precios creciendo a tasas diferentes que si se requiere que unos precios suban y otros bajen. Otro argumento es que existe un cierto consenso en que los indicadores de inflación tienden a sobrestimarla (por ejemplo, porque no pueden ajustar bien los precios más altos por los cambios en la calidad de los productos), por lo que una "inflación estadísticamente cero" podría corresponderse con una situación real de deflación. Finalmente, como la deflación es un proceso que puede retroalimentarse, es preferible evitarla manteniendo un cierto "margen de seguridad" con una tasa de inflación positiva. Además, la inflación permite tener el mismo tipo de interés real con un tipo de interés nominal mayor, lo que ofrece a los bancos centrales un mayor margen para bajar los tipos si necesita impulsar la demanda.

Teniendo en cuenta todos estos argumentos, podríamos decir que la economía se puede encontrar en distintas situaciones desde el punto de vista de este objetivo de política económica:

- Estabilidad de precios: la economía tiene una tasa de inflación estable y moderada, dentro de una franja determinada previamente por las autoridades. Como vemos en el Recuadro 2, en muchos países se ha fijado esta tasa en el 2%, aunque existen argumentos que justificarían igualmente un intervalo entre el 2% y el 4%. En esta situación de inflación moderada, los costes para el funcionamiento de la economía serían pequeños y manejables por los distintos agentes.
- Inflación elevada, cuando la inflación se sitúa por encima de esta franja. En ese caso, los costes que genera la subida de precios recomiendan la intervención de las autoridades para reducir la tasa de

inflación. Hay situaciones en los que la tasa de inflación se separa mucho del objetivo, incluso llegando a lo que se conoce como "hiperinflación". Si se llega a este escenario, los costes son muy elevados y las expectativas inflacionistas se instalan de tal manera en la economía que es muy difícil reducirla sin planes de ajuste drásticos.

- Inflación reducida y riesgo de deflación. Cuando la inflación se sitúa de forma sostenida por debajo de la tasa que se haya fijado como objetivo, también se producen algunos problemas, y uno de ellos es que aumenta el riesgo de que la economía se deslice por la pendiente de la espiral deflacionista. Por ello, las autoridades también intervienen para tratar de elevar la tasa de inflación en estos casos.
- Deflación. Se produce una caída generalizada de los precios, lo que se refleja en una tasa de inflación negativa. No hay que confundir este concepto —con consecuencias muy graves para la economía si se enquista— con el de "desinflación", que tiene lugar cuando la tasa de inflación es decreciente, pero positiva. Por ejemplo, esta habría sido la situación registrada por las economías europeas desde mediados de 2022 hasta 2024, cuando la tasa de inflación pasó del entorno del 10% al 3%.

Recuadro 2
¿Por qué el 2%?

Ya hemos explicado que hay algunas razones importantes por las que, cuando nos referimos a la estabilidad de precios, no estamos queriendo decir "inflación cero". Para el funcionamiento correcto de la economía es mejor una cierta tasa de inflación, siempre que esta sea moderada. ¿Pero cuál es esta tasa en concreto? Eso es más difícil de determinar.

En muchas economías se ha encargado al banco central que fije ese objetivo, y la cifra que se ha acabado imponiendo es el 2% de inflación. Por ejemplo, es el objetivo establecido por la Reserva Federal de Estados Unidos, el Banco Central Europeo, el Banco de Japón, el Banco de Inglaterra y otros casi 60 países más. Sin embargo, no existe ninguna razón de peso, teórica o empírica, para que tenga que ser ese 2% y no otra alternativa, como una franja entre el 3% y el 4%.

La cifra del 2% tiene su origen en un comentario informal hecho en 1988 por el ministro de Finanzas de Nueva Zelanda en una entrevista televisiva. Preguntado por si estaba satisfecho con la tasa de inflación de su país (había bajado del 15% al 10%) contestó que no, y de forma improvisada especificó que le gustaría situarla entre el 0% y el 1%. A partir de aquí, el banco central de ese país se sintió obligado a orientar su política monetaria a ese objetivo, pero como pensó que la medición de la inflación tiene un sesgo al alza de al menos 0,75 puntos, lo situó en un 2% (redondeándolo). Y eso es todo, no busquen una justificación técnica más elaborada. Louis-Philippe Rochon, economista canadiense experto en política monetaria, decía en 2024 (críticamente) que ha dedicado cientos de horas en los últimos años buscando en documentos de varios bancos centrales algún tipo de justificación, o al menos explicación, de la elección del objetivo del 2%, sin haber podido encontrar nada.

A pesar de esto, como decimos, esta cifra ha sido adaptada por casi 60 bancos centrales. Canadá e Inglaterra lo hicieron poco después de Nueva Zelanda. En el caso de la Reserva Federal, este objetivo se asumió en 2012 bajo la dirección del entonces presidente Ben Bernanke. El Banco Central Europeo estableció en el momento de su creación el objetivo de mantener una tasa de inflación "inferior, pero próxima" al 2%, aunque posteriormente lo modificó para definirlo como un objetivo "del 2% a medio plazo", tratando de evitar tanto los riesgos de una inflación demasiado alta como de una inflación demasiado baja.

La cuestión es más relevante de lo que podría parecer y algunos destacados economistas como los Premio Nobel Paul Krugman y Joseph Stiglitz, o el antiguo economista jefe del Fondo Monetario Internacional, Olivier Blanchard, entre otros, han propuesto elevar este objetivo hasta el entorno del 3%-4%. Fundamentalmente, ofrecen dos argumentos:

– El establecimiento de un objetivo concreto de inflación suele defenderse como una forma de "anclar" las expectativas de los agentes y de reforzar la "credibilidad" de las autoridades (si cumplen este objetivo). Por ello, una vez establecido, las autoridades se esfuerzan por alcanzarlo. Para reducir la inflación, los bancos centrales que han fijado estos objetivos llevan a cabo principalmente subidas del tipo de interés, que afectan negativamente al crecimiento y el empleo: tienen un coste. Además, una vez que la inflación ha alcanzado ya tasas moderadas, el coste de reducirla es cada vez mayor. Por ejemplo, en la crisis inflacionaria de los últimos años, la inflación se ha reducido relativamente rápido hasta niveles próximos al 3%, pero seguir reduciéndola hasta el 2% requeriría mantener los tipos de interés altos demasiado tiempo, lo que podría acabar teniendo costes importantes para la actividad económica. Sin embargo, no es evidente que el funcionamiento de la economía sea mucho mejor con una tasa de inflación del 2% que del 3%. Más bien, la única razón por la que los bancos centrales insisten en esta política restrictiva —y en someter a las economías al coste económico que se deriva de ellas— es que ellos mismos anunciaron previamente que lo harían hasta llegar al 2% y no quieren arriesgar su "credibilidad". Pero ya hemos visto que esta elección del 2% no se basa en ningún argumento teórico o empírico sólido.

– Una de las razones por las que conviene tener "alguna" tasa de inflación es que permite alcanzar el mismo tipo de interés real con un tipo de interés nominal más alto. Esto da margen a las autoridades para reducirlo en caso de que sea necesario impulsar la demanda agregada si se produce una crisis. Esto no sería posible si el tipo de interés nominal se encuentra normalmente en un valor cercano a cero. Diversas causas, que se resumen en la hipótesis conocida como "estancamiento secular", han hecho que las economías desarrolladas atraviesen un periodo de bajo crecimiento de la demanda. Por eso, necesitan tener tipos de interés reales más bajos, o incluso negativos (y políticas fiscales más expansivas) y la única forma de lograrlo sin reducir demasiado el tipo de interés nominal es con una tasa de inflación más alta.

Podemos ilustrar este argumento con un ejemplo sencillo. Supongamos que una economía necesita que, en circunstancias normales, el tipo de interés real sea del 2% para que la demanda crezca a un ritmo adecuado. Con una inflación del 2%, esto se logra con un tipo de interés nominal del 4%, lo que ofrece un margen suficiente para poder bajarlo en caso de que se produzca una caída cíclica de la demanda, ayudando a estabilizarla. Si, en este contexto, la demanda se ralentiza de forma estructural por alguna razón (disminuye la propensión a consumir porque aumenta la desigualdad o porque la población envejece, o se reduce la inversión productiva de las empresas, por ejemplo) será necesario mantener un tipo de interés real más bajo, digamos que del 1%. Con la misma tasa de inflación del 2%, esto requiere bajar el tipo de interés hasta el 3%, lo que reduce el margen para seguir bajando si es necesario. La alternativa es elevar el objetivo de inflación hasta el 3% y mantener el mismo tipo de interés nominal del 4%.

3. ¿CÓMO MEDIMOS LA INFLACIÓN?

La tasa de inflación es el porcentaje al que crece el nivel general de precios de una economía en un periodo de tiempo (normalmente un mes, un trimestre o un año). El nivel general de precios, a su vez, es una media ponderada de los precios de un conjunto de bienes y servicios. En función de cuál sea ese conjunto tendremos distintos "índices de precios", que son más o menos adecuados para analizar cuestiones diferentes.

El indicador más conocidso, y al que nos vamos a referir principalmente en este capítulo, es el Índice de Precios de Consumo (IPC), que nos ofrece una medida de cómo evoluciona el "coste de la vida" para una familia representativa. Los hogares reparten su consumo en la adquisición —en diferentes proporciones— de distintos tipos de bienes y servicios. El IPC es el promedio de los precios de esos productos, ponderados por su peso en el presupuesto de las familias, de tal manera que su evolución nos informa sobre el cambio que se produce en el precio de esa cesta de bienes.

En España, el IPC lo calcula el Instituto Nacional de Estadística, que cada mes revisa la evolución de más de 20.000 precios. La composición de la cesta, que va variando en función de los hábitos de consumo de las familias, se decide a partir de la Encuesta de Presupuestos Familiares, que también elabora anualmente el INE mediante una entrevista personal a cerca de 24.000 hogares seleccionados aleatoriamente. A través de esta encuesta se clasifica el gasto de los hogares en 12 grupos principales, que se desagregan a su vez en categorías más pequeñas, hasta llegar a más de 200 tipos de artículos. Estos mismos grupos son los que se utilizan para construir el IPC, dándoles el mismo peso que en la Encuesta de Presupuestos Familiares.

Eurostat, por su parte, publica un índice "armonizado" de precios al consumo (IAPC) que se elabora en todos los países de la UE con la misma metodología. El IPC y el IAPC siguen trayectorias muy similares.

En cada país europeo los productos que componen la cesta con la que se construye el IAPC son los mismos, aunque los pesos de cada uno se ajustan para adaptarlo a los hábitos de consumo de cada país. En el cuadro 1 recogemos los pesos que tienen los 12 grupos principales con los que se construye el IAPC en España, en las otras tres grandes economías europeas y en la media de la UE. Podemos apreciar que existen algunas diferencias importantes:

Cuadro 1
Pesos de los distintos grupos en el índice de precios de consumo

	Unión Europea	Alemania	España	Francia	Italia
01 Alimentos y bebidas no alcohólicas	16,5%	13,1%	18,0%	14,7%	18,1%
02 Bebidas alcohólicas y tabaco	4,2%	3,5%	3,6%	3,6%	3,2%
03 Vestido y calzado	4,8%	3,8%	4,3%	3,8%	6,8%
04 Vivienda, agua, electricidad, gas y otros combustibles	14,8%	16,4%	11,9%	16,9%	12,6%
05 Muebles, artículos del hogar y para su mantenimiento	6,1%	6,4%	5,3%	4,9%	7,3%
06 Sanidad	5,5%	5,8%	5,5%	4,8%	4,2%
07 Transporte	15,0%	17,1%	14,8%	15,7%	16,1%
08 Comunicaciones	2,6%	2,3%	3,3%	2,4%	2,0%
09 Ocio y cultura	8,9%	11,4%	7,5%	9,4%	5,9%
10 Enseñanza	1,1%	0,8%	1,8%	0,6%	1,0%
11 Restaurantes y hoteles	10,4%	7,4%	16,1%	10,8%	12,7%
12 Otros bienes y servicios	10,0%	12,0%	7,7%	12,4%	10,2%

Fuente: Eurostat.

Evidentemente, esto se refiere a un "hogar representativo", pero cada familia concreta distribuye sus ingresos de forma diferente, en función de sus preferencias y también de su presupuesto. De acuerdo con la conocida "Pirámide de Maslow" las personas destinamos nuestros recursos a cubrir necesidades de una forma jerarquizada: empezamos por las necesidades más básicas para nuestra supervivencia (vivienda, alimentación, vestido) y vamos dedicando después recursos a otras necesidades (educación, cultura, ocio). Por eso, el peso que tienen algunos bienes en la cesta de consumo de las familias con menos ingresos es muy distinto al que tienen en la cesta de consumo de las familias con ingresos más altos. Esto hace que la misma tasa de inflación tenga también efectos diferentes para distintos tipos de familias, en función de cuáles sean los precios que estén subiendo.

Por ejemplo, los hogares españoles situados en el 20% con menores ingresos destinan en promedio más del 60% de su presupuesto al gasto en alimentación y vivienda, donde se incluyen los suministros como la electricidad o el gas. En cambio, para las familias del 20% con más ingresos, estas partidas solo suponen el 40% de su gasto. Como la subida de la inflación que tuvo lugar en 2021 se concentró precisamente en los suministros energéticos y los alimentos, esto quiere decir que estaba afectando especialmente a los hogares con menos renta. Sin duda, esta es una información muy importante que las autoridades deben tener en cuenta a la hora de diseñar sus medidas para reducir la inflación y, sobre todo, para compensar sus efectos a los hogares más afectados.

El IPC se expresa dando un valor de 100 a los precios de un momento determinado, que se utiliza como "base", por lo que el valor de este índice en cualquier periodo nos dice cuánto han cambiado los precios (en promedio) respecto a ese periodo de referencia. Comparando el IPC de dos momentos del tiempo podemos calcular también la tasa de inflación registrada en ese periodo. En el Recuadro 3 explicamos, con un ejemplo, las diferencias entre las tasas de inflación mensuales, interanuales o anuales.

Recuadro 3
¿Cuál fue la inflación del mes pasado? La importancia de con qué comparas

Todos los meses, cuando el INE publica los datos del índice de precios del consumo, podemos encontrar en la prensa noticias que nos informan sobre la tasa de inflación que está registrando la economía. Por ejemplo, el pasado 28 de marzo de 2025, podíamos encontrar en la web del periódico El País la siguiente noticia, firmada por Denisse López:

IPC >

La inflación se frena con fuerza en marzo al 2,3% por el efecto de las lluvias sobre los precios de la energía

El IPC subyacente se modera al 2%, la tasa más baja desde diciembre de 2021

Por supuesto, el dato es correcto. Pero es importante saber que en ese mismo mes podemos calcular diferentes tasas de inflación, en función de cuál sea el punto de referencia con que comparemos los precios del mes: los precios del mes anterior, los precios del mismo mes del año anterior o la media de los últimos 12 meses con los 12 meses anteriores.

Para ilustrarlo, en el gráfico siguiente recogemos el IPC registrado cada mes desde enero de 2023 hasta marzo de 2025 (último dato disponible al escribir este texto):

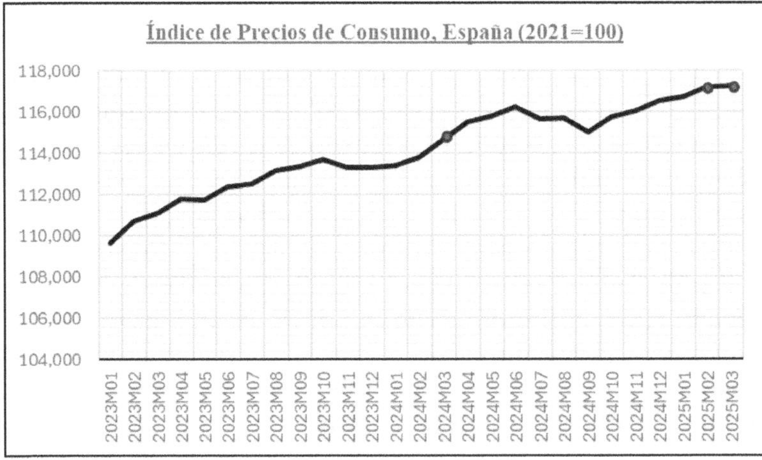

Fuente: INE y elaboración propia.

En marzo de 2025, el IPC tomó un valor de 117,26. ¿Cuánto subieron los precios? Si lo comparamos con el año base (2021) el valor del índice nos informa que los precios eran ese mes un 17,26% más altos. Esta cifra no tiene gran interés, pero sí podemos calcular otras tres tasas de inflación que nos aportan información relevante:

– Si comparamos el IPC de marzo con el mes de febrero, cuando el índice había tenido un valor de 117,19, vemos que los precios subieron solo un 0,1%. Esto es lo que llamamos la *tasa de inflación intermensual*, y nos sirve para conocer la evolución de los precios a muy corto plazo. Sin embargo, esta tasa puede ser difícil de interpretar si queremos saber la "evolución" de la inflación, porque como muchas otras series económicas con una frecuencia inferior al año está afectada por problemas de estacionalidad: comportamientos sistemáticamente diferentes en diferentes momentos del año. Por ejemplo, en las dos últimas décadas, las tasas mensuales medias de enero y de julio han sido negativas (por el efecto de las campañas rebajas) mientras que las medias de abril y de octubre han sido cercanas al 1%. Además, puede haber comportamientos excepcionales que afecten a la tasa de inflación de un mes, pero no tengan continuidad después. En este caso, como dice el titular de la noticia, fue un mes muy lluvioso y también hizo viento, lo que impulsó la producción de la electricidad con energías más baratas y bajó el precio de la electricidad, justo lo contrario que el mes anterior.

– Para evitar estos problemas de interpretación, lo más frecuente es comparar los precios de un mes con el mismo mes del año anterior y calcular la tasa de inflación interanual. En este caso, comparamos el IPC de marzo de 2025 con el de marzo de 2024, que fue de 114,67. Esto nos da una tasa de inflación del 2,3%, que es la que aparecía en el titular de esta noticia. Al comparar dos meses iguales evitamos el problema de estacionalidad y además utilizamos como unidad de medida el año, que es la que solemos utilizar por ejemplo cuando revisamos algunas rentas, como los salarios y las pensiones, o los alquileres.

– La información que nos ofrece esta tasa, sin embargo, no está exenta de problemas si lo que queremos es saber cómo ha cambiado nuestra capacidad de compra en los últimos 12 meses. La subida del 2,3% que observamos en marzo de 2025 respecto a marzo de 2024 podría haberse producido por completo en el último mes (con lo que habríamos comprado barato entre abril de 2024 y febrero de 2025) o haberse producido ya en abril de 2024 y después mantenerse los precios estables, pero altos (con lo que habríamos comprado caro todos estos meses). Para evitar este problema, podemos calcular la tasa de inflación media anual: comparamos el IPC medio de los últimos 12 meses con la media de los 12 meses anteriores. Así comparamos el "coste de la vida" en los dos últimos años. En este caso, el IPC medio entre abril de 2024 y marzo de 2025 fue de 116,10, mientras que el IPC medio entre abril de 2023 y marzo de 2024 había sido de 113,09. Por tanto, en el último año el coste de la vida en España ha sido un 2,7% más alto que en el año anterior. Esto es relevante, por ejemplo, cuando queremos calcular cuánto hay que subir las pensiones para que no pierdan poder adquisitivo. En España, las pensiones se actualizan cada año teniendo en cuenta la inflación media registrada en el año anterior.

En el gráfico siguiente recogemos la evolución reciente de estas tres tasas en España. Como vemos, cada una de estas tasas ofrece una información diferente y lo adecuado para tomar las decisiones de política económica es combinar el análisis de las tres. Además, téngase en cuenta que están estrechamente relacionadas: la tasa interanual de un mes es la suma de las tasas mensuales de los 12 meses anteriores, y la tasa anual es la media de las 12 tasas interanuales previas.

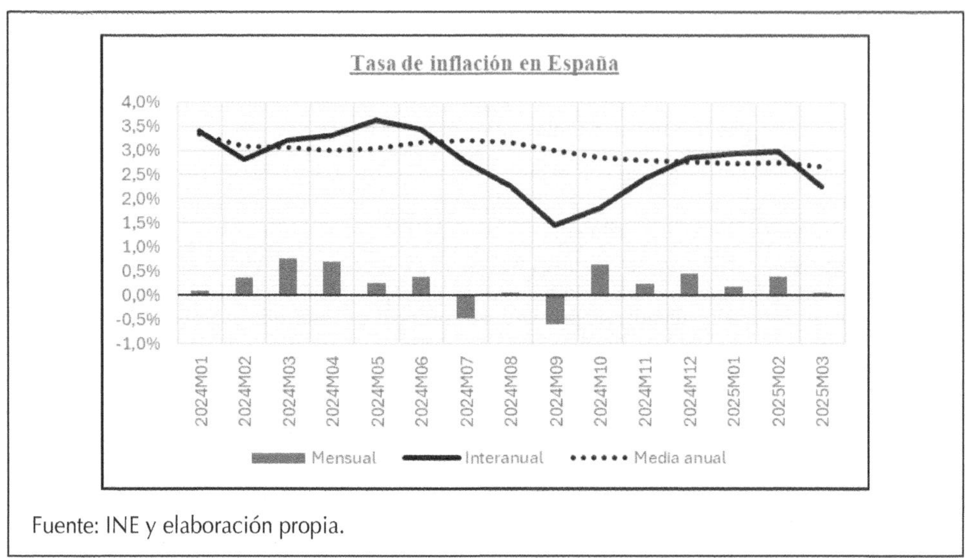

Fuente: INE y elaboración propia.

Los precios de algunos productos incluidos en el IPC pueden experimentar variaciones frecuentes (subidas y bajadas) que afectan al comportamiento del índice a muy corto plazo. Sin embargo, las autoridades persiguen el objetivo de estabilidad de precios con una perspectiva a medio plazo: les interesa sobre todo la tendencia de los precios, tratando de evitar que su tasa de crecimiento sea demasiado elevada o reducida. Cuando esto no se cumple adoptan medidas de política económica, pero no intervienen permanentemente para ajustar cualquier variación del IPC, si se considera que va a ser de corta duración.

Igualmente, los agentes económicos necesitan tener información de la tendencia a medio plazo de los precios. Por ejemplo, cuando negocian un convenio colectivo para determinar el crecimiento de los salarios durante uno o varios años o cuando calculan la rentabilidad de una inversión que están planeando.

La forma que tienen las autoridades de disponer de esta información sobre la tendencia a medio plazo de la inflación y ofrecerla al resto de agentes económicos es calcular la llamada *inflación subyacente*. Esta se obtiene descontando del IPC aquellos componentes que son más volátiles, particularmente la energía y los alimentos, como se explica en el Recuadro 4.

Recuadro 4
La tasa de inflación subyacente

La inflación subyacente persigue aproximar la tendencia a medio plazo de la inflación, eliminando la influencia de sus componentes más volátiles. Este concepto empezó a utilizarse a raíz las crisis del petróleo de los años 70 del siglo XX, por lo que el primer bloque de productos que se descuenta del IPC es el de los *productos energéticos* (electricidad, gas y combustibles como la gasolina y el diésel, principalmente). El segundo bloque que se excluye es el de los alimentos, cuyo comportamiento puede verse afectado por acontecimientos puntuales, como una mala cosecha. En este caso, hay que tener en cuenta que algunos organismos estadísticos (como el INE) excluyen solo los alimentos frescos o no elaborados y otros (como Eurostat) excluyen todos los tipos de alimentos. La oficina estadística europea se refiere frecuentemente a esta tasa como "core inflation" (núcleo inflacionista). Es importante conocer bien esto si se hacen comparaciones internacionales.

Para ilustrar la relevancia de este concepto, en el gráfico siguiente recogemos la evolución del IPC general y de la tasa de inflación subyacente en España durante la reciente crisis inflacionaria, utilizando tanto la definición del INE como la de Eurostat.

La subida de los precios se originó en 2021 precisamente en la energía y en algunos alimentos. Por eso, la inflación subyacente —que excluye estas partidas— se elevó más lentamente y se mantuvo por debajo del 2% hasta principios de 2022. A partir de entonces, la subida de los precios de la energía empezó a trasladarse a otros bienes y servicios (sus costes estaban subiendo y las empresas trasladaron este aumento a los precios finales de sus productos) y la inflación subyacente empezó a subir. Como podemos ver en el gráfico, la medida "europea" de este concepto creció menos, porque también estaban subiendo los alimentos elaborados.

Después del verano de 2022 los precios de la energía empezaron a caer, pero no pasó lo mismo con el precio del resto de bienes y servicios. Esto provocó el efecto contrario: la tasa general se situó durante algún tiempo por debajo de la inflación subyacente.

Finalmente, vemos que desde principios de 2024 la situación de los mercados internacionales de energía y de los alimentos se ha normalizado y las tasas de inflación general y subyacente han convergido, situándose ambas en un intervalo entre el 2% y el 3%.

Este ejemplo pone de manifiesto la mayor estabilidad de la tasa de inflación subyacente, aunque también muestra que esta no es completamente independiente de componentes como la energía, cuyos precios acaban "contagiando" a otros componentes del índice. En cualquier caso, su evolución ofrece una información más clara de la tendencia a medio plazo de los precios.

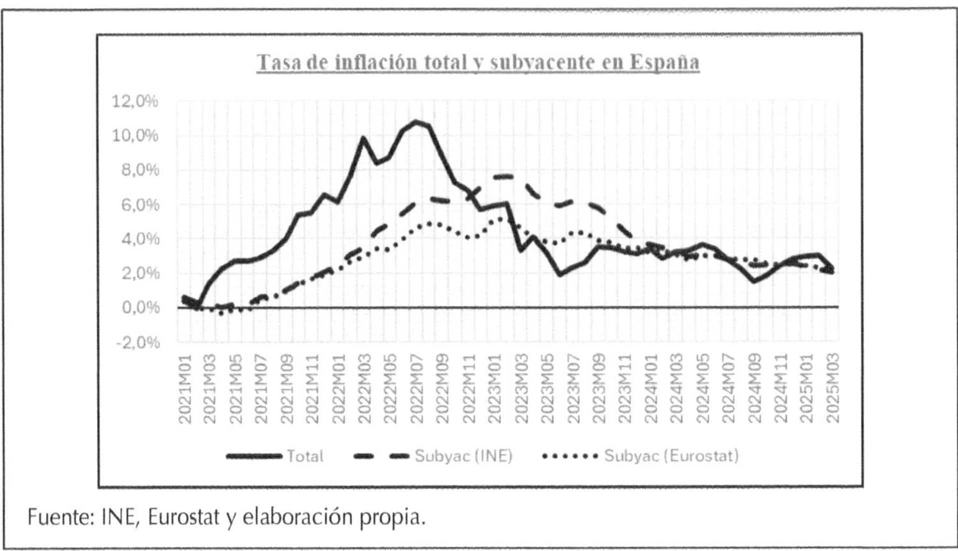

Fuente: INE, Eurostat y elaboración propia.

El IPC nos ofrece una información muy relevante para la política económica, ya que podemos comparar su tasa de variación con la evolución de la renta disponible de los hogares y conocer si está mejorando o no su capacidad para adquirir los bienes y servicios con que satisfacen sus necesidades. Pero existen otros indicadores de precios que nos ofrecen también una información útil para la toma de decisiones.

El más importante es el deflactor del PIB, que es la media de los precios de todos los bienes y servicios finales que se producen en el interior de una economía, por lo que tiene la ventaja de su generalidad: incluye los precios de todos los bienes y servicios que componen el PIB, ponderados por su peso en la economía nacional. El deflactor del PIB y el IPC pueden crecer a diferentes tasas, porque su composición no es la misma. Mientras en el deflactor se incluyen los precios de todos los productos que forman el PIB, se destinen o no al consumo de los hogares, en el IPC se incluyen los precios de todos los productos que se consumen por un hogar típico, se produzcan en el interior del país o no.

El deflactor refleja bien la evolución del "precio medio de la producción doméstica", pero no mide correctamente el "coste de la vida" para los hogares, porque una parte de esa producción no es consumida por las familias —por ejemplo, los bienes de capital—. Sin embargo, sí es útil para conocer cuál es el componente nacional de la inflación, ya que en el IPC se incluyen también bienes y servicios de consumo que son importados (por ejemplo, el gas). Eso quiere decir que los precios de estos bienes pueden crecer por factores que afectan a los mercados internacionales, sobre los que las autoridades nacionales no tienen capacidad de influencia.

Un tercer indicador que puede tener interés para la política económica es el deflactor de los precios de las exportaciones (solo incluimos los bienes y servicios que se exportan, ponderados por su importancia en el comercio internacional del país). Comparándolo con el mismo deflactor en otros posibles competidores se puede analizar la evolución de la competitividad-precio frente a distintos países. Ya dijimos que esta era una de las razones por las que a las autoridades de política económica les preocupa que la inflación se eleve.

4. LAS CAUSAS DE LA INFLACIÓN

Para adoptar medidas correctas de política económica es necesario contar con un buen diagnóstico de los problemas que se quieren resolver. Por eso, es importante conocer las causas que se encuentran detrás de las tasas de inflación demasiado altas, o demasiado bajas, que requieren en algún momento la intervención de las autoridades. Hay dos formas de abordar esta cuestión.

La primera es doctrinal: existe un debate entre escuelas de pensamiento económico sobre los mecanismos que explican la determinación de los precios y de ellos se tienen que derivar las causas de su crecimiento. Por ejemplo, siguiendo la conocida frase del economista estadounidense Milton Friedman, para los monetaristas la inflación es "siempre y en todo lugar un fenómeno monetario". Por tanto, no cabe otro análisis de las causas de la inflación que un crecimiento excesivo de la oferta monetaria y la solución está en modificar el ritmo de expansión monetaria (que está controlada por las autoridades). En cambio, si la creación de dinero es endógena a las necesidades de la economía, como se explica con detalle en el capítulo 6 de este manual, esta explicación de la inflación pierde sentido y hay que buscar su origen en otros factores. La oferta monetaria estaría aumentando más bien como consecuencia de la inflación, y la política económica para reducirla también será distinta.

La segunda forma de analizar las causas de la inflación es más empírica (o pragmática, si se prefiere). La inflación puede estar provocada por razones diferentes en distintos momentos del tiempo y lo importante para la política económica es saber cuál es el origen real en cada episodio concreto de subida de los precios. Las medidas adecuadas en algunos casos pueden no serlo para otros casos diferentes. Podríamos decir lo mismo con las situaciones de deflación.

En este sentido, y centrándonos ahora únicamente en las situaciones en las que la inflación es excesiva, lo habitual es clasificar el posible origen de este problema en dos grandes grupos:

- En primer lugar, tenemos la inflación de demanda, que en sentido estricto se produce cuando la cantidad de productos que se quieren comprar es mayor que los que se pueden producir, utilizando todos los recursos disponibles. Cuando eso ocurre, las empresas que no pueden atender toda la demanda pueden racionarla (se atienden los primeros clientes hasta que se agoten las existencias o se limitan las unidades que puede comprar un mismo cliente, por ejemplo) pero es más probable que acaben subiendo los precios. Una interpretación más flexible del concepto de inflación de demanda asocia el crecimiento de los precios a aumentos de la demanda a un ritmo superior al que puede crecer la oferta (aunque queden algunos recursos ociosos). También puede empezar a producirse inflación de demanda en algunos sectores que ya no pueden atender a la demanda, lo que generaría algunos cuellos de botella a pesar de que a nivel agregado aún queden recursos sin utilizar. La situación inmediatamente posterior al confinamiento de la pandemia se asemeja a este caso: el aumento de la demanda se produjo más rápidamente que el ritmo al que determinados sectores eran capaces de aumentar la producción (microchips, transporte marítimo de mercancías) con lo que se produjeron subidas de precios.
- La inflación de costes, en segundo lugar, parte de la idea de que las empresas fijan sus precios añadiendo un margen de beneficios a los costes unitarios de producción. Este margen de beneficios depende del "poder de mercado" del que dispongan esas empresas, que está condicionado por factores como el grado de competencia del sector o la existencia de sustitutivos más o menos próximos del producto que venden. Los costes unitarios, a su vez, están constituidos por los "inputs" que se requieren para obtener una unidad de producto (energía, materias primas) y por los costes salariales. Finalmente, el precio incluye también los impuestos indirectos, como el IVA. Lo podemos escribir de esta forma:

Precio = Coste de la energía y materias primas + coste salarial + margen de beneficios + impuestos indirectos.

> Partiendo de esta expresión, los precios podrían subir, independientemente de lo que ocurra con la demanda, si suben los costes de producción y las empresas trasladan este aumento a los precios; si aumenta el poder de mercado de las empresas y cargan márgenes de beneficios más altos; o incluso si se produce un aumento de los impuestos indirectos.

Un ejemplo de inflación de costes es la que se produjo en 2021 y 2022 por la subida de los precios del gas natural y el petróleo en los mercados internacionales. Esta subida tiene un primer efecto directo sobre el IPC, ya que suben los precios que los hogares pagan por el gas de sus casas, por la gasolina y por la electricidad (que en parte se produce usando gas). Además, también tiene un efecto indirecto, porque la energía se utiliza para la producción de otros productos, cuyos costes están aumentando. Si las empresas, como decimos, mantienen al menos constantes los márgenes de beneficios que quieren obtener, trasladarán esta subida de los costes a sus precios, y lo mismo harán otras empresas que usen sus productos como bienes intermedios. Esto es lo que ocurrió en España: a principios de 2021, el 80% de los productos que forman parte del IPC registraban un crecimiento de sus precios por debajo del 2%. En ese momento empezaron a subir los precios de la energía y a finales de ese año la situación se había invertido: el 80% de productos estaban registrando crecimientos de sus precios superiores al 2%. El contagio de los mayores precios energéticos al conjunto de la economía era evidente.

Este ejemplo nos lleva a otra cuestión: el problema para la estabilidad de precios no se produce porque haya una subida puntual de los precios de determinados productos energéticos, sino cuando esto se generaliza y suben los precios del conjunto de bienes y servicios, y estos aumentos se sostienen en el tiempo. Es decir, que hace falta un elemento propagador de las subidas iniciales de precios. Este elemento puede ser el conflicto distributivo.

Efectivamente, cuando las empresas trasladan los mayores costes a sus precios están protegiendo sus rentas. Como los costes de la energía han aumentado, la única forma de mantener los mismos precios es reducir su margen de beneficios. Si quieren protegerlos, tienen que subir sus precios, pero al hacerlo están trasladando la pérdida de renta a las personas que trabajan para ellas, ya que el poder adquisitivo de sus salarios estará disminuyendo. Esto puede dar lugar a lo que se llaman *efectos de segunda ronda*: los sindicatos tratarán de lograr aumentos en los salarios nominales para evitar esta caída de los salarios reales. Los costes de producción aumentarían de nuevo y las empresas podrían volver a trasladarlos a los precios, iniciándose una espiral costes-precios-salarios-precios-salarios, manteniéndose en el tiempo la inflación, incluso aunque los precios de la energía dejen de crecer.

Esta forma de ver el proceso inflacionario ha dado lugar a lo que se conoce como la "*teoría de la inflación de conflicto*", que en cierta medida engloba las explicaciones de la inflación por el lado de la demanda y por el lado de los costes. El detonante inicial de un proceso inflacionario puede ser distinto en cada caso (los precios de la energía, un cambio en el poder de mercado de las empresas, mayor capacidad de negociación de los sindicatos, un aumento de la demanda agregada) pero se mantiene en el tiempo porque distintos grupos sociales tienen pretensiones sobre la renta (beneficios y salarios reales) que son incompatibles entre sí. El intento de alcanzar sus pretensiones de renta usando los instrumentos a su alcance (aumentos de precios y aumentos de los salarios nominales) provoca un proceso autosostenido de subida de precios. Jugando con la cita anterior de Milton Friedman, podríamos decir ahora que "la inflación es siempre y en todo lugar el reflejo de un conflicto distributivo".

En el Recuadro 5 utilizamos este esquema teórico, y la información que nos ofrece el Observatorio de Márgenes Empresariales, creado en 2023, para ver la contribución que han hecho los márgenes de beneficios y los salarios a la subida de la inflación que se produjo en España entre 2021 y 2023.

Recuadro 5
La inflación de vendedores. ¿Qué nos dice el Observatorio de Márgenes Empresariales?

En el marco teórico de la inflación de conflicto, la economista alemana Isabella Weber ha recuperado un concepto que ya había sido utilizado por A. Lerner en 1958: la "inflación de vendedores". Con él pretende enfatizar la importancia que ha podido tener la subida de los márgenes de beneficios para explicar el proceso inflacionario posterior a la pandemia.

En un conocido artículo publicado en 2023 junto a E. Wasner en la Review of Keynesian Economics (*"Sellers' Inflation, Profits and Conflict: Why Can Large Firms Hike Prices in an Emergency?"*), sistematizan el proceso inflacionario en tres etapas:

– *Fase de impulso*. Se caracteriza por el aumento de los precios en algunos sectores "sistémicos", o con capacidad para trasladar este aumento a otros sectores (por ejemplo, energía).

– *Fase de propagación o amplificación*. En ella, las empresas reaccionan subiendo los precios para evitar que los mayores costes de producción reduzcan sus beneficios. En ocasiones, las empresas pueden incluso aprovechar estas situaciones para aumentar sus márgenes de beneficio. Si esto ocurre, los vendedores repercuten el aumento de los costes de producción de forma más que proporcional en los precios. Por lo tanto, esto no solo propagaría, sino que "amplificaría" el shock inicial de los precios.

– *Fase de conflicto*, que se produce si los trabajadores negocian aumentos salariales nominales en un intento de compensar su pérdida de ingresos reales, y esto provoca una nueva ronda de subidas de precios.

La hipótesis de la inflación de vendedores ha dado lugar a una polémica teórica y empírica sobre el papel que realmente juegan los márgenes de beneficios en los aumentos de los precios. En el caso de España, esta cuestión puede resolverse utilizando la información que ofrece el Observatorio de Márgenes Empresariales (OME).

Este Observatorio lo crearon en julio de 2023 el Ministerio de Hacienda, el Ministerio de Economía y el Banco de España, con el fin de aumentar la información disponible sobre los márgenes empresariales y mejorar el conocimiento sobre su evolución y sus implicaciones para el conjunto de la economía. Proporciona datos trimestrales sobre el valor de las ventas, las compras de inputs intermedios y la masa salarial de casi un millón de empresas españolas recogidos de sus propias declaraciones fiscales. Esta información, y la relativa a los precios de sus ventas, se ofrece con un amplio nivel de desagregación por ramas de actividad, lo que permite detectar posibles diferencias entre sectores.

En un artículo publicado en 2025 en la revista Structural Change and Economic Dynamics ("Prices, markups and wages: inflation and its distributive consequences in Spain, 2021-2023") los profesores Jorge Uxó, Eladio Febrero e Ignacio Álvarez utilizan precisamente la información que ofrece el OME para calcular los márgenes de beneficios que cargan las empresas españolas y analizar su comportamiento en España en el periodo reciente.

Su análisis muestra que, efectivamente, se produjo un aumento de los márgenes de beneficios entre 2021 y 2023. Sin embargo, esto solo explica el 14% del aumento de los precios durante estos años. La mayor parte de la subida (un 85%) se explica por la traslación de los aumentos de los precios de los inputs a los precios finales, con márgenes de beneficios constantes. En la terminología de Weber y Wasner, esto parece mostrar más un efecto de propagación que de amplificación de las subidas iniciales de los costes. Finalmente, otro resultado importante que obtienen es que, entre 2021 y 2023, el efecto de la subida de los salarios nominales sobre los precios es muy pequeño.

Todo esto hace pensar que el proceso inflacionista tuvo en estos años un importante impacto redistributivo en contra de la participación de los salarios en la renta.

5. POLÍTICAS PARA ASEGURAR LA ESTABILIDAD DE PRECIOS

Hemos visto que existen razones importantes por las que las autoridades se preocupan por la tasa de inflación que registra la economía. Cuando esta tasa es demasiado alta y supera un determinado umbral, las autoridades toman diferentes medidas para reducirla. Del mismo modo, para evitar los riesgos de una espiral deflacionista, también intervienen cuando la tasa de inflación es demasiado baja.

Un mensaje importante es que no existe un único instrumento al alcance de las autoridades para influir en la evolución del nivel general de precios. Coherentemente con nuestro análisis anterior sobre las causas de la inflación, lo importante es determinar en cada caso cuál es el origen del episodio (inflacionista o deflacionista) sobre el que se quiere intervenir y elegir el instrumento más adecuado para esas circunstancias.

En general, podemos clasificar estos instrumentos en tres tipos principales:

- *Políticas macroeconómicas orientadas a gestionar la demanda agregada.* Si la inflación es demasiado alta y se interpreta que la razón es un crecimiento excesivo de la demanda, pueden aplicarse políticas restrictivas, ya sean monetarias (subidas del tipo de interés) o fiscales (reducción del gasto público, subida de impuestos o reducción de las transferencias públicas a los hogares). En ocasiones también se aplican estas políticas de enfriamiento de la economía para evitar la aparición de los efectos de segunda ronda, incluso aunque el origen de la subida de los precios no sea un crecimiento excesivo de la demanda. Esto se evitaría o bien porque se logra mantener "ancladas" las expectativas de inflación (a pesar de la subida de los precios, los trabajadores prevén una rápida vuelta de la inflación al objetivo marcado por las autoridades y moderan sus peticiones de aumentos salariales) o bien porque la política restrictiva aumenta la tasa de desempleo y debilita la posición negociadora de los sindicatos. La menor demanda también hace más arriesgado para las empresas la subida de los márgenes de beneficios.

  Por ejemplo, la Reserva Federal y el BCE subieron los tipos de interés entre 2022 y 2024 para enfriar la economía y reducir la inflación. Obviamente, el principal problema que tienen estas políticas es que pueden contribuir a la consecución de un objetivo de política económica (la estabilidad de precios) a costa de empeorar otro (el pleno empleo).

  La política de demanda también se puede utilizar, en una dirección expansiva, para conseguir un aumento de la inflación si la economía corre el riesgo de caer en una espiral deflacionista. En teoría, esto puede hacerse a través de bajadas del tipo de interés, pero si las tasas de inflación son negativas es probable que se alcance el límite inferior del tipo de interés nominal antes de haber logrado el impulso necesario de la demanda agregada. Como se explica en el capítulo 6 con detenimiento, en ese caso los bancos centrales tendrían que recurrir a instrumentos "no convencionales" de política monetaria, como la compra de activos de deuda o la inyección directa de liquidez en el sistema. Aun así, las situaciones de fuerte depresión de la demanda acaban requiriendo otros instrumentos, especialmente de política fiscal, como muestra la experiencia de la economía japonesa desde mediados de los años 90 del siglo XX.

- *Intervención en los mercados o regulación directa de los precios.* Las políticas de demanda (expansivas o contractivas) actúan sobre la inflación de forma indirecta: modificando el nivel de actividad económica. Con este segundo grupo de instrumentos, sin embargo, las autoridades intervienen directamente sobre los mecanismos de formación de los precios y en los mercados en los que se está produciendo el origen del problema.

  El proceso inflacionista reciente es un buen ejemplo para ilustrar este tipo de actuaciones. Dado que el origen de la subida de los precios se encontraba en los precios de la energía, muchos gobiernos europeos adoptaron medidas para intervenir directamente en la formación de los precios de la electricidad o en los precios que pagaban los hogares por el gas que consumían. Otras posibilidades podrían ser introducir límites a los márgenes de beneficios en algunos sectores (por ejemplo, en la distribución de la gasolina es fácil comparar la evolución del precio internacional del crudo y de otros costes del proceso de refino con el precio final de venta al público del carburante, y esta diferencia, que es el margen de beneficios, puede limitarse por ley). También podríamos incluir aquí las bajadas de impuestos indirectos, que como vimos en el apartado anterior es otro de los componentes de los precios finales. En el Recuadro 6 resumimos las principales medidas que se aplicaron en España entre 2021 y 2024 para hacer frente a la subida de los precios.

  Estas medidas son adecuadas especialmente cuando lo que se pretende es controlar un problema de inflación de costes. Una cuestión interesante es que no generan el efecto contractivo sobre la actividad económica que sí provocan las políticas de demanda restrictivas. Incluso puede ocurrir lo contrario: muchas de las políticas que se aplican en estos casos (englobadas bajo lo que se han llamado “políticas fiscales no convencionales”, como subsidios o bajadas de impuestos indirectos) tienen un efecto positivo sobre la actividad económica.

- *Política de rentas.* Dado que la inflación es la expresión de un conflicto distributivo, puede plantearse la necesidad de llegar a un acuerdo entre la patronal y los sindicatos para evitar los efectos de segunda ronda y una espiral precios-salarios-precios, o para evitar que los efectos negativos de la inflación se repartan de forma desigual (como en la situación actual, que están recayendo principalmente sobre las personas asalariadas). Si el problema fuera de deflación, lo que habría que propiciar sería precisamente lo contrario: por ejemplo, acuerdos para que un aumento mayor de los salarios estimule la demanda de consumo de los hogares.

Se habla de "política de rentas" cuando este acuerdo sobre la evolución de los salarios y los beneficios se auspicia desde el gobierno, en muchos casos ofreciendo a ambas partes algunas políticas públicas que ayudan a alcanzar el acuerdo. Estas políticas se explican con mucho detalle en el capítulo 4 del manual, por lo que no nos extenderemos más aquí.

Recuadro 6
Medidas contra la inflación en España (2021-2024)

El Gobierno español ha adoptado un amplio conjunto de políticas fiscales y regulatorias, desplegadas progresivamente en varios «paquetes» desde junio de 2021 hasta 2024, para hacer frente a la subida de la inflación que se registró durante esos años. Sus dos principales objetivos han sido frenar el aumento de los precios y mitigar sus consecuencias sobre los sectores productivos más afectados, los hogares y los colectivos vulnerables. Se detallan en la tabla siguiente[1]:

Medidas para rebajar los precios		Medidas para compensar los efectos de la inflación	
Intervención en los mercados de energía (especialmente electricidad)	Bajada del IVA en la electricidad y el gas (del 21% al 5%) y de otros impuestos indirectos	Apoyo a los hogares	Incremento del 15% en IMV y PNC
	Limitación a la subida de la TUR del gas y del precio de la bombona de butano		Cheques de 200€ a familias con menores ingresos e incremento de becas (400€)
	Subsidio de 0,20€ a la gasolina y el diésel		Aumentos en el Bono Social Eléctrico y el Bono Social Térmico
	"Tope al gas" en el mercado mayorista de electricidad	Apoyo a sectores productivos	Ayudas directas y otras ventajas al transporte, agricultura e industrias electro- y gas- intensivas
Intervención en otros precios	Descuentos en el transporte público	Otras medidas no directamente relacionadas con los planes contra la inflación	Impuestos extraordinarios a la banca y las energéticas. Impuesto de Solidaridad a las Grandes Fortunas
	Límite del 2% en las subidas de los alquileres		Bajada IRPF para ingresos < 21.000€
	Reducción del IVA de algunos alimentos		Actualización de las pensiones y subida del SMI

Fuente: Elaboración propia.

Podemos ordenar estas medidas en cinco categorías:

1. Medidas para reducir los precios de la electricidad y el gas natural para los consumidores finales. Las más importantes son la reducción de los impuestos indirectos, tanto sobre la electricidad como sobre el gas, y la limitación de la repercusión de los mayores precios internacionales del gas a los precios de los consumidores en la tarifa regulada por el Gobierno.

2. Reforma del funcionamiento del mercado mayorista de la electricidad entre junio de 2022 y diciembre de 2023 mediante la introducción de un tope en los precios del gas utilizado para producir electricidad. Su principal objetivo era desvincular los precios de la electricidad en España de las tensiones globales en los mercados de gas, reduciendo los beneficios extraordinarios que reciben las empresas que producen electricidad sin utilizar gas natural.

---

1 Para un mayor detalle puede consultarse: Uxó, J. (2023): "National responses to the energy price hike: the case of Spain", en Galgóczi, B. (ed.): *Response measures to the energy crisis: policy targeting and climate trade-offs*, 133-150. Brussels: ETUI.

3. Medidas dirigidas explícitamente a frenar otros precios. Entre abril y diciembre de 2022, el Gobierno español aplicó un descuento de 20 céntimos por litro de gasolina y gasóleo comprado en gasolineras. Su efecto sobre la inflación redujo la tasa media anual de inflación en torno al 1%. El descuento se prorrogó hasta 2023, pero sólo para transportistas profesionales por carretera, agricultores, navieras y pescadores. Otras medidas incluyen importantes descuentos en las tarifas del transporte público desde septiembre de 2022, una limitación de la actualización de los alquileres de vivienda en 2022 y 2023 al 2% (en lugar de estar indexados a la inflación, como solía ser), y una reducción de los impuestos indirectos para determinados productos alimenticios.

4. Medidas para hacer frente a los efectos en los hogares de la subida de precios (mediante transferencias directas, algunas reducciones de los impuestos directos, o aumentos de los alquileres públicos y las pensiones) y en los sectores económicos más afectados por la inflación (transporte y sectores primarios, o industrias electrointensivas y gasistas).

5. Mecanismos para reducir los beneficios extraordinarios generados en el mercado de la electricidad e impuestos transitorios para aumentar la contribución de los hogares con rentas altas, los propietarios de patrimonio y las empresas con grandes beneficios en los sectores energético y financiero.

El grueso de estas medidas, como se ve, se ha centrado en los mercados energéticos, y merece la pena analizar una de ellas con más detalle: la reforma del mercado mayorista de electricidad mediante la limitación del precio del gas utilizado para producir electricidad.

El 15 de junio de 2022 entró en vigor en los mercados eléctricos español y portugués el mecanismo conocido como "tope al gas" o "excepción ibérica", que establece un límite al precio máximo que puede aplicarse al coste del gas utilizado para producir electricidad. Inicialmente previsto hasta mayo de 2023, se prorrogó posteriormente hasta diciembre de 2023.

Este tope desvincula los precios del mercado mayorista de electricidad de la subida de los precios internacionales del gas, modificando el funcionamiento marginalista que caracteriza a este mercado. La tecnología más cara sigue determinando el precio de toda la electricidad generada, pero con el límite fijado por el precio de referencia. Por tanto, este mecanismo reduce (aunque sólo parcialmente) los "beneficios caídos del cielo" obtenidos por los productores de electricidad que, sin usar gas, se beneficiaban de precios más altos. Esta reducción de los beneficios se traduce, en la misma cuantía, en un ahorro de las facturas de los hogares.

En concreto, el efecto de este mecanismo sobre lo que pagan los consumidores finales se articula a través de dos pasos:

– Se fija un precio máximo que las centrales de ciclo combinado y cogeneración pueden imputar al gas natural que utilizan para calcular el precio de la electricidad que producen. Dado que esta es la tecnología más cara y que, cuando se utiliza para cubrir la demanda, es la que fija el precio del mercado mayorista de electricidad, de esta forma se está limitando este precio. Se reduce lo que se paga por toda la electricidad, tanto la producida con gas como la que se produce con otras tecnologías (renovables, nuclear).

– Los ciclos combinados de gas natural, las centrales térmicas de carbón y determinadas instalaciones de cogeneración reciben una compensación por la diferencia entre el coste real del gas natural utilizado para la generación eléctrica (tomando como referencia el Mercado Ibérico del Gas, MIBGAS) y el precio de referencia. Pero no las empresas que producen electricidad sin usar el gas. Por tanto, aunque parte de esta compensación se repercute en las facturas de los consumidores que se benefician de la existencia de este mecanismo, esta cifra es siempre inferior al beneficio de la reducción de precios generada por tope al gas.

Como se muestra en el siguiente gráfico, el fuerte aumento de los precios internacionales del gas en agosto y septiembre de 2022 provocó un repentino aumento de los precios de la electricidad en los mercados mayoristas de otros países como Alemania, Francia e Italia. En cambio, en España, el precio de la electricidad disminuyó directamente debido a este mecanismo. El Fondo Monetario Internacional estima que este precio fue un 16% inferior en comparación con un escenario alternativo en ausencia de este sistema. Dado que la electricidad representa alrededor del 4% del IPC español, esto supondría una reducción cercana a 0,6 puntos porcentuales en la tasa de inflación.

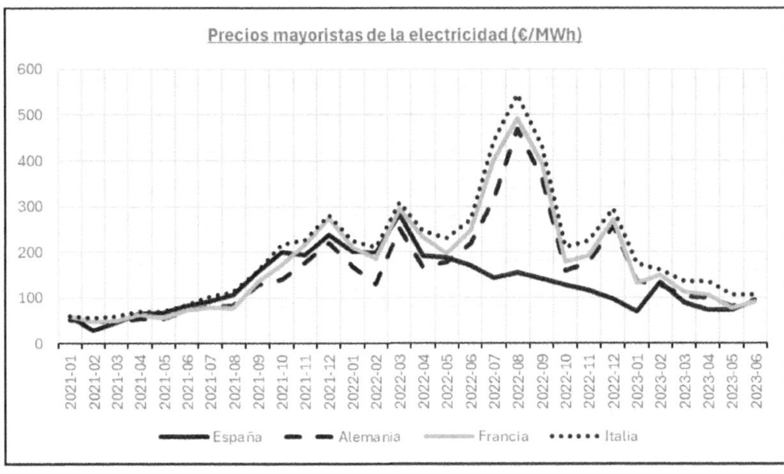

Fuente: ENTSO-e.

El Gobierno español, por su parte, estima que la limitación del precio del gas supuso un ahorro de 5.000 millones de euros para todos los consumidores finales de electricidad (consumidores domésticos y PYMEs, así como consumidores industriales) en la segunda mitad de 2022, lo que puede considerarse como una transferencia de ingresos hacia ellos por parte de los productores de electricidad, que estarían obteniendo *"beneficios caídos del cielo" en ausencia de este mecanismo.*

6. ¿PUEDE SER LA INFLACIÓN UNA "RESTRICCIÓN" PARA LAS POLÍTICAS EXPANSIVAS DE DEMANDA?

La política económica se enfrenta con mucha frecuencia al problema de que las medidas que serían necesarias para mejorar en un objetivo tienen consecuencias negativas para otro. La relación entre desempleo e inflación es un caso típico.

Una de las razones principales por las que puede darse una situación de desempleo es la falta de demanda agregada. En la economía hay recursos ociosos (trabajo y capital) y las empresas aumentarían sus beneficios produciendo y vendiendo más unidades de sus productos, pero no encuentran demanda suficiente. En esos casos, las autoridades pueden usar la política fiscal o la política monetaria para estimular la demanda agregada y reducir el desempleo. Sin embargo, como hemos visto, esto puede ser una de las causas de la inflación.

Esta relación inversa entre desempleo e inflación se recogió inicialmente en la "Curva de Phillips", que expresaba precisamente cuánto aumentaría la inflación por cada punto en que se reducía la tasa de paro. Planteado así, los gobiernos se enfrentaban a un "menú de política económica" con distintas combinaciones posibles de desempleo e inflación.

Posteriormente, sin embargo, economistas como M. Friedman y E. Phelps introdujeron el concepto de "tasa natural de paro", que sería el único equilibrio del mercado de trabajo con una inflación constante. Si las autoridades despliegan políticas de demanda expansivas para reducir el paro por debajo de esa tasa y la inflación sube, argumentan, esto generará un aumento de las expectativas inflacionistas y peticiones de salarios nominales más altos. Por tanto, tendrá lugar una nueva subida de la inflación. Es lo que se conoce como la "teoría aceleracionista": tratar de bajar el desempleo con políticas expansivas ya no se traduce en una tasa de inflación más alta, sino creciente.

Este concepto se ha ido consolidando en el análisis convencional de la política económica y muchos de los modelos utilizados por las autoridades para definir sus políticas económicas incluyen una "tasa no aceleradora de la inflación" (NAIRU, por sus siglas en inglés). Esta tasa de paro (que a veces se estima en un valor ciertamente elevado) actuaría como un límite para las políticas de demanda: en este sentido es en el que decimos que la inflación estaría actuando como una "restricción".

Sin embargo, también podemos encontrar una (creciente) corriente crítica con esta idea, en buena medida apoyada en la teoría de la inflación de conflicto que hemos explicado.

En primer lugar, la evidencia empírica para las economías desarrolladas parece mostrar más bien una relación inversa entre el nivel de desempleo y el nivel de inflación que una permanente aceleración de esta tasa cuando el desempleo se reduce por debajo de un determinado nivel. O. Blanchard o R. Solow llaman a esto un retorno a la "vieja" Curva de Phillips, con pendiente negativa.

Por ejemplo, la recesión de las economías europeas en los años ochenta provocó un aumento duradero del desempleo que no se tradujo en una reducción continuada de la inflación. De nuevo, la recesión asociada a la crisis financiera condujo a una inflación baja, pero no decreciente, en Europa y Estados Unidos. En sentido contrario, EE.UU. registró tanto en la década de 1990 como en 2018-2019 tasas de desempleo claramente inferiores a la NAIRU que se estimaba en ese momento, pero no tasas de inflación "crecientes". En términos más generales, economistas del departamento de investigación del FMI mostraron en 2022 que las "aceleraciones" de la inflación han sido la excepción desde la década de 1960.

Una cuestión clave en esta discusión es cómo se trasladan las subidas de precios a las expectativas inflacionistas de los trabajadores, y cómo se traducen estas en un crecimiento efectivo de sus salarios nominales. Es decir, en qué medida pueden realmente protegerse de sus efectos sobre los salarios reales mediante aumentos efectivos de los salarios nominales. Esto depende del poder de negociación de los trabajadores y la transmisión suele ser incompleta. En ese caso, los posibles efectos inflacionistas de la reducción del desempleo no darían lugar a una aceleración permanente.

La transmisión completa de las expectativas sólo sería posible para los trabajadores cuando la economía registrase tasas de desempleo realmente bajas, lo que se traduciría en un aumento significativo de su poder de negociación. En consecuencia, hasta que la economía no se aproxime al pleno empleo, las políticas fiscales y monetarias pueden seguir aplicándose y tener efectos a largo plazo sobre la producción y el empleo.

En segundo lugar, además de esta evidencia en contra de la hipótesis "aceleracionista", también se ha observado un aplanamiento de la Curva de Phillips desde los años ochenta en las economías avanzadas: es decir, los aumentos de inflación asociados a reducciones del paro son menores. En el marco de la inflación de conflicto, esto puede atribuirse al deterioro en el poder de negociación de los trabajadores en las últimas décadas, derivado en parte de las reformas de los mercados de trabajo. Esto ocurre, al menos, hasta niveles cercanos al pleno empleo.

En definitiva, estos argumentos teóricos y empíricos ponen en cuestión la idea de que existe un "límite" a la actividad económica que obliga a las autoridades a mantener tasas de paro elevadas para evitar los problemas de inflación.

7. RECAPITULANDO: ¿QUÉ PODEMOS APRENDER DE LAS POLÍTICAS ECONÓMICAS APLICADAS DURANTE EL PERIODO INFLACIONARIO RECIENTE?

Después de varios años preocupadas por el estancamiento de las economías europeas, las autoridades tuvieron que hacer frente a una brusca subida de las tasas de inflación después de la pandemia. Como hemos visto a lo largo del capítulo, en estos últimos años se han adoptado muchas medidas que —junto a la propia evolución de los mercados internacionales de gas y petróleo— han conseguido controlar relativamente rápido el crecimiento de los precios. ¿Qué podemos aprender de esta experiencia para el diseño de la política económica?

En primer lugar, una política adecuada para reducir la inflación debería cumplir tres requisitos: ser eficaz y reducir rápidamente la inflación; hacerlo sin provocar efectos contractivos graves sobre la actividad económica y el empleo; y asegurar una distribución equitativa de los costes de la inflación.

España es un buen caso de estudio para evaluar el cumplimiento de estos tres objetivos, dado que han coexistido simultáneamente dos tipos de políticas. Por un lado, el Gobierno puso en marcha —como en otros países— un conjunto de medidas fiscales y regulatorias entre 2021 y 2023 que hemos resumido en el Recuadro 6. Por otro lado, y simultáneamente, el BCE comenzó a aplicar una rápida e intensa política restrictiva, subiendo los tipos de interés en 4,5 puntos en poco más de un año a partir de julio de 2022.

El efecto de estas medidas ha sido diferente. La política monetaria del BCE actúa sobre la inflación enfriando el consumo de los hogares y la inversión empresarial para reducir el nivel de demanda. El problema es que, en este caso, la inflación no tenía su origen en un exceso de demanda, sino en la situación de los mercados energéticos (y su contagio posterior al resto de la economía). Una primera diferencia importante es, precisamente, que las medidas fiscales y regulatorias se centraban, con un carácter más quirúrgico, precisamente sobre mercados concretos que estaban catalizando los principales aumentos de precios, como el de la electricidad.

El Banco de España estimó en 2023, en su Informe Anual, que la contribución de este segundo tipo de medidas a la reducción de la inflación en España durante 2022 fue diez veces superior a la contribución de la política monetaria. Además, también estima que las medidas fiscales y regulatorias contribuyeron al crecimiento del PIB en 1,1 puntos porcentuales, mientras que la política monetaria redujo el PIB en 0,6 puntos.

Así pues, las medidas no monetarias habrían contribuido más a reducir la inflación que la brusca subida de tipos del BCE y lo hicieron al tiempo que estimulaban el crecimiento y redistribuían la renta entre los hogares de menores ingresos. En lugar de esperar a que la economía se deprimiera por la subida de tipos, la política fiscal y de regulación de precios se adelantó para reducir la inflación por medios menos dolorosos. De acuerdo con los dos primeros criterios señalados más arriba (eficacia a la hora de reducir los precios y hacerlo sin causar daños a la economía) las políticas fiscales y reguladoras de las autoridades nacionales han demostrado, por tanto, ser más eficaces que las políticas monetarias del BCE.

Sin duda, esto plantea la necesidad de revisar el marco de gobernanza de la política económica europea, abandonando el actual predominio del banco central en la lucha contra la inflación.

En contextos macroeconómicos en los que el origen de la inflación no es un exceso de demanda, sino choques de oferta que se propagan y amplifican por la capacidad de muchas empresas para defender sus márgenes de beneficio, las políticas económicas antiinflacionistas no pueden recaer simplemente en las autoridades monetarias. Además, el aplanamiento de la curva de Phillips que hemos mencionado en el apartado anterior hace que estas políticas sean incluso más costosas en términos de empleo y actividad. La lucha contra la inflación debe basarse en una combinación de políticas más reequilibrada, reduciendo el papel de la política monetaria y dando más peso a intervenciones quirúrgicas sobre los precios y a las medidas fiscales que contribuyen a reducir la inflación (como las reducciones selectivas y temporales de los impuestos indirectos para productos específicos).

En relación con el tercer objetivo que mencionamos anteriormente, aunque algunas de las políticas fiscales implementadas en 2021-2023 pretendían asegurar una cierta redistribución de la renta hacia los hogares con menores ingresos, la realidad es que el impacto del proceso inflacionista ha recaído principalmente en los salarios, que han sufrido una pérdida importante de poder adquisitivo. Organismos internacionales como la OCDE han señalado que ahora existe margen para mayores subidas salariales que podrían ser absorbidas por los márgenes de beneficios sin generar nuevas tensiones inflacionistas.

ORIENTACIÓN BIBLIOGRÁFICA

Para ampliar el análisis de la estabilidad de precios como objetivo de política económica pueden consultarse el manual coordinado por J. Ramón Cuadrado, "Política Económica: elaboración, objetivos e instrumentos" (capítulo 6, 7ª edición, 2023, McGrawHill) y el libro de los profesores Andrés Fernández Díaz, Luis Rodríguez Saiz y José Alberto Parejo, "Política Económica" (capítulo 7, 4ª edición revisada, 2013, McGrawHill).

En 2009, el Banco Central Europeo publicó el libro "La estabilidad de precios: ¿por qué es importante para ti?", que sigue siendo una referencia introductoria útil para muchos de los conceptos que hemos trabajado en este capítulo. En la página web del Banco Central Europeo puede accederse también a la sección "¿Qué es la inflación?", donde se ofrece una información accesible y más actualizada sobre qué es la inflación y cómo se mide. También se recomienda consultar la sección "¿Por qué es importante la estabilidad de precios?"

En relación con las causas de la inflación, hemos enfatizado la "*teoría de la inflación de conflicto*" como una aproximación realista a este problema que, en cierta medida, engloba los conceptos de inflación de costes e inflación de demanda. En el número 4 de 2024 de la *Review of Political Economy* se puede encontrar un monográfico sobre este enfoque en el que participan muchos de los autores que han hecho contribuciones significativas a su desarrollo. Para el lector interesado en este tema también valdrá la pena leer un artículo que ha tenido una gran influencia en los debates recientes: Weber, I. M., Wasner, E. (2023): "Sellers' Inflation, Profits and Conflict: Why Can Large Firms Hike Prices in an Emergency?", *Review of Keynesian Economics*, 11 (2): 183-213.

Sobre el debate sobre las causas de la inflación reciente, una aproximación para el caso de España puede encontrarse en Uxó, J., Febrero, E., Álvarez, I. (2025): "Prices, markups and wages: inflation and its distributive consequences in Spain, 2021-2023", *Structural Change and Economic Dynamics*, 72, 179-192.

Con carácter más general, para el conjunto de la UE, este otro artículo analiza si el episodio actual de inflación tiene su origen en la demanda o en la oferta y analiza en consecuencia la oportunidad de la política monetaria del BCE: Ferreira, V., Abreu, A. y Louça, F. (2025): "The rise and fall of inflation in the Euro Area (2021-2024): A heterodox perspective", *Structural Change and Economic Dynamics*, 72, 103-110.

Finalmente, si se quiere ampliar el análisis de las políticas fiscales y regulatorias contra la inflación aplicadas en España y en otros países es recomendable el siguiente libro, con capítulos explicando distintos casos nacionales: Galgóczi, B. (ed.): *Response measures to the energy crisis: policy targeting and climate trade-offs*. Bruselas: ETUI.

Capítulo 3
Objetivos de las políticas económicas (II): Empleo

JOSEP BANYULS LLOPIS
JOSEP V. PITXER I CAMPOS
Departament d'Economia Aplicada
Universitat de València

1. INTRODUCCIÓN

El trabajo constituye un aspecto central de nuestras vidas ya que es el esfuerzo que llevamos a cabo para satisfacer las necesidades que tenemos como seres humanos. Trabajo es, por tanto, aquello que hacemos a cambio de un ingreso monetario (lo que habitualmente llamamos empleo) y también aquellas actividades por las cuales no se percibe una remuneración (actividades domésticas, voluntariado, cuidar a otras personas, etc.) pero que son básicas para nuestra supervivencia. Es lo que se conoce como trabajo reproductivo. Los dos tipos de trabajo son complementarios y determinan nuestros niveles de bienestar. El análisis económico tradicionalmente ha obviado aquello que ocurre fuera del mercado, lo que no tiene precio. Es por ello que la esfera reproductiva no ha sido considerada en el análisis. En sintonía con este planteamiento, la idea socialmente asumida es que cuando hablamos de trabajo nos referimos solo al trabajo mercantil, al empleo.

Los problemas laborales nos remiten a dos ámbitos. Por una parte, los desajustes cuantitativos. La insuficiente demanda de trabajo ante un volumen creciente de mano de obra que busca un trabajo remunerado es una parte del problema que se manifiesta en forma de paro. Por otra, las condiciones en las cuales se desarrolla la actividad laboral, no siempre positivas. El salario recibido, horarios, posibilidades de promoción, derechos laborales, estabilidad en el puesto… son todos ellos factores relevantes en la calidad del empleo. Todos estos problemas se han agravado en los últimos años, abriendo nuevos retos para la intervención pública en el ámbito laboral para aumentar el volumen de empleo y su calidad. El desafío es importante. Hoy por hoy, para el grueso de la población, tener (o carecer de) un empleo supone obtener (o no) la renta monetaria con la cual satisfacer gran parte de las necesidades, poder planificar la vida, desarrollar con plenitud una profesión y tener una integración social plena. Es por ello que el volumen de empleo disponible y sus características cualitativas son tan relevantes y merecen (o deberían merecer) especial atención por parte de los gobiernos.

En este capítulo reflexionaremos sobre las intervenciones que llevan a cabo los gobiernos para hacer frente a los problemas en el ámbito laboral. En los apartados que siguen plantearemos en primer lugar los elementos que caracterizan un enfoque estructural del mercado laboral así como una serie de aspectos que determinan el contexto en el cual se aplica la política laboral y de empleo. Luego veremos cuáles son los problemas laborales que hoy en día se consideran relevantes para definir las intervenciones públicas. A partir de ahí, presentaremos los objetivos definidos en la mayoría de los programas de política económica dirigidos a intervenir en el mercado de trabajo, así como los ámbitos de actuación pública para alcanzar estos objetivos. Los últimos apartados los dedicaremos a analizar la instrumentación de las políticas.

2. UN ENFOQUE ESTRUCTURAL DEL MERCADO LABORAL

El análisis laboral es un campo de la Economía en el cual, al igual que ocurre en otros muchos ámbitos de conocimiento, los hechos se explican de diferente manera según el enfoque analítico en el cual nos situemos. Las diferentes perspectivas parten de formas diferentes de ver la realidad, de diagnósticos diferentes de los problemas y, también, como consecuencia de ello, de diferentes propuestas de política económica para solucionarlos.

Una de las formas de mirar es la que descansa en el enfoque convencional, según el cual el mercado laboral recogería el conjunto de interacciones entre ofertantes (personas) y demandantes (empresas) de trabajo que llevarían a situaciones de equilibrio siempre y cuando se cumpliera la hipótesis de que el mercado opera en un contexto de competencia perfecta y la flexibilidad sea total, tanto en salarios como en las cantidades de trabajo intercambiadas. En última instancia, desde esta perspectiva el trabajo es igual que cualquier otro factor de producción y los problemas laborales se explican por variables de oferta (de trabajo): salarios demandados por las personas excesivamente altos, rechazo de las vacantes existentes y baja inversión en capital humano. Desde este enfoque también se señala que cualquier regulación (por ejemplo, las leyes laborales o los convenios colectivos) es un factor que dificulta el equilibrio de mercado. Aunque estas premisas no existen más que en los libros de texto y en los ejercicios de pizarra, y no reflejan las características del mercado laboral actual, el enfoque convencional insiste en el diagnóstico del paro como un problema de exceso de regulación y salarios elevados. Como veremos posteriormente, este enfoque es el que sustenta teóricamente las propuestas de mayor flexibilidad laboral para reducir el desempleo.

Desde otros puntos de vista se considera que el trabajo no es igual que el resto de factores de producción (ya que quien posee la capacidad de trabajar es una persona y como tal actúa) y la dinámica laboral (en términos de volumen de empleo y calidad del mismo) se inserta dentro del conjunto de la actividad económica y social y depende, por tanto, de un abanico amplio de factores que van más allá del intercambio de mercado. Este tipo de planteamientos se definen como estructurales y en ellos las características del sistema productivo, las prácticas de gestión empresarial y las diferencias entre personas en cuanto a formación y actitudes laborales serían los aspectos clave del análisis (Gráfico 1).

En contraposición a la perspectiva convencional, bajo este enfoque son principalmente los factores relacionados con la demanda (de trabajo) los que explican la situación laboral. Se parte del supuesto de que, en última instancia, los puestos de trabajo disponibles en una economía dependen de las empresas existentes, y sus características cualitativas estarán determinadas por los rasgos concretos que presenten estas empresas en cuanto a producto fabricado, posición en los mercados, nivel de demanda…, así como por las decisiones que se tomen en la gestión empresarial y por la regulación pública existente en un momento dado en materia laboral.

En este sentido, el primer aspecto que explica la demanda de trabajo son las características que presenta la estructura productiva. Dentro de esta, un primer rasgo a considerar es la especialización sectorial. Es evidente que en un país hay empresas de todos los tipos, pero también es manifiesto que puede predominar más o menos una determinada especialización sectorial. Por ejemplo, si en un país predominan más las empresas intensivas en trabajo que en capital su capacidad para crear empleo suele ser mayor, pero también generalmente es de menor calidad y más inestable. Por el contrario, si la especialización es en industrias intensivas en capital y más desarrolladas tecnológicamente la creación de empleo posiblemente sea menor pero de mayor calidad.

Junto a la especialización también son importantes la organización del sector productivo y el tamaño empresarial. Hoy en día la mayoría de sectores se organizan en redes. Dependiendo de la posición de las empresas dentro de la red su capacidad de control del proceso productivo y las características de los puestos de trabajo generados serán diferentes. Por ejemplo, España es un país con elevada presencia de la industria del automóvil. Sin embargo, las empresas matrices, en las que se toman las decisiones de producción y se realizan las tareas de mayor contenido tecnológico y valor añadido no se encuentran en España. Aquí se realizan las tareas de montaje y producción en serie con una especialización de gama que compite en los mercados principalmente en precios. En términos laborales esto supone que los puestos de trabajo creados en España en el sector del automóvil, en términos relativos, serán menos cualificados y con salarios más bajos que en los países donde se lleven a cabo las actividades de mayor valor añadido. También la dimensión de la empresa será significativa ya que normalmente a mayor tamaño existen más posibilidades de innovación tecnológica y mayor capacidad comercial.

Gráfico 1
Un enfoque estructural del mercado laboral

Estructura productiva y empresarial
- Especialización sectorial
- Posición en redes productivas
- Tamaño
- Relación K/L
- Tecnología

Características de la demanda de productos
- Situación del ciclo (DA)
- Rasgos específicos de la demanda (estacionalidad, posición en los mercados, competitividad…)

Prácticas de gestión laboral
- Flexibilidad
- Control
- Reducción costes laborales

Demanda de trabajo (volumen y características del empleo)

Oferta de trabajo (personas con rasgos específicos)

Poder social de mercado
- Origen social
- Redes sociales
- Estrategias familiares
- Actitudes ante el trabajo mercantil

Cualificaciones laborales
- Sistema educativo
- Formación ocupacional y continua
- Experiencia laboral

Presencia y poder sindical

Políticas públicas
Afectan tanto a los determinantes de la demanda laboral como a los de la oferta. También al intercambio entre oferta y demanda

El segundo aspecto que explica la demanda de trabajo está relacionado con la demanda de los productos fabricados. Aquí podemos diferenciar dos niveles. Por una parte, la situación del ciclo económico y el nivel de demanda agregada (DA) existente en un momento dado. En los momentos de crisis la demanda agregada es baja, las empresas venden menos, fabrican menos y necesitan menos mano de obra para producir, con lo cual no contratan o despiden a parte de la mano de obra dado que no es necesaria. En una fase expansiva y de aumento de la demanda ocurriría lo contrario.

Pero, además de la situación global de la economía, hay rasgos más específicos de la demanda a considerar. Por una parte, la estacionalidad. Productos que se dirigen a mercados estacionales normalmente también tienen una evolución del empleo fluctuante. Es el caso, por ejemplo, de la actividad agraria o del turismo muy estacional (el de "sol y playa"). También son importantes las estrategias de competitividad de las empresas. Si se basan en la reducción de precios el resultado final de esta estrategia acaba repercutiendo negativamente sobre la calidad del empleo. Si por el contrario la estrategia descansa en una mejora de producto, la calidad y la diferenciación los puestos de trabajo creados suelen ser de mejor calidad.

El tercer aspecto que afecta a la demanda de trabajo son las prácticas de gestión laboral que se llevan a cabo en las empresas. Estas persiguen aumentar la flexibilidad productiva, reducir costes y controlar la mano de obra contratada. Las decisiones que se tomen en estos ámbitos afectaran a las características de los puestos de trabajo creados. Por ejemplo, no es lo mismo en términos laborales optar por una flexibilidad cuantitativa que escoger una funcional, o un mecanismo de control que promueva la implicación participativa en el proceso de producción que un control directo. Estas políticas empresariales determinan en gran medida la calidad de los puestos de trabajo. Aunque existen regulaciones que limitan el margen de discrecionalidad empresarial en la toma de decisiones, este margen es relativamente amplio. La cultura de gestión y las características de la empresa y su especialización productiva son variables clave para entender la diversidad de situaciones que podemos apreciar en estas políticas de gestión. Es evidente que en una economía existirán situaciones muy variadas, pero también es cierto que podemos encontrar modelos predominantes. En este sentido, una estrategia de gestión laboral reactiva, que se base en la reducción de costes por la vía de la reducción salarial, que fomente la flexibilidad externa y que no promueva la integración y participación de la mano de obra en el proceso productivo suele conllevar peores condiciones de empleo que si estamos en la situación contraria con estrategias de gestión más proactivas.

Gran parte de estos aspectos, y sobre todo los relacionados con las prácticas de gestión empresarial, están condicionados por políticas públicas, así como por la presencia y poder sindical. La política tecnológica, la industrial, la comercial, la de promoción de exportaciones, etc. inciden sobre muchos de los ámbitos que acabamos de señalar. También la legislación laboral afecta de manera directa al campo de acción de las prácticas de gestión empresarial. De manera más general, cabe subrayar que en este contexto institucional, el grueso de las intervenciones públicas incide indirectamente sobre el empleo, ya sea porque se convierten en determinantes que condicionan las posibilidades de la gestión empresarial, o bien porque pretenden estimular e incentivar ciertas opciones empresariales que propician una mejora en la cantidad y calidad del empleo. A su vez, junto a las intervenciones públicas, y en estrecha conexión con las mismas, la presencia y capacidad de incidencia sindical resulta fundamental: incide decisivamente sobre el margen de maniobra empresarial, dificultando la adopción de opciones propiciadoras de la precariedad laboral, propician el cumplimiento de la normativa laboral y tratan de incidir sobre los contenidos y orientación de las políticas económicas adoptadas (marco institucional del mercado de trabajo, protagonismo de la negociación colectiva, cambio de las bases del modelo productivo, políticas dirigidas a la reducción de las desigualdades sociales, etc.).

En esta visión estructural debemos considerar también que la mano de obra, la oferta de trabajo, no es homogénea. Básicamente podemos señalar dos aspectos que marcan diferencias significativas entre las personas. Por una parte, estarían las cualificaciones laborales que estas poseen, las cuales están determinadas por su formación (reglada, ocupacional, continua) y por su experiencia laboral. Las cualificaciones poseídas por una persona determinan sus posibilidades de acceso a distintos puestos de trabajo en función de los requerimientos exigidos para ocuparlos.

Por otra parte, estarían un conjunto de aspectos sociales, lo que se conoce como poder social de mercado, que condicionan y diferencian la capacidad de gestionar la situación en el mercado laboral entre las personas. El origen familiar, la clase social, la premura en obtener ingresos monetarios… son particulares para cada persona y hacen que su situación laboral sea diferente en cuanto a capacidad de gestionar su situación en el mercado laboral. Por ejemplo, la mayoría de inmigrantes no tienen el apoyo familiar (que sí que poseen muchas personas nativas) para poder estar un tiempo buscando un puesto de trabajo que se adapte a sus aspiraciones profesionales. Es por ello que la población inmigrante acepta más rápidamente los puestos de trabajo con malas condiciones de empleo. Sin agotar la casuística, otro tanto ocurre con las desigualdades de género. En este caso, el desigual reparto de roles entre hombres y mujeres en el ámbito doméstico, donde estas últimas asumen el protagonismo principal de la carga de trabajo no remunerado, comporta unas mayores dificultades para estas últimas a la hora de desarrollar una incorporación plena y sin interrupciones al mercado laboral.

Bajo esta perspectiva existen puestos de trabajo con distintas características que son ocupados por personas con rasgos diferentes. No es que las empresas creen las diferencias sociales, sino que las utilizan para contratar a las personas que mejor se adaptan a las características de los puestos existentes. Es por ello que las personas no se distribuyen por igual entre los puestos de trabajo existentes. Hay actividades laborales donde predomina más un determinado colectivo (mujeres, jóvenes, inmigrantes...) y unas determinadas condiciones de empleo (en cuanto a estabilidad, salarios, horarios, cualificaciones, etc.). En definitiva, el mercado de trabajo no funciona como un mercado de competencia perfecta, sino que está segmentado. Desde este punto de vista, por tanto, de acuerdo con el enfoque estructural los problemas laborales son mucho más complejos y variados que un simple desequilibrio de mercado debido a la regulación, al tiempo que las políticas laborales y de empleo para ser efectivas deben considerar todas estas dimensiones que según lo mostrado inciden positivamente en la cantidad y calidad de las oportunidades laborales generadas en una economía.

3. PROBLEMAS LABORALES Y OBJETIVOS DE POLÍTICA ECONÓMICA FRENTE A LOS MISMOS

Antes de analizar con detalle la política laboral y de empleo es necesario reflexionar sobre algunos aspectos que ayudan a entender mejor sus características. La primera cuestión es la incidencia del proceso de globalización, facilitando la deslocalización de empresas hacía áreas con salarios más bajos. Esta tendencia, junto a la inexistencia de niveles de gobierno de ámbito mundial, ha incrementado la importancia de los salarios como coste de producción y dificulta en la mayoría de ocasiones la aplicación de medidas para la mejora de la calidad de los empleos, que se enfrentan con el inconveniente del conocido *dumping social.* Paralelamente, la globalización también ha comportado una reducción de la capacidad de actuación pública. En este sentido, las políticas laborales nacionales tienen que estar en consonancia con las adoptadas en otros países y, de alguna forma, deben ser aceptadas por los mercados financieros.

El segundo aspecto relevante en el análisis de las políticas laborales que no podemos olvidar es que la intervención del Estado en la economía es un proceso político, no exento de conflicto y marcado por opciones ideológicas concretas. Consiguientemente, no debemos pensar que las políticas laborales son simples decisiones técnicas totalmente asépticas y neutrales. Al contrario, estas responden en cada momento a determinadas opciones ideológicas y teóricas. La elección en cada momento del tiempo es el resultado no únicamente de unas decisiones adoptadas por el gobierno unilateralmente, sino que en el proceso intervienen un conjunto amplio de actores con peso económico y social. En este contexto se entiende que la actividad sindical no únicamente se centra en la negociación colectiva (la negociación con las empresas para definir las condiciones de empleo y de trabajo), sino que incorpora también una intervención socioeconómica dirigida a incidir de manera significativa en los contenidos y orientación de las políticas adoptadas y, en definitiva, en el modelo económico y social que se pretende propiciar con las mismas. La intervención en la batalla de las ideas y en la creación de opinión, la presión directa a través de la movilización ciudadana y la participación en los procesos de diálogo social por parte de las organizaciones sindicales son manifestaciones claras de esta actividad desplegada por las organizaciones sindicales.

Teniendo en cuenta las características que acabamos de señalar las actuaciones públicas que nos ocupan persiguen transformar la realidad laboral existente en un momento dado. Para ello es necesario determinar unos objetivos de cambio de la situación, que estarán relacionados con todo o parte de los problemas laborales presentes en la realidad. Con una intención exclusivamente clarificadora hemos agrupado los problemas laborales en tres bloques. Uno, asociado al volumen de desempleo. El segundo hace referencia a las condiciones especialmente negativas de trabajo y empleo en las que se hallan determinadas personas. El tercer bloque está relacionado con la desigual incidencia de éstos dos problemas entre colectivos y territorios. Tras su análisis nos detendremos en los objetivos de política económica que se definen frente a los mismos.

3.1. Los problemas

Por lo que se refiere al problema del desempleo (véase la Tabla 1 para una comparación entre España y la eurozona), cualquiera que sea su nivel provocará efectos altamente negativos sobre las personas y colectivos que lo sufren. Las consecuencias personales son evidentes: la situación de paro genera pobreza, frustración, sensación de fracaso personal y dificultades en la relación con el resto de la sociedad. Todos estos efectos individuales se ven potenciados en los casos de paro de larga duración, y la situación se agrava cuando el desempleo afecta a varios o a todos los miembros de la unidad familiar. Pero la incidencia del desempleo va más allá del ámbito personal ya que la merma de ingresos de las personas paradas conlleva una menor capacidad de consumo y genera efectos negativos en el conjunto de la economía al disminuir la demanda potencial.

Tabla 1
Algunos indicadores de la evolución del mercado de trabajo

	España					Eurozona				
	2002	**2007**	**2014**	**2019**	**2024**	**2002**	**2007**	**2014**	**2019**	**2024**
Población total (15 a 64 años)										
Tasa de actividad (%)	66,4	71,8	74,2	73,8	74,6	68,1	70,7	72,2	73,6	75,4
Tasa de empleo (%)	59,0	65,8	56,0	63,3	66,1	62,2	65,3	63,7	67,9	70,5
Tasa de paro (%)	11,2	8,3	24,6	14,2	11,4	8,8	7,6	11,8	7,6	6,5
% empleo a tiempo parcial (1)	8,0	11,4	15,8	14,5	13,4	15,5	18,4	21,4	21,2	20,7
% población asalariada temporal (2)	32,3	31,6	24,0	26,3	16,0	14,5	16,4	15,1	15,8	13,7
Mujeres (15 a 64 años)										
Tasa de actividad (%)	53,7	61,9	68,8	69,0	70,6	59,1	63,1	66,6	68,4	70,8
Tasa de empleo (%)	45,0	55,3	51,2	57,9	61,6	53,0	57,6	58,6	62,9	66,1
Tasa de paro (%)	16,1	10,7	25,5	16,1	12,7	10,2	8,6	12,0	8,0	6,7
% empleo a tiempo parcial (1)	16,7	22,1	25,5	23,7	21,3	29,2	33,2	35,7	35,0	33,4
% población asalariada temporal (2)	35,1	32,9	24,6	27,3	18,5	15,7	17,4	15,6	16,2	14,5
Jóvenes (15 a 29 años)										
Tasa de actividad (%)	58,9	63,9	54,8	50,7	50,5	57,4	58,1	55,1	54,9	57,1
Tasa de empleo (%)	48,7	55,7	33,1	38,2	40,3	49,4	50,9	44,2	47,8	50,4
Tasa de paro (%)	17,3	12,9	39,7	24,7	20,2	13,9	12,3	19,8	12,9	11,6
% empleo a tiempo parcial (1)	10,8	15,3	27,8	25,9	25,3	15,1	19,4	25,0	25,6	25,8
% población asalariada temporal (2)	53,2	51,5	51,9	55,4	34,4	32,4	36,5	37,7	38,4	35,2

Notas. (1): sobre el total de población ocupada; (2): sobre el total de población asalariada.

Fuente: Elaboración propia a partir de datos de Eurostat (Labour Force Survey/Encuesta de Población Activa, datos anuales).

El segundo grupo de problemas está relacionado con las condiciones de trabajo y empleo, y nos remite a la precariedad laboral. En el período previo a la crisis económica de los años setenta la situación predominante entre las personas ocupadas se caracterizaba por lo que se denomina *forma estándar de empleo*: trabajo asalariado, en principio por un período de tiempo indefinido, a jornada completa y donde los salarios y las condiciones de trabajo están plenamente regulados por los convenios colectivos y la legislación laboral. Frente a esta situación hoy en día existe bastante diversidad en aspectos tales como la incertidumbre sobre la continuidad del empleo, las condiciones de seguridad, jornada, salarios, posibilidades de promoción, formas contractuales de acceso al trabajo o los niveles de protección social frente a ciertas eventualidades (enfermedad, pérdida de empleo, etc.).

Por tanto, hablamos de precariedad laboral si todos o parte de los aspectos que acabamos de señalar son sensiblemente más negativos que los estándares que se habían instaurado como norma en los años anteriores a la crisis de los setenta. En el colectivo que sufre situaciones de precariedad laboral cabe incluir, además, a las personas insertas en la dinámica de la economía sumergida e informal. Los problemas de estas situaciones son tanto personales, derivados de la inestabilidad laboral, bajos ingresos, mayor siniestralidad e incertidumbre de cara al futuro, como sociales, a causa de la segmentación que se va creando en el colectivo de población ocupada. A esta diversidad de situaciones entre las personas ocupadas se suma la existente entre estas y las paradas. De este modo se genera y se acentúa una fragmentación social que, aun siendo funcional para el sistema (pues incrementa el poder de las empresas, debilita los sindicatos, modera costes laborales y aumenta la disciplina en el trabajo), a su vez provoca problemas para sectores cada vez más amplios de población, puesto que experimentan un deterioro en sus condiciones de vida.

El tercer grupo de problemas hace referencia al hecho de que el paro, y también la precariedad laboral, no se encuentran equidistribuidos en la sociedad, sino que castigan especialmente a determinados colectivos. Tal es el caso de las mujeres, los jóvenes y las personas inmigrantes, que presentan una tasa de paro más elevada que la media de la población activa y que también tienen peores condiciones de trabajo y empleo si atendemos, por ejemplo, a su elevada temporalidad, su mayor presencia involuntaria en los empleos a tiempo parcial, sus menores retribuciones salariales o unos niveles más bajos de protección social. Otro colectivo especialmente castigado son las personas de mayor edad, sobre las que recae el desempleo con cierta intensidad. Estas, hallándose cercanas al momento de la jubilación, tienen escasas o nulas perspectivas de encontrar un nuevo puesto de trabajo.

Desde una perspectiva territorial también tiene lugar una desigual distribución de los problemas laborales. El origen de estas desigualdades estriba en el hecho de que la actividad económica (y por tanto las oportunidades laborales) históricamente no se han distribuido en el espacio de manera homogénea, sino que han tendido a concentrarse en determinados territorios. De este modo, en las zonas que no han alcanzado un mínimo nivel de desarrollo hallamos menores oportunidades laborales, junto a mayores tasas de desempleo. Otro tanto ocurre en zonas anteriormente desarrolladas que han visto cómo entraban en crisis los sectores que habían protagonizado dicho desarrollo.

Además, cabe señalar que las diferencias laborales a escala territorial no son únicamente cuantitativas, sino que se acompañan de una desigual incidencia de la precariedad laboral. A su vez, no resulta infrecuente la superposición en un mismo espacio de una reducida calidad del empleo y la existencia de escasas oportunidades laborales. En estos casos, la falta de suficientes empleos remunerados en un territorio fuerza a los trabajadores y las trabajadoras a aceptar empleos de baja calidad, lo que facilita la extensión de prácticas precarizadoras en la gestión empresarial de la fuerza de trabajo.

3.2. Los objetivos

Los problemas que acabamos de presentar nos guían en la definición de los objetivos públicos de carácter laboral. Genéricamente estos objetivos presentan una vertiente cuantitativa, otra cualitativa y una tercera que es un intento de orientar y concretar los dos objetivos anteriores en colectivos y espacios determinados. Ahora bien, no debemos olvidar que la exposición que viene a continuación es un ejercicio teórico, que no necesariamente será adoptado plenamente por gobierno alguno. También se debe tener presente que la formulación y concreción de estos objetivos puede ser conflictiva, en la medida que diferentes grupos sociales discrepan acerca de ellos, así como del orden de prioridades que ha de tener la actuación pública.

El primero de los objetivos de política económica laboral es de carácter cuantitativo y ha variado su definición a lo largo del tiempo. Hasta la década de los setenta en la mayoría de los países de la Unión Europea el objetivo cuantitativo había sido formulado tradicionalmente como objetivo de *pleno empleo,* concretándose en una tasa de paro alrededor del 3 por ciento. Posiblemente la definición más clara en estos años del objetivo pleno empleo es la que estableció Beveridge: "tener siempre más puestos de trabajo vacantes que personas paradas, no un número ligeramente inferior de puestos de trabajo. Significa que los puestos de trabajo estén bien pagados y que sus características y su localización permitan esperar razonablemente que las personas paradas los acepten". En definitiva, se trataba de conseguir en la economía un volumen de puestos de trabajo que permitiera que todas aquellas personas en edad de trabajar, y que además desearan hacerlo, dispusieran de un puesto de trabajo que no presentara condiciones especialmente negativas. No obstante, no podemos dejar de lado que en todo momento en el trasfondo de las políticas económicas de estos años se plantea solo el pleno empleo masculino. Son los hombres el grueso de la población que se incorporaba al mercado de trabajo, mientras que la mujer no tenía una presencia masiva en el ámbito mercantil.

Esta definición del objetivo cuantitativo de la política laboral cambió en el período posterior a la crisis de los años setenta (Tabla 2). Ante la presencia del paro masivo, en los países europeos se asumió que existían causas estructurales que imposibilitaban la consecución del pleno empleo. De ahí que se reformulara el objetivo y se definiera como reducción del paro o creación de empleo y ya no se fijara un valor concreto de la tasa de paro como objetivo. Los argumentos para justificar la imposibilidad del pleno empleo han sido muy variados. Desde aquellos que atribuyen las causas del elevado desempleo al progreso técnico a otros que apuntan a la dificultad de satisfacer los nuevos deseos de participación laboral de la población ante la baja capacidad de las economías occidentales para generar puestos de trabajo. Por otra parte, el análisis económico convencional planteó el concepto de *tasa de paro no aceleradora de la inflación* (NAIRU). Desde este punto de vista, existiría un nivel de desempleo por debajo del cual aparecen demandas salariales más altas que se traducirían en inflación y, en la medida que la atención de la política económica también se centra en el control de la inflación, el objetivo de creación de empleo estaría limitado por la NAIRU.

Sin embargo, tras el período de crecimiento económico y reducción del desempleo que tuvo lugar en la segunda mitad de los noventa en la Unión Europea, en el año 2000 el Consejo de Lisboa fijó de nuevo el objetivo del pleno empleo. Ahora bien, aunque se utilice para concretar el objetivo cuantitativo la misma expresión que se utilizaba antes de la crisis de los setenta, su sentido en la actualidad no es el mismo ya que no se concreta en un nivel bajo de la tasa de paro, sino que se define a partir de la tasa de empleo. El objetivo perseguido es conseguir una mayor participación de la población en el trabajo mercantil, lo cual no impide que pueda coexistir con ciertas tasas de paro. Con todo, definir el objetivo en estos términos se acompaña de la pretensión de avanzar hacia una mayor igualdad entre hombres y mujeres en la incorporación al mercado de trabajo y en el acceso al empleo, situación que no se contemplaba anteriormente. En este sentido, en el Consejo de Lisboa celebrado en 2000, se fijó el objetivo pleno empleo en la Unión Europea para el año 2010 en una tasa global de empleo del 70 por ciento; 60 por ciento para las mujeres y 50 por ciento para las personas de más edad. Ahora mismo, en la estrategia de crecimiento Europa 2020, el objetivo fijado es alcanzar una tasa de empleo del 75 por ciento para la población de 20 a 64 años, el cual se ha establecido en el 78 por ciento de este mismo grupo de población en un escenario 2030.

Tabla 2
Síntesis de los objetivos de las políticas de empleo

	Período previo a la crisis de los 70	**Crisis de los 70 y años posteriores**	**Cumbre de Lisboa año 2000**	**Estrategia Europa 2020**
Dimensión cuantitativa	Pleno empleo según Beveridge: tasa de paro alrededor del 3 por ciento	Reducción del paro sin objetivo cuantitativo	Tasa de empleo global 70 por ciento, 60 por ciento mujeres y 50 por ciento personas de mayor edad	Tasa de empleo del 75 por ciento entre la población de 20-64 años
Dimensión cualitativa	Norma estándar de empleo	Escasa atención a la reducción de la precariedad laboral	Definición de calidad del empleo difusa y multidimensional	Se plantea como objetivo genérico mejorar la calidad del empleo, pero no se define

Directamente relacionado con los aspectos cuantitativos está el segundo componente del objetivo de las políticas de empleo, referido a las cuestiones cualitativas (la Tabla 2 recoge ambas dimensiones, cuantitativa y cualitativa). Consiste en la mejora de la calidad de los puestos de trabajo y las condiciones de empleo existentes, empezando por aquellas situaciones conocidas como *trabajo precario*. Asociados a este objetivo hay muchos aspectos concretos: salud laboral, duración de los contratos, remuneración salarial, distribución de la jornada, prestaciones y derechos sociales, etc. En definitiva, son cuestiones que inciden directamente no solo sobre la satisfacción en el puesto de trabajo, sino que también afectan a la calidad de vida de la población.

Como muestra de la atención prestada a este objetivo señalar que en el período previo a la crisis económica de los años setenta los aspectos cualitativos se asociaban a la ya comentada forma estándar de empleo, que definía unas condiciones de trabajo y niveles salariales socialmente aceptables. Con la crisis de los setenta las condiciones de trabajo y empleo quedan en un lugar secundario dentro de las preocupaciones que aparecen en los programas de política económica, y siempre dependiendo de los requerimientos de la flexibilidad y la competitividad empresariales. Prima como objetivo la reducción de la tasa de paro, obviándose los aspectos cualitativos del empleo creado. Durante estos años la pauta que orienta la intervención pública de la mayoría de los gobiernos europeos relacionada con la calidad la resume muy claramente Sara de la Rica: "la precariedad laboral no se considera tanto un signo de fracaso social como un avance frente al paro; un empleo precario es mejor que nada".

A partir de los objetivos fijados por la Unión Europea en la Cumbre de Lisboa volvieron a introducirse referencias a la calidad del empleo. Sin embargo, nada tiene que ver el planteamiento actual con los estándares existentes antes de la crisis de los años setenta. Así, en las directrices recientes de la Unión Europea sobre esta materia se entiende que la calidad del trabajo tiene una naturaleza relativa y pluridimensional, y gran parte de los elementos que definen el nuevo concepto de calidad descansan no tanto sobre las características del puesto de trabajo, sino sobre rasgos personales, como, por ejemplo, la capacidad de movilidad entre puestos de trabajo y la facilidad para entrar y salir del mercado laboral. El problema, que ha sido puesto de manifiesto reiteradamente, es que, planteado el objetivo en estos términos, no se puede definir un indicador claro de calidad de trabajo y puede llegarse a una situación donde casi todo sea válido.

El último de los objetivos de la política laboral resulta de una combinación de los dos anteriores, pero haciendo un esfuerzo especial en determinados grupos sociales que son más vulnerables y en aquellos territorios donde los problemas se manifiestan más intensamente. En concreto, entre los problemas a erradicar se incluyen la elevada tasa de paro juvenil, así como la elevada temporalidad y las dificultades de inserción laboral de este colectivo, las diferencias entre hombres y mujeres en materia de empleo, desempleo y formas de empleo atípicas, la segregación (sectorial y ocupacional, esto es, la desigual presencia relativa de mujeres y hombres entre las distintas ramas de actividad y las distintas ocupaciones) por géneros o también la diferente remuneración entre hombres y mujeres. Lo mismo podemos afirmar en el plano territorial, debiendo poner un énfasis especial en la creación de empleo y la mejora de la calidad del mismo en ciertos territorios. El motivo por el cual se plantean intervenciones particularizadas a colectivos o territorios concretos es porque las medidas generales de política económica no se muestran suficientemente efectivas para resolver estas situaciones problemáticas y, por lo tanto, se precisan medidas más específicas. Estas políticas en la mayoría de ocasiones están definidas de forma conjunta con otras intervenciones, como la promoción de igualdad de oportunidades entre hombres y mujeres o las relacionadas con el desarrollo regional.

De los tres objetivos de la política laboral que acabamos de mencionar, muy frecuentemente el esfuerzo principal de las actuaciones públicas acaba centrándose en el primero, esto es, creación de empleo y reducción del desempleo. Con todo, debemos subrayar que una excepción la constituye el programa de *trabajo decente* de la OIT (en el que viene trabajándose desde finales del siglo XX, prestando una atención particular a los tres frentes indicados), el cual en 2015 ha sido incorporado plenamente en la Agenda 2030 de Desarrollo Sostenible de las Naciones Unidas, de manera directa en el objetivo nº 8 de los ODS (Promover el crecimiento económico inclusivo y sostenible, el empleo y el trabajo decente para todos), tanto en su formulación como en las metas en que se desgrana el mismo, pero también indirecta en buena parte de los otros 16 objetivos (Recuadro 1).

Recuadro 1
El trabajo decente y los Objetivos de Desarrollo Sostenibles

El trabajo decente sintetiza las aspiraciones de las personas durante su vida laboral. Significa la oportunidad de acceder a un empleo productivo que genere un ingreso justo, la seguridad en el lugar de trabajo y la protección social para todos, mejores perspectivas de desarrollo personal e integración social, libertad para que los individuos expresen sus opiniones, se organicen y participen en las decisiones que afectan sus vidas, y la igualdad de oportunidades y trato para todos, mujeres y hombres. (...)

Durante la Asamblea General de las Naciones Unidas en septiembre 2015, el trabajo decente y los cuatro pilares del Programa de Trabajo Decente —creación de empleo, protección social, derechos en el trabajo y diálogo social— se convirtieron en elementos centrales de la nueva Agenda 2030 de Desarrollo Sostenible. El Objetivo 8 de la Agenda 2030 insta a promover un crecimiento económico sostenido, inclusivo y sostenible, el pleno empleo productivo y el trabajo decente, y será un ámbito de actuación fundamental para la OIT y sus mandantes. Además, otros aspectos clave del trabajo decente están ampliamente presentes en las metas de muchos de los otros 16 objetivos de la nueva visión de desarrollo de las Naciones Unidas.

Fuente: https://www.ilo.org/es/temas/trabajo-decente (consultado el 08/05/2025).

4. LA POLÍTICA ECONÓMICA Y SU INCIDENCIA SOBRE EL EMPLEO

La variación del volumen de puestos de trabajo en una economía depende en última instancia de la tasa de crecimiento del Producto Interior Bruto y de la productividad. Por ello, prácticamente toda intervención pública de carácter económico, aunque ése no sea su objetivo principal, generará efectos sobre ambas variables, así como sobre la evolución del nivel de empleo y la calidad del mismo. Ante esta situación cierta literatura propone hablar de política económica y sus efectos sobre el empleo (en lugar de utilizar la expresión *política de empleo*) con la intención de enfatizar que cualquier decisión y actuación pública acabará afectando a la evolución y características de la economía, lo que a su vez provocará variaciones de los puestos de trabajo. A la luz de esta reflexión cabe distinguir diferentes concepciones de la política de empleo en función de la forma de actuación adoptada. Las diferencias fundamentales radican en la posición ocupada por los objetivos laborales en la jerarquía de objetivos de la política económica, en si la intervención se circunscribe exclusivamente al mercado laboral o abarca más ámbitos, así como en la articulación mayor o menor entre el conjunto de medidas que conforman la estrategia de política económica.

En este sentido, la diversidad de situaciones en la realidad a este respecto es muy amplia y cada país en cada momento presenta una situación específica. No obstante, podemos establecer ciertas tipologías. Por una parte, hay estrategias de intervención pública de carácter laboral que responden a una concepción integrada, esto es, una política económica orientada al empleo en su conjunto, donde el fin prioritario es la consecución de un cambio en el mercado de trabajo, cuantitativo y cualitativo. Consiguientemente, cuando se da esta situación, tanto la política macroeconómica como las intervenciones de oferta y las políticas dirigidas a la reducción de las desigualdades sociales persiguen una finalidad común, ya que las políticas macro estarán coordinadas con todas las demás (tecnológica, educativa, regional, etc.) para conseguir cambiar la situación existente en el mercado de trabajo. Este es el planteamiento que orienta las políticas de empleo en los países escandinavos.

Por otra parte, una segunda posibilidad consiste en estrategias públicas donde la intervención del Estado persigue modificar la situación del mercado de trabajo, pero sin que ello comprometa ni cuestione todos o parte del resto de los objetivos de la política económica (e incluso sin que necesariamente los objetivos de carácter laboral ocupen posiciones destacadas en la jerarquía de objetivos). Serían intervenciones parciales en ámbitos diversos pero el fin último de las políticas no sería estrictamente de carácter laboral. Esta orientación, por ejemplo, es la que ha predominado en Alemania durante la crisis de 2008: políticas laborales de reparto del empleo y de recualificación acompañadas del mantenimiento del objetivo inflacionario, así como de los orientados al fomento de la innovación tecnológica, las exportaciones y la competitividad.

Finalmente, una tercera forma responde a una intervención restringida al mercado de trabajo. En este caso se diseñan e instrumentan medidas destinadas a incidir directamente sobre el mercado de trabajo, ya sea a favorecer su funcionamiento o bien a mejorar la situación de las personas paradas, pero sin alterar el resto del ámbito económico. Este es, por ejemplo, el caso de España entre 2010 y 2018, donde la política de empleo quedó circunscrita a las reformas laborales con el objetivo de desregular el mercado laboral y aumentar la flexibilidad como instrumento de creación de empleo.

Tras estas precisiones de carácter general, a continuación, abordaremos la instrumentación concreta de las políticas que pueden ser incluidas en las estrategias de intervención pública de carácter laboral (Gráfico 2). Nos ocuparemos primero de las medidas que inciden sobre la demanda de trabajo, esto es, sobre la cantidad y calidad de puestos de trabajo de una economía para, posteriormente, abordar las políticas de mercado de trabajo: regulaciones laborales, políticas activas y políticas pasivas de empleo.

4.1. Medidas que inciden sobre la demanda de trabajo

El nivel de empleo en una economía depende fundamentalmente de la demanda de trabajo, la cual a su vez es el resultado de la agregación de miles de políticas empresariales de gestión de la mano de obra. La simplicidad de esta afirmación solo es aparente, puesto que, tal y como ya hemos visto anteriormente, son muchos los factores que inciden sobre las prácticas empresariales de gestión laboral. A pesar de esta amplitud, podemos hacer un esfuerzo de selección y ordenación de los determinantes de las políticas empresariales con mayor repercusión sobre los niveles y características del empleo, agrupándolos en dos grandes bloques: aquellos que inciden sobre la demanda de productos y los que afectan a las opciones tecno-organizativas finalmente escogidas por las empresas.

Gráfico 2
La política económica y sus efectos sobre el mercado laboral

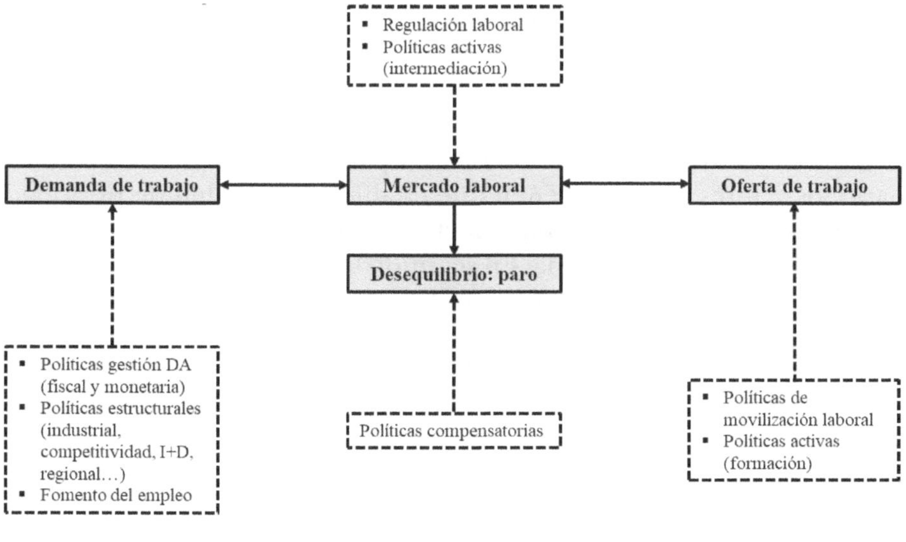

Estos dos bloques pueden ser afectados por la política económica por diferentes vías. Una es el recurso a las políticas macroeconómicas de gestión de la demanda agregada (básicamente a través de las políticas fiscal y monetaria). Con ello los gobiernos persiguen un crecimiento estable de la economía, lo que se concreta en la intención de incidir sobre diferentes objetivos: el control de la inflación, el saldo de la balanza de pagos, el control del déficit público (un objetivo instrumental que gana protagonismo en contextos en los que la estabilidad macroeconómica juega un papel importante) o el crecimiento de la producción y del empleo de un país. El segundo frente de intervenciones se dirige a mejorar la competitividad y la intensidad tecnológica del tejido productivo del país. En suma, en este segundo frente se trata de alcanzar un cambio de modelo productivo, el cual incluye tanto la recomposición de la cesta de actividades productivas como el incremento en el peso relativo de empresas que hacen un esfuerzo en innovación y valor añadido, en definitiva, una mayor sofisticación de los procesos productivos y un creciente peso de las estrategias de competitividad que apuestan por la innovación. De estos dos bloques de políticas nos ocupamos a continuación.

4.1.1. Políticas macroeconómicas de gestión de la demanda agregada

Las políticas de gestión de la demanda agregada son políticas instrumentales dirigidas a conseguir distintos objetivos, no solo laborales. En su aplicación los *policy makers* deben tomar una serie de decisiones. Primero, qué papel se atribuye a estas políticas de gestión de la demanda agregada en el seno del conjunto de la estrategia de política económica de cara a la consecución de los objetivos de empleo. El problema que aparece en ocasiones es que los objetivos pueden entrar en conflicto y mientras se favorece la consecución de alguno de ellos se generan dificultades para conseguir otros. En este escenario los actores públicos tienen que establecer un orden de prioridades de objetivos y afrontar los posibles efectos contradictorios de las políticas de gestión de la demanda agregada. En segundo lugar, se debe decidir cuál es la orientación (expansiva o contractiva) y la instrumentación concreta de estas políticas. En este contexto, y desde la perspectiva de su contribución a la consecución de los objetivos de carácter laboral, resulta necesario distinguir dos grandes orientaciones de las políticas que ahora nos ocupan: por una parte, políticas expansivas de tipo keynesiano y, por otra, políticas de estabilidad macroeconómica (Recuadro 2).

Las *políticas macroeconómicas keynesianas* pretenden conseguir un nivel de demanda agregada suficientemente elevado para que la producción aumente hasta el punto que garantice el pleno empleo de la fuerza de trabajo (lo que supondría alcanzar unos niveles reducidos de paro). Hay que recordar que, desde el punto de vista keynesiano, las empresas aumentarán su producción (y la contratación de mano de obra) siempre que tengan asegurada una demanda suficiente (principio de la demanda agregada efectiva). Este tipo de intervención predominó hasta la década de los ochenta. Pero aparecieron una serie de limitaciones, entre las que cabe destacar sus posibles presiones inflacionistas, la pérdida de intensidad de su carácter expansivo —asociado a las filtraciones hacia el exterior—, lo que se une a un efecto negativo sobre el saldo de la balanza de pagos, y el aumento del déficit público en su componente estructural. Al mismo tiempo tuvieron lugar cambios importantes en el contexto ideológico que arropa las políticas públicas, con un fuerte avance de los planteamientos más conservadores en contra de la intervención del Estado en la economía. La conjunción de todos estos factores precipitó un cambio significativo en las políticas de gestión de demanda, a pesar de la existencia de opiniones contrarias.

La otra orientación son las *políticas que persiguen la estabilidad macroeconómica* (sobre todo en lo referente a la inflación) como condición necesaria (e incluso suficiente) para el crecimiento económico y del empleo. La argumentación es sencilla. En un contexto de estabilidad macroeconómica, esto es, si la inflación está controlada, el déficit público es reducido o inexistente y además no existen presiones sobre el tipo de cambio nominal ni necesidades de financiación exterior (derivadas estas presiones y necesidades de una estructura desequilibrada y descompensada de las transacciones exteriores), la política monetaria puede relajarse en su lucha contra la inflación, con lo que se reducen los tipos de interés. De esta forma se estimula la inversión privada y, a través de ella, la creación de puestos de trabajo. Sin embargo, esta argumentación sencilla y causal presenta algunos problemas. Primero, el objetivo principal de la política monetaria (que se diseña y gestiona de forma autónoma) es el control de la inflación, no el aumento de empleo. Por tanto, si la inflación aumenta, la autoridad monetaria incrementará los tipos de interés, a pesar de que esta medida tenga un efecto negativo sobre la creación de empleo. En segundo lugar, los tipos de interés no son el único determinante de las decisiones de inversión. En tercer lugar, la reducción del déficit público (como ingrediente de estas políticas de estabilidad macroeconómica) implica que las políticas fiscales expansivas quedan muy limitadas, y cuando éste desaparece (o se alcanza una situación de superávit presupuestario) la política presupuestaria no va a presentar ningún carácter expansivo. Es más, se corre el peligro de paralizar proyectos de inversión pública (con su consiguiente efecto negativo sobre el crecimiento y el empleo) como uno de los mecanismos para alcanzar la consolidación presupuestaria.

Recuadro 2
De las políticas de demanda agregada expansiva (vigentes hasta la crisis de los años setenta del pasado siglo)...

Para la instrumentación de una política de demanda agregada expansiva hay tres vías básicas de actuación. Una vía consiste en el aumento del gasto público. El impacto sobre la demanda agregada y la producción es directo y tiene un efecto multiplicador. Aunque para aumentar el gasto público el Estado tenga que incurrir en déficit público, los incrementos posteriores de la producción y la renta permitirán recaudar impuestos con los que reducir este déficit (que tiene un carácter anticíclico y estabilizador). Otra posibilidad es una política fiscal de aumento de las transferencias públicas o reducción de la presión fiscal. El efecto en este caso es más indirecto, ya que aumenta la renta disponible de las familias y empresas y, a través de ella, el consumo y la inversión privados, la demanda agregada y la producción (y el empleo), siempre que las familias y las empresas no ahorren la renta adicional (en este caso el efecto expansivo sería más reducido). Por último, con una política monetaria de reducción de los tipos de interés, orientada a aumentar el consumo y la inversión privadas y a través de ellos la demanda, la producción y el empleo (aunque esto dependerá de las expectativas de futuro de familias y empresas: si son negativas, no consumirán ni invertirán más, por bajos que sean los tipos de interés).

...a la cultura de la estabilidad (a partir de las primeras respuestas a la crisis de los setenta hasta nuestros días).

La instrumentación de esta otra forma de plantear las políticas macroeconómicas para crear empleo se basa en la lógica de lo que se ha denominado el *círculo virtuoso de Wall Street*. Por el lado de la oferta, una inflación controlada (en cuya consecución, de acuerdo con esta nueva estrategia de política económica, juegan un papel fundamental un déficit público reducido y la moderación salarial) lleva a una caída de los tipos de interés que incentiva la inversión y con ella la innovación tecnológica, aumentando la productividad y los beneficios empresariales. Estos efectos se reforzarían por el lado de la demanda: la caída de los tipos de interés genera una sensación de estabilidad en los mercados financieros que facilita el aumento de la cotización de las acciones (con el respaldo del aumento de los beneficios empresariales). Esto aumenta la riqueza de las familias, que progresivamente dirigen su ahorro hacia fondos bursátiles, animando el consumo y adquiriendo así el creciente flujo de producción. En consecuencia, y de forma indirecta, aumenta el empleo.

Un buen ejemplo de estas intervenciones lo tenemos en la crisis de 2008. En los primeros años de la misma se produjo un cambio en las formas de intervención pública que inicialmente se orientaba hacia políticas de demanda expansivas. En el caso de Europa estas políticas de carácter expansivo se implementaron de 2008 a 2010 para posteriormente aplicar las conocidas *políticas de austeridad*. No fue este el caso de Estados Unidos, que mantuvo una política expansiva durante todo este tiempo. Sin embargo, no por ello podemos hablar de una vuelta al keynesianismo en el sentido convencional. Lo que se produjo fue un uso intenso de la política fiscal (un aumento del gasto público acompañado de algunos recortes impositivos) con carácter de urgencia ante la gravedad de la situación, lo que se acompañaba de la inoperatividad de la política monetaria también de carácter expansivo. Con todo, a partir de 2010 en Europa se volvió al Pacto de Estabilidad y a las políticas de contención del gasto público. Ante la crisis de 2020, derivada de la pandemia por Covid-19, la respuesta inicial en Europa ha consistido también en la adopción de políticas de demanda expansivas. Una respuesta tomada en una situación de emergencia, si bien recientemente (2024 y 2025) la Unión Europea ya se plantea recuperar el Pato de Estabilidad.

4.1.2. Políticas estructurales dirigidas a mejorar la estructura productiva

A partir de la década de los ochenta junto a las políticas de gestión de la demanda agregada se otorga un mayor protagonismo de las *políticas de oferta*, que inciden más directamente sobre las opciones tecno-organizativas de las empresas. Entre estas cabe incluir las políticas de competitividad, las sectoriales, la tecnológica, etc., las cuales no sustituyen a las políticas macro. Con todo, ha acabado imponiéndose un mayor esfuerzo en la vertiente de la oferta, tratando de elevar el nivel de las ventajas competitivas de los distintos sectores productivos, acompañado de un cambio en la orientación de las políticas de manejo de la demanda hacia políticas de carácter estabilizador. Y todo ello en un contexto de creciente confianza en el mercado como mecanismo regulador de las actividades económicas, de una parte, y en el sector privado como ámbito de la producción y la creación de empleo, de otra.

Bajo esta perspectiva, y con diferente intensidad según países, encontramos políticas dirigidas a la mejora del tejido productivo y que abarcan distintos ámbitos: política tecnológica, políticas sectoriales, de infraestructuras, de competitividad, de innovación, etc. En conjunto, estas intervenciones podemos agruparlas en dos bloques: a) políticas horizontales, que comprende todas aquellas actuaciones que afectan a todo el tejido productivo y empresarial, independientemente de la rama de actividad, en tanto que suponen mejoras del entorno empresarial beneficiosas para todas las unidades productivas (educación y formación, innovación, infraestructuras, etc.); y b) políticas sectoriales, en el que se recogen aquellos paquetes de medidas dirigidas a fortalecer sectores productivos concretos (política turística, políticas industriales, etc.). A ello debemos añadir que normalmente estas intervenciones se complementan con programas de desarrollo diseñados e implementados en territorios concretos. Estos programas, en los que se conjugan aquellas medidas horizontales y sectoriales que permiten promover un cambio de modelo productivo en el territorio en cuestión, constituyen un tercer bloque de las políticas estructurales orientadas a la mejora de la estructura productiva de una economía.

4.2. Las políticas de mercado de trabajo

Bajo esta denominación se incluyen todas las intervenciones directas sobre el mercado laboral que llevan a cabo los gobiernos. En este campo, un ámbito posible de actuación es la *legislación laboral*, con la cual se regula el funcionamiento del mercado laboral y el uso que se hace de la mano de obra contratada en las empresas. Otro tipo de medidas, conocidas como *políticas activas*, se instrumentan con la pretensión de mejorar el acceso de las personas paradas a los puestos de trabajo, así como una rápida y ágil cobertura de las vacantes que vayan surgiendo. Por último, en la medida que las actuaciones anteriores no conduzcan a alcanzar el pleno empleo, se utilizan las denominadas *políticas compensatorias* o *políticas pasivas*. Estas son el conjunto de intervenciones dirigidas a ayudar económicamente a las personas paradas, y ello con el fin de amortiguar los efectos individuales que la situación del paro genera en los ingresos de las personas afectadas. En este último caso, se trata de medidas de carácter social, consistentes en transferencias del Estado dirigidas a estos colectivos. A continuación, analizamos más detalladamente estos tres bloques de intervenciones como medidas de política de empleo.

4.2.1. La regulación laboral como política de empleo

Los gobiernos establecen regulaciones laborales con las que se determina el marco en el cual operan los agentes económicos en el mercado de trabajo, variando su concreción e importancia en función del sesgo de la política aplicada. Durante el período de fuerte crecimiento económico que tuvo lugar en las economías occidentales después de la Segunda Guerra Mundial se fue consolidando tanto una legislación como una orientación de la política económica que garantizaba una serie de derechos laborales y confería seguridad a los trabajadores en el mercado de trabajo (pleno empleo como objetivo básico de política económica, subsidios por desempleo, protección frente al despido, seguridad en los ingresos salariales, derecho de representación colectiva y control de las condiciones de seguridad en el trabajo). Pero, a partir de la crisis de los años setenta, las pautas de intervención del Estado se modifican significativamente, con lo que el marco regulador actual es substancialmente diferente. En la actualidad se plantea la necesidad de someter el ordenamiento laboral a la lógica del mercado, al imperativo económico. De acuerdo con esta última orientación, el mercado de trabajo es un mercado más, que para funcionar de forma eficiente necesita que se eliminen todas las barreras institucionales posibles.

El eje que vertebra la nueva regulación es el aumento de la flexibilidad laboral (el margen de maniobra empresarial en este ámbito), lo que supone apuntar en varias direcciones: a) flexibilidad numérica o cuantitativa, que permite contratar y despedir con menores restricciones y costes, b) flexibilidad funcional, en el sentido de eliminar trabas a la asignación de una persona a distintos puestos de trabajo y, c) flexibilidad salarial, aumentando el componente variable de los salarios, en detrimento del fijo, con el fin de eliminar la rigidez a la baja de los salarios nominales y, posiblemente, incidir en el comportamiento de las personas en el puesto de trabajo, en la medida en que una parte del salario se liga a los resultados obtenidos.

Los argumentos que se utilizan para justificar la mayor flexibilidad laboral como medida de creación de empleo son variados (Recuadro 3). En el caso de la flexibilidad cuantitativa se señala que si las empresas tuvieran la seguridad de poder despedir con menores costes, tendrían menos dudas a la hora de contratar. En España en casi todas las reformas laborales se plantea la reducción de los costes de despido. En la misma línea se ha planteado en los últimos años la propuesta del contrato único como un elemento que aumenta la flexibilidad laboral. Las modalidades contractuales flexibles podrían así ofrecer puestos de trabajo poco estables pero que serían una alternativa al paro, si bien a más largo plazo incidiría negativamente sobre la competitividad y solidez empresariales. Así pues, si bien estos argumentos pueden tener cierto respaldo empírico en el corto plazo, la incidencia de la mayor flexibilidad cuantitativa sobre el empleo a largo plazo no está clara, al tiempo que esta ha generado una importante extensión de la precariedad laboral. El argumento sobre el que se sostienen estas dudas acerca de los efectos a largo plazo consiste en que en este horizonte temporal el empleo depende más de la inversión y de la capacidad para ganar cuota de mercado que de los costes de despido.

En relación con la flexibilidad funcional se supone que si las empresas pueden adaptar su estructura organizativa rápidamente a los cambios del entorno mejorarán su eficiencia y competitividad, lo cual afectará positivamente al empleo, tanto en la empresa como globalmente. Aunque corresponde al equipo de dirección de la empresa tomar decisiones sobre la organización del trabajo en la empresa, también es cierto que el Estado regula las posibilidades de movilidad funcional, limitando la discrecionalidad empresarial en los cambios de asignación de la plantilla a los diferentes puestos de trabajo. En este sentido, y como medida de política económica, en los últimos años se han desarrollado cambios legislativos en muchos países dirigidos a conseguir una mayor flexibilidad funcional. Son diversas las fórmulas utilizadas para avanzar en esta variante de la flexibilidad laboral: relajación en la delimitación de los puestos de trabajo y reducción del número de categorías profesionales, ampliación de las tareas a realizar, fomento del trabajo en equipo, facilitar la movilidad geográfica...

Sin embargo, normalmente las políticas de flexibilidad funcional responden a una concepción simple y negativa, es decir, su contenido consiste únicamente en eliminar las normas que dificultan la discrecionalidad empresarial en relación a la movilidad ocupacional (por ejemplo, eliminación de las categorías profesionales) o la movilidad geográfica (como abrir la posibilidad de trasladar a una persona entre diferentes centros de trabajo de una empresa). Pero, frente a esta concepción, hay que tener presente que muchas veces los obstáculos a los cambios organizativos no provienen de la regulación institucional, sino de la falta de una perspectiva innovadora global por parte de las empresas que incluya la tecnología, la calidad del producto, la adaptación al cliente, la gestión de stocks y la comercialización. A todo ello debemos añadir los efectos negativos de esta flexibilidad laboral funcional sobre la polivalencia de los trabajadores (ingrediente necesario de cara a instrumentar los cambios organizativos que nos ocupan) derivados de una excesiva rotación laboral: una política de contratación flexible y precarizadora redunda en dificultades para la adquisición de una verdadera profesionalidad.

Por lo que respecta a la flexibilidad salarial como medida de política económica, hay varios argumentos utilizados para justificarla. En primer lugar, se plantea que unos salarios flexibles permitirán un mejor ajuste entre oferta y demanda de trabajo, lo que en el fondo supone admitir la virtualidad del modelo neoclásico como representación de la realidad. Junto a esto, en segundo lugar, se propone (adicionalmente y no como una alternativa a la flexibilidad salarial) la reducción salarial, y ello como mecanismo para aumentar el empleo de las personas menos cualificadas. Sin embargo, esta última propuesta se halla sujeta a muchas críticas. Por una parte, es dudoso que una disminución salarial aumente el empleo si paralelamente las empresas no experimentan un aumento de la demanda de sus productos. Por otra parte, desde diferentes perspectivas, incluyendo la neoclásica, se ha puesto de manifiesto cómo los salarios tienen un papel muy importante en el estímulo y fomento de la participación en la producción de la mano de obra contratada. Por esto último resulta dudoso que las empresas puedan simultáneamente disminuir salarios e incrementar la implicación de la plantilla.

Otra característica destacada de la nueva regulación afecta directamente a uno de los pilares básicos sobre los que se ha sustentado tradicionalmente el Estado del Bienestar, y es lo que se conoce como políticas pasivas de empleo. Estas recogen un conjunto de intervenciones que se centran en los sistemas de protección social por desempleo y la jubilación. La tendencia seguida por la mayor parte de países en los últimos años apunta sin equívocos hacia la disminución de la protección social, tanto en las situaciones de desempleo como en las de jubilación. En ambos casos se han modificado las condiciones de acceso, endureciéndolas, y la cuantía de las percepciones, reduciéndolas a través de mecanismos diversos. Adicionalmente, se ha recortado el período durante el que el trabajador desempleado queda cubierto por la protección por desempleo.

El motivo de estas actuaciones no es solo la reducción del déficit público, sino que en muchas ocasiones se plantea la disminución de la protección por desempleo como una medida de política de empleo. Algunos autores y autoras argumentan que mediante la disminución de las prestaciones económicas por desempleo se consigue estimular a las personas paradas a buscar activamente empleo y a aceptar más rápidamente las ofertas de empleo recibidas. Desde esta perspectiva se atribuye a los subsidios y prestaciones por desempleo la responsabilidad de prolongar la situación individual de desempleo: al disponer la persona parada de unos ingresos económicos no tiene la necesidad de realizar trabajo mercantil alguno. Con todo, no podemos pasar por alto que la extensión de estos argumentos y las propuestas que se derivan resulta desproporcionada en relación con la evidencia empírica sobre los mismos. De hecho, ciertos contrastes de las hipótesis anteriores llevan a argumentar en sentido contrario. Es por ello que un debate de mayor alcance centrado en el modelo de protección social no es ajeno a estas discusiones.

Un resumen de todas las medidas comentadas en este subapartado se recoge en el Recuadro 3.

Recuadro 3
La implementación de las políticas de flexibilidad laboral

Las propuestas de flexibilización del mercado de trabajo se articulan en cuatro bloques.

1) La política de *flexibilidad laboral cuantitativa o numérica* busca incidir sobre la capacidad de la empresa para adaptar sin costes de ajuste la cantidad del trabajo según las necesidades (derivadas de la producción y la demanda). Las medidas para aumentarla comprenden:

- Promoción de modalidades de contratación laboral que suponen un vínculo no estable entre la persona y la empresa (contratos temporales, eventuales, formativos..., directamente o a través de empresas de trabajo temporal)
- Reducción de los costes de ajuste del empleo indefinido en las empresas (menores restricciones al despido)
- Flexibilidad de la jornada de trabajo en función de las necesidades de la empresa (contratos a tiempo parcial y organización del tiempo de trabajo más flexible a lo largo del año, simplificación de las normas aplicables al número máximo de horas de trabajo diarias y semanales, disminución de las restricciones en materia de trabajo nocturno y de descansos obligatorios, etc.)

2) La política de *flexibilidad laboral funcional o cualitativa* se dirige a ampliar la capacidad de la empresa de modificar sin costes la organización del trabajo. Las medidas para aumentarla son:

- Modificación de la legislación que limita la movilidad interna de la empresa (por ejemplo, definir grupos profesionales más amplios)
- Reformas legislativas dirigidas a eliminar obstáculos a la movilidad geográfica

3) La política de *flexibilidad salarial* con la que se persigue definir y modificar los salarios en función de la situación económica de cada empresa y de las características personales de cada integrante de la plantilla. Para ello se propone:

- Suprimir la legislación sobre salarios mínimos (o atenuar su aplicación a ciertos colectivos)
- Hacer depender el salario de la productividad de cada empresa, de cada persona o de cada grupo de trabajadores. Para ello se reduce el componente fijo del salario y se aumentan las partidas variables
- Reforma de los sistemas de negociación colectiva en favor de una mayor descentralización de la fijación de los salarios

4) La *disminución de la protección social*, con la que se persigue incentivar una mayor aceptación de cualquier puesto de trabajo por parte de las personas paradas, instrumentada a través de:

- Intensificar las dificultades para acceder a las prestaciones por desempleo y disminuir la cuantía y el tiempo de percepción de las mismas
- Modificación de los sistemas de pensiones, vinculando cada vez más estrechamente la cuantía percibida con todo el historial laboral de la persona.

4.2.2. Políticas activas de empleo

En los últimos años las políticas activas han adquirido un protagonismo elevado en la mayoría de programas de política económica. No existe una definición totalmente precisa de lo que son, pero en general comprenden un amplio rango de intervenciones con el ánimo de fomentar y facilitar el acceso de ciertos colectivos al mercado de trabajo y a los empleos (inserción laboral), favorecer el acceso al empleo por parte de las personas desempleadas, mejorar las cualificaciones laborales y fomentar la creación directa de empleo, bien sea en el sector público o en el privado, así como mejorar la intermediación laboral. Pero posiblemente resulte más clarificadora una aproximación a través de su contenido y de las diferentes líneas de actuación hacia las que se orientan. En concreto:

a) Mejorar la capacidad de inserción profesional de las personas paradas, así como la adaptación cualitativa de la oferta a la demanda de trabajo, a través de acciones de orientación sociolaboral y formación para el empleo (ocupacional y continua).

b) Aumentar la información de que disponen las personas y las empresas participantes en el mercado de trabajo y facilitar la conexión de ofertas y demandas. Estos problemas de información (sobre los puestos de trabajo vacantes, así como acerca de las personas desempleadas) se pueden reducir a través de la mejora de los servicios de empleo, en tanto que intermediarios entre la población parada (y mano de obra en general) y las empresas. En este contexto cabe enmarcar ciertas reformas de los servicios de empleo (eliminación de la exclusividad de las agencias públicas en la intermediación laboral, descentralización de estos servicios) y la proliferación de empresas de trabajo temporal.

c) Incentivar que las personas paradas busquen trabajo y acepten los empleos que se les ofrecen. Esta línea de actuación se relaciona con la reducción de lo que se denominan medidas pasivas (dirigidas a proporcionar un cierto nivel de ingresos a los parados). Para ello se vincula la percepción de prestaciones por desempleo con la búsqueda activa de empleo y también se recortan las prestaciones por desempleo. Sin embargo, no parece que los sistemas de protección del desempleo, en general, sean tan generosos como para desincentivar la búsqueda activa de empleo y justificar así su reforma.

d) Fomento del empleo mediante incentivos económicos a la contratación privada o a la creación de empleo público, habitualmente para colectivos con especiales problemas de inserción laboral (jóvenes, mujeres, minorías étnicas, etc.). También las medidas financieras y fiscales de fomento del trabajo por cuenta propia se incluyen aquí. A pesar de que estos incentivos suponen una parte importante de los gastos en políticas activas de empleo, no puede afirmarse que sean muy eficaces como mecanismo de creación de empleo, sobre todo las ayudas al fomento de la contratación privada, ya que normalmente no son relevantes en la decisión de crear un nuevo puesto de trabajo, sino en la selección del tipo de persona a contratar o en la modalidad de contratación a utilizar.

Como valoración general de la efectividad de las políticas activas de empleo, y siguiendo a Lluis Fina, se puede afirmar que son necesarias y funcionan, pero solo cuando los problemas del mercado de trabajo que hay que resolver tienen un alcance limitado. Son, en definitiva, políticas complementarias que por ellas mismas no son suficientes para resolver problemas crónicos del mercado de trabajo. Estas intervenciones sirven de poco si al final no hay demanda de trabajo, un puesto vacante para ocupar. Los programas que muestran una eficacia mayor suelen ser de pequeña dimensión, diseñados con detalle y dirigidos a colectivos muy específicos, lo cual indica que los países con mayores problemas laborales no pueden esperar resolverlos solo mediante un mayor esfuerzo en estas políticas.

4.3. Políticas dirigidas a regular la presencia y protagonismo sindical

La conformación del Estado de Bienestar y la mejora de la situación laboral del período posterior a la Segunda Guerra Mundial (incluyendo el pleno empleo, como se ha indicado más arriba) vino de la mano de una intensa actividad sindical, tanto en los centros productivos, buscando la mejora de las condiciones de empleo y de trabajo, como fuera de estos, propiciando el desarrollo de una política social y una adecuada dotación de servicios públicos dirigidos a la mejora de las condiciones de vida de la población.

Adicionalmente a lo anterior, como hemos mostrado en apartados anteriores, este protagonismo sindical en el doble frente indicado es un elemento esencial para incidir, directa e indirectamente, sobre las prácticas empresariales en el sentido de fomentar aquellas más basadas en la innovación y el valor añadido, lo que se traduce en una mejora de la calidad del empleo asociada al cambio de modelo productivo propiciado.

Ahora bien, mientras que desde la perspectiva del enfoque estructural que hemos analizado al principio de este capítulo este protagonismo sindical (incluyendo un espacio suficiente para el diálogo social) resulta necesario para la reducción de los problemas laborales y el cambio de modelo productivo y social, desde un enfoque convencional se apunta a las dificultades que este protagonismo supone para avanzar en las distintas vertientes de la flexibilidad laboral y en la reducción de la política social, incluyendo en este último caso la disminución tanto de la protección por desempleo y por jubilación como del resto de políticas dirigidas a reducir las desigualdades sociales (servicios públicos y transferencias y ayudas de diversa índole).

A raíz de lo anterior, y en un escenario de creciente fragmentación y diversificación de la población activa, en los años ochenta se inicia una etapa de reducción del protagonismo sindical, tanto a nivel sociopolítico como en importantes segmentos del tejido empresarial, algo particularmente intenso en la mayor parte de las pequeñas y medianas empresas del sector privado. Un elemento que facilitará la adopción de políticas que propicien la flexibilización laboral, que desatiendan las políticas sociales y que apuesten por políticas macroeconómicas de carácter estabilizador.

4.4. La orientación reciente de las intervenciones públicas frente a los problemas laborales

Un repaso a las políticas laborales española y europea confirma que su orientación y contenidos se ajustan a unas políticas macroeconómicas de carácter estabilizador, a una apuesta por la flexibilidad laboral en sus distintas vertientes, a un énfasis significativo en las política activas de empleo (en detrimento de las compensatorias) y a unas políticas estructurales insuficientes y que no forman parte de un paquete integrado de política económica orientado a la mejora de la situación laboral, y ello con la única excepción de cortos períodos de tiempo en épocas de dificultades económicas significativas, como es el caso de los primeros años de la crisis de 2008 y la respuesta instrumentada frente al parón socioeconómico y laboral iniciado a principios de 2020 vinculado a la Covid-19. De entrada, cabe destacar que tiene lugar la relegación de los objetivos de política económica de carácter laboral a un plano secundario. De hecho, por ejemplo, en el caso de la Unión Europea debemos esperar a 1997 para hallar una política comunitaria al respecto, pero una política comunitaria que no sigue el modelo de la política monetaria (esto es, con transferencia de las competencias en la materia hacia las instancias europeas), sino que se concreta en una coordinación a escala europea de las políticas de empleo estatales. El Tratado de Amsterdam incluye un nuevo título sobre empleo y la Cumbre de Luxemburgo se dedica de forma monográfica al tema. En el año 2000 el Consejo de Lisboa supone otro cambio importante al establecerse como objetivo estratégico sentar las bases para el pleno empleo.

Por otra parte, al margen del retraso temporal y las formas de intervención, la orientación adoptada supone apostar por unas políticas de gestión de la demanda agregada orientadas a la estabilización macroeconómica, ampliar el margen de actuación empresarial (en respuesta a las demandas empresariales de flexibilidad laboral), acrecentar el esfuerzo en materia de políticas activas y reducir los niveles de protección social inherentes a las políticas pasivas de empleo. Las directrices para el empleo, que a partir de 2005 formarán parte de un paquete más amplio denominado "directrices integradas para el crecimiento y el empleo" (en el que se incluyen también las orientaciones generales de política económica), confirman que la estrategia diseñada guarda una total sintonía con las orientaciones generales presentadas en este apartado. De hecho, entre las directrices integradas para el crecimiento y el empleo (muy similares desde hace más de una década en la Unión Europea) se incluyen los siguientes elementos: a) un énfasis en la estabilidad macroeconómica, b) apostar por las empresas privadas y por estimular su competitividad, su adaptabilidad y su capacidad de innovación; c) acrecentar el esfuerzo en formación, d) promover la flexibilidad en combinación con la seguridad en el empleo, e) estimular la participación en el mercado laboral y f) garantizar que la evolución salarial (y de los costes laborales en general) contribuyen a la estabilidad macroeconómica y no inciden negativamente en la creación de empleo, que es la fórmula utilizada para solicitar moderación salarial y recortes en los costes laborales no salariales.

Por último, a lo anterior se une un fomento a la participación de los niveles de gobierno regionales y subregionales (locales) en materia de promoción económica y empleo. Ahora bien, un esfuerzo todavía insuficiente.

ORIENTACIÓN BIBLIOGRÁFICA

Cuatro textos permiten profundizar en todos los aspectos señalados en este capítulo. Se trata del libro de Lluís Fina (2001): *El reto del empleo.* McGraw-Hill, Madrid, el de Juan Ignacio Palacio y Carlos Álvarez (2004): *El mercado de trabajo: análisis y políticas.* Akal, Madrid, el de Josep Banyuls et al. (2005): *Economia laboral i polítiques d'ocupació.* Universitat de València, València, y el de Carlos Prieto (2024): *Las metamorfosis del trabajo y de la relación salarial. El caso español.* Libros de La Catarata y Fundación 1º de Mayo, Madrid. Otro libro también muy interesante, que además plantea la situación del mercado de trabajo en España, así como las principales políticas aplicadas, es la obra de Luis Toharia et al. (1998): *El mercado de trabajo en España.* McGraw-Hill, Madrid, 1998.

A ellos cabría añadir, entre las numerosas publicaciones de interés sobre el empleo y las políticas laborales, otras dos referencias generales. Por una parte, Fausto Miguélez y Carlos Prieto (coords., 1999): *Las relaciones de empleo en España.* Siglo XXI, Madrid, 1999 (en particular el capítulo de Lorenzo Cachón y Juan Ignacio Palacio dedicado a la política de empleo), por otra, Santos M. Ruesga (dir., 2002): *Economía del trabajo y política laboral.* Pirámide, Madrid. A su vez, para un análisis de la situación particular y diferencial de los jóvenes, de las mujeres y de las personas de nacionalidad extranjera, así como de los ingredientes de las políticas laborales dirigidos a hacer frente a su negativa situación laboral, se puede recurrir a informes recientes elaborados por el Consejo Económico y Social de España, concretamente el número 02/2020 en el caso de los jóvenes, el 05/2016 en el de las mujeres (al que se podría añadir el 01/2022) y el 02/2019 centrado en la población inmigrante.

Y, para finalizar, un par de indicaciones adicionales. Por un lado, cabe señalar que para profundizar en el papel clave del sindicalismo conviene recurrir a dos de las obras que acabamos de señalar: el libro coordinado por Fausto Miguélez y Carlos Prieto (1999): *Las relaciones de empleo en España,* junto al de Carlos Prieto (2024): *La metamorfosis del trabajo y de la relación salarial.* A estos cabría añadir, por ejemplo, los números 26.1 (del año 2008) y 40.2 (de 2022) de la revista *Cuadernos de Relaciones Laborales,* también centrados en el sindicalismo. Por otro lado, resulta muy sugerente revisar el texto de Carlos Prieto (2024) que acabamos de citar junto a un artículo de Sofía Pérez de Guzmán y Carlos Prieto en el número 73 de la *Revista Internacional de Sociología* (2015) en los que, bajo el sugerente concepto de Régimen Social de Empleo, se conjugan un buen número de variables incorporadas en este capítulo del manual. Unos textos que incluyen en el análisis, en un lugar destacado, las prácticas empresariales de gestión laboral, también desarrolladas por Josep Banyuls y Albert Recio en el número 87 de la revista *Ekonomiaz* (2015).

Capítulo 4
Política de rentas

CARLOS OCHANDO CLARAMUNT
Departamento de Economía Aplicada-Política Económica
Universidad de Valencia

1. ASPECTOS CONCEPTUALES DE LA POLÍTICA DE RENTAS

La política de rentas ha jugado un papel clave en la acción pública durante el pasado siglo XX (también en la actualidad lo sigue jugando), tanto como política instrumental de estabilización económica como en su vertiente conformadora de un modelo de relaciones laborales e industriales neocorporatista. En el primer caso, ha permitido aliviar las tensiones inflacionistas que se han venido produciendo en la mayoría de economías, principalmente a partir de la crisis de oferta de los años setenta. En segundo lugar, especialmente en su vertiente cooperativa, la política de rentas y de concertación social ha permitido desarrollar un modelo de relaciones laborales (neo)corporatista, basado en el consenso entre los agentes sociales en materia de rentas, así como en la participación de los mismos en otras áreas e instrumentos de la política económica y social.

1.1. Definición de política de rentas

La política de rentas es un tipo de intervención pública sobre las retribuciones de los factores de producción, especialmente, las del factor trabajo (sueldos y salarios), con el objetivo de contribuir al control de la inflación de costes de la economía. Fernández Díaz (1979) apunta que "puede entenderse por política de rentas el conjunto de principios, criterios o normas referentes a la evolución de todo tipo de rentas (tanto salariales como no salariales), compatible con el logro de la estabilidad de precios y, en determinadas ocasiones, de una mejora en la distribución de la renta". A su vez, Cuadrado Roura y Villena (1980) definen la política de rentas como "una intervención deliberada del gobierno en el proceso de formación de los precios del factor trabajo y de los productos con objeto de impedir que los aumentos de las rentas monetarias sean más rápidos que el incremento de la renta nacional en términos reales".

Durán (1999) señala que "se puede definir a la política de rentas como la regulación institucionalizada de las rentas salariales. Esta regulación se realiza mediante un proceso negociador entre los representantes elegidos por los agentes económicos implicados, trabajadores y empresarios, normalmente a través de los sindicatos y de las organizaciones empresariales, en donde se determinan las pautas que van a orientar la evolución de los salarios en cada una de las unidades productivas".

1.2. El marco institucional de la política de rentas: el modelo neocorporativo

La gobernabilidad de las complejas sociedades capitalistas —con la existencia de diferentes grupos de presión en permanente conflicto— hace necesaria la adopción de políticas, más o menos institucionalizadas, de concertación política y social. La existencia de acuerdos corporatistas es, pues, un elemento consustancial al desarrollo de las sociedades capitalistas avanzadas. La política de rentas —en un sistema político democrático— se inserta en modelos de relaciones laborales e industriales que podemos calificar como "*corporatista*" o "*neocorporatista*". Durán define el sistema neocorporativo "como aquél cuya estructura política se caracteriza por la integración en el vértice de los mecanismos de decisión en materia de política económica, de las representaciones organizadas de los trabajadores y del capital, integración 'concertada' y no impuesta, basada, por consiguiente, en el acuerdo de los protagonistas de la misma, que conservan su libertad de organización y de acción". Este tipo de modelo de relaciones laborales corporatista requiere de la participación activa del Estado.

Como veremos en próximos apartados, la política de rentas establece criterios o normas reguladoras de las rentas de los diferentes participantes en el reparto del ingreso nacional. Esta regulación se realiza por medio del consenso, el pacto o la concertación social entre los diferentes agentes sociales y grupos de interés. A través del pacto social los agentes sociales renuncian a presionar políticamente sobre el nivel de remuneraciones, permitiendo de esa forma la consecución de los objetivos de la política económica del gobierno. La concertación se puede alcanzar en diferentes niveles de negociación (Recuadro 1).

En estas políticas de concertación social los agentes sociales y los grupos de interés socio-económicos organizados reconocen su mutua interdependencia y están dispuestos a cooperar voluntariamente entre sí y con el Estado. Esta voluntad cooperadora permite superar o suavizar el carácter conflictivo-pluralista tradicional de las relaciones laborales por un sistema neocorporatista-concertado en el que participa —directa o indirectamente— el Estado. En definitiva, el compromiso y la responsabilidad social sustituye a la confrontación y el conflicto social. La negociación sobre la evolución de las rentas se desplaza desde el "*mercado económico*" (negociación colectiva) hacia el "*mercado político*". Este proceso requiere la institucionalización de algunos mecanismos de consulta, negociación y arbitraje, a nivel nacional, entre los principales agentes económicos y sociales y el Estado.

Como hemos señalado, el gobierno participa activamente para alcanzar los acuerdos, ya que es el primer interesado en asociarse al proceso concertado de toma de decisiones. Para que el gobierno desempeñe con éxito este papel mediador debe tener el compromiso de intervenir en el proceso de distribución de la renta, mejorando la equidad con que ésta es repartida entre los diferentes grupos sociales y económicos. Esto es debido a la importancia que adquieren las contrapartidas sociales para legitimar la aceptación sindical de la moderación salarial y la influencia de la política fiscal en la determinación de los salarios reales de la economía. El gobierno arbitra el conflicto de intereses ofertando una serie de contrapartidas a los interlocutores sociales.

La participación del gobierno en el pacto social garantiza al empresariado el mantenimiento de una tasa de acumulación de capital, por medio de la moderación salarial pactada y modificando algunos de los elementos de rigidez del mercado de trabajo. A los trabajadores les ofrece una serie de contrapartidas dirigidas a compensar la posible pérdida de posiciones en la distribución funcional de la renta, haciéndolos beneficiarios de determinadas políticas de gasto público de carácter redistributivo, creación de empleo público y/o ampliación de derechos sociales y sindicales. Ambos interlocutores sociales suelen obtener beneficios organizativos e institucionales en este proceso concertado de participación en la elaboración y praxis de la política económica. Lo veremos más adelante.

Recuadro 1
Los diferentes niveles de concertación social y de organización de los intereses

Hablamos de *microconcertación*, cuando los acuerdos se toman en el ámbito de empresas, firmas o cadenas de producción y de *mesoconcertación*, si el ámbito del acuerdo es inferior —en términos administrativos y/o territoriales— al nacional. Por tanto, el nivel "*meso*" suele referirse a las organizaciones que operan entre las principales asociaciones nacionales que están en la cumbre jerárquica de la negociación y las empresas o agentes individuales. Estas organizaciones suelen defender intereses de carácter sectorial o regional. Uno de los aspectos más importantes del llamado "*mesocorporatismo*" es la importancia de los factores económicos en el establecimiento de los acuerdos. En el "*macrocorporatismo*" adquieren más importancia los contenidos políticos —incluso ideológicos— y organizativos.

Ante la crisis de las políticas de rentas globales a nivel nacional, en los años noventa del siglo pasado, se produjo un cambio en los objetivos, métodos, contenidos y niveles en las políticas de concertación. La argumentación fue la siguiente: las políticas de *macroconcertación* tenían un marcado carácter institucional y político centralizado que impedía responder flexiblemente a las necesidades de ajuste sectorial, local y regional que se estaban produciendo en las economías desarrolladas. La concertación social, pues, se trasladó desde el ámbito central (nacional) hacia los ámbitos sectoriales, regionales o locales, con unos objetivos económicos más concretos.

Estos acuerdos y pactos regionales sirvieron de instrumento de política económica en favor del empleo y la regeneración del tejido industrial, sobre todo, en periodos de profunda crisis económica. Los contenidos de estos acuerdos regionales giraron, esencialmente, sobre tres ejes: 1) la política industrial y tecnológica, 2) la política de formación profesional y 3) la política de empleo, incluyendo algunas reformas estructurales y algunas medidas expansivas de política social. Quedaban, pues, fuera la política de rentas y otro tipo de regulaciones del mercado laboral que seguían siendo competencia del gobierno central.

(Para un estudio más exhaustivo de este cambio de estrategia de concertación en los años noventa puede ser de utilidad el libro de Sisson, K. y Martín, A. (2001): *Pactos para el empleo y la competitividad*. CES, Colección Estudios nº 111.)

1.3. Los objetivos de las políticas de rentas

Los objetivos que, normalmente, persigue la política de rentas son, por un lado, la estabilización del crecimiento de los precios y, por otro, la distribución de la renta.

Tradicionalmente, en la praxis política, la política de rentas ha tenido como objetivo prioritario el control de la inflación. Ha sido, por tanto, un instrumento de la política de estabilización económica con una clara vocación antiinflacionista. Se trata de un tipo de intervención pública sobre las retribuciones de los factores de producción, especialmente las del factor trabajo (sueldos y salarios), con el objetivo principal de contribuir al control de la inflación de costes de la economía. Sin embargo, la política de rentas, por lo menos en su diseño teórico, siempre ha tenido un segundo objetivo: la distribución funcional de la renta. Este objetivo se ha mantenido más como "retórico" y/o "teórico" y en contadas ocasiones se ha convertido en un objetivo prioritario de las políticas de rentas aplicadas en los países europeos desarrollados.

Si consideramos la inflación como el resultado de un conflicto distributivo (Recuadro 2), la política de rentas está indisolublemente unida tanto a la inflación como a la distribución de la renta. La inflación es tanto una causa como una consecuencia de un conflicto distributivo. Por tanto, la política de rentas puede intervenir, en las causas como en las consecuencias del conflicto. En resumen, no se puede disociar la política de rentas de la distribución de la renta.

Sea o no un objetivo explícito, es innegable que toda política de rentas tiene efectos redistributivos no neutrales. El Estado, para aglutinar el consenso, promete intercambios entre el salario directo (de mercado) y el indirecto, entre el consumo privado y el consumo público, lo que siempre tiene efectos distributivos. No debemos olvidar que el poder de compra se determina en el mercado de trabajo, pero también se ve directamente influido por los impuestos, las cotizaciones, las trasferencias sociales o el gasto público. Este objetivo de redistribución de la renta es esencial para conseguir que el control de las rentas sea socialmente aceptable y esté legitimado por el consenso de todos los grupos de interés, especialmente, los sindicatos. Por tanto, la instrumentación y aceptación de la política de rentas siempre produce efectos redistributivos entre trabajadores y empresarios, entre distintas categorías profesionales de trabajadores y entre trabajadores del sector público y del sector privado, por poner algunos ejemplos.

Tras la crisis económica de los años setenta, este segundo objetivo ha sido olvidado, debido a la prioridad que han dado los gobiernos al objetivo antiinflacionista. Ello ha ocasionado, a veces, que las políticas de rentas no sólo no mejoraran la distribución funcional de la renta en favor de los trabajadores, sino que la empeoraran significativamente. Es decir, han supuesto un instrumento de transferencia de renta desde las rentas del trabajo hacia las rentas del capital en un proceso de mejora del excedente empresarial para reactivar, previsiblemente —aunque el efecto ni es automático ni seguro—, la inversión y el empleo.

Recuadro 2
La inflación como conflicto distributivo

Hace 40 años Luiz Carlos Bresser Pereira y Yoshiaki Nakano publicaron un artículo sobre la inflación titulado "Factores aceleradores, mantenedores y sancionadores de la inflación" en *El Trimestre Económico* vol. 52 nº 207(3), julio-septiembre de 1985. En él, los autores analizaban el proceso inflacionista como una sucesión de tres factores: *"aceleradores"*, *"mantenedores"* y *"sancionadores"*. Un esquema basado en ese trabajo podría ser este:

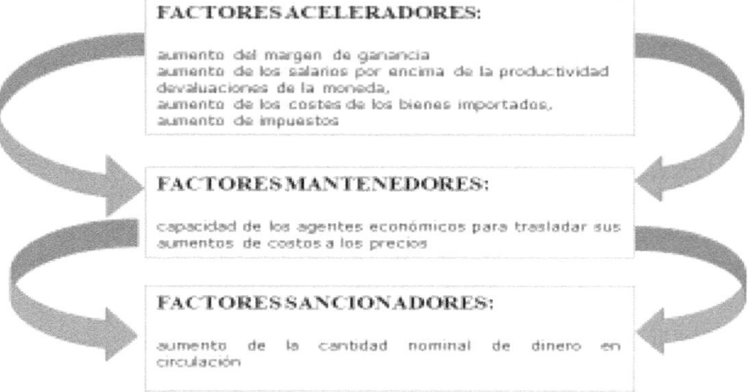

Bresser y Nakano entendían la inflación como el resultado de un conflicto distributivo que podría estar alimentado por cuatro factores: a) el exceso de demanda agregada en relación con la oferta, b) los estrangulamientos sectoriales de la oferta, c) los aumentos autónomos de precios y salarios debidos al poder monopólico de las empresas y sindicatos y d) la reducción de la productividad del trabajo.

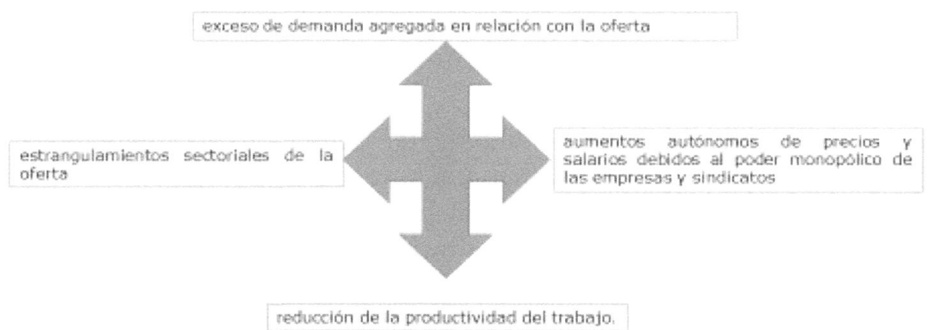

Con sus palabras: "*el factor conservador del nivel de inflación es por excelencia el conflicto distributivo, o sea el hecho de que las diversas empresas y sindicatos disponen de instrumentos económicos y políticos para la conservación de su participación relativa en el ingreso. Dado que en un nivel de inflación determinado los precios de los diversos bienes y de la fuerza de trabajo tienden a variar con desfasamientos entre sí y, en virtud de que los precios de unos son los costos de otros, los aumentos subsecuentes de los precios y de los salarios tenderán a ocurrir en forma automática. En esta forma cada empresa y cada trabajador o grupo de trabajadores trasladará a sus precios el aumento de sus costes*" (pp. 778-779). Cuanto mayor sea el nivel de indización (formal e informal) de las rentas más potente será este efecto mantenedor de los precios.

Finalmente, para los autores —representantes del estructuralismo latinoamericano— el factor sancionador de la inflación es el crecimiento de la cantidad de dinero en circulación. Justo al revés de los economistas monetaristas. Lo que en el Monetarismo es la causa de inflación, en el Estructuralismo latinoamericano es la consecuencia última de la subida de los precios.

Muy recientemente, otros autores han incidido en esta misma idea: la inflación como resultado de un conflicto distributivo, alimentado por el incremento de márgenes empresariales liderado por algunas empresas con un elevado poder de mercado debido a la concentración empresarial en esos sectores económicos. Algunos autores la han llamado *"inflación de vendedores"* (Lerner, 1958; Weber y Wasner, 2023, Weber et.al, 2023, Van't Klooster y Weber, 2024) o *"inflación como conflicto"* (Lorenzoni y Werning, 2023; Rowthorn, 2024).

1.4. Tipología de política de rentas

A partir de diferentes criterios, algunos autores han tratado de clasificar las políticas de rentas según sus características y modo de aplicación. Por ejemplo, Andersen y Turner clasificaban las políticas de rentas, según el horizonte temporal, en a) permanentes (a largo plazo con transformaciones estructurales) y b) temporales (a corto plazo con medidas de carácter coyuntural); Flanagan, Soskice y Ulman, según los efectos sobre las magnitudes económicas, en a) nominales (efectos sobre precios, salarios nominales y oferta monetaria) y b) reales (efectos sobre salarios reales, desempleo, producción, precios relativos, competitividad, etc.); Durán, según los instrumentos o estrategias utilizadas, basadas en a) controles directos sobre los salarios y los precios o directrices voluntarias sobre los mismos, b) estrategias de mercado, c) el sistema fiscal y d) las políticas de participación de beneficios.

En este apartado, vamos a seguir la tipología propuesta por Frey (1987) basada en el nivel de coacción de las medidas establecidas: a) obligatoria, b) indicativa y c) cooperativa.

1.4.1. Política de rentas obligatoria

Es una política coactiva, impuesta por el gobierno que implica controles —normalmente congelación— de salarios, precios y otras rentas. Se establecen por ley las variaciones de precios y/o salarios por medio de la fijación de precios intervenidos y el establecimiento de topes máximos salariales y de otras rentas. Este tipo de política de rentas se utiliza en periodos excepcionales o en sistemas políticos no democráticos.

Algunos autores se preguntan si este tipo de intervención se puede denominar con exactitud política de rentas, ya que incumple el requisito de la existencia de un acuerdo concertado o pacto social implícito o explícito entre las partes organizadas dentro de un clima de libertad política y sindical.

La ventaja de esta política es que provoca una clara ruptura de las expectativas inflacionistas, ya que demuestra la seriedad del gobierno en aplicar una política antiinflacionista, además de suponer una ganancia de tiempo hasta que las políticas de demanda convencionales logren resultados efectivos.

Los efectos negativos de este tipo de política, según muestra la experiencia histórica, son:

a) la asimetría en el control de las rentas (facilidad de control de los salarios y dificultad de control de los precios y las rentas no salariales) que suele generar una oposición sindical y una conflictividad social creciente, máxime cuando esa política no está legitimada democráticamente y

b) la existencia de claros incentivos a transgredir la norma por parte de los diferentes grupos implicados debido a la obtención de beneficios individuales cuando se consigue evadir la norma. De ahí que no sea factible mantener los controles largos periodos de tiempo. Tras el control, es altamente previsible que se produzca un "*efecto explosión*" en el crecimiento de las rentas salariales de la economía.

1.4.2. La política de rentas indicativa

En este tipo de política de rentas, el gobierno promueve la cooperación voluntaria —no coactiva— entre los sindicatos y las organizaciones empresariales con el objetivo de limitar el crecimiento de los salarios y los precios. El gobierno apoya esta cooperación de los agentes sociales a través de la persuasión moral, el comportamiento "*ejemplar*" del sector público o las declaraciones oficiales respecto a la evolución de los precios. Para ello, utiliza indicadores o "*normas-guía*" de referencia sobre el deseable crecimiento nominal y/o real de los sueldos y salarios, pero dejando que los agentes sociales alcancen libremente los acuerdos concretos para su aplicación.

Partimos de la idea de que el gobierno siempre aplica una política de rentas para sus empleados. Los sueldos y salarios de numerosos trabajadores y empleados públicos, así como de las rentas de otros colectivos sociales, dependen de los Presupuestos Generales del Estado. Esta política de rentas del sector público puede desempeñar un "*papel educador*" en el sector privado.

Por esta vía, el gobierno puede incidir sobre las expectativas de inflación. Si las expectativas inflacionistas son sensibles a la política de rentas del sector público, ésta puede convertirse en un potente instrumento de moderación del crecimiento de las rentas del sector privado, debido al "*efecto escaparate*" *o* "*imitación*" que se produce entre los dos sectores de la economía.

De este modo, podríamos afirmar que un gobierno está permanentemente utilizando la política de rentas indicativa cuando fija el crecimiento de las rentas de los empleados públicos, de los colectivos sociales dependientes de los Presupuestos Generales del Estado, o cuando realiza continuos anuncios o recomendaciones que tratan de influir en la marcha de la negociación colectiva del sector privado.

1.4.3. La política de rentas cooperativa

Esta política se realiza a través de una negociación institucional entre los diferentes interlocutores o agentes sociales (sindicatos y asociaciones empresariales) y el gobierno, que finaliza en la firma de un acuerdo o pacto social. En este marco, los sindicatos se comprometen a aceptar unas determinadas directrices salariales restrictivas a cambio de que el gobierno realice, como contrapartida, determinadas políticas (fiscales, sociales, de inversión pública, de bienestar social, etc.) y que las organizaciones empresariales adquieran ciertos compromisos que supongan mejoras en las condiciones de trabajo, aumento de la inversión o la creación de empleo. El acuerdo social, que puede realizarse con o sin la firma del propio gobierno, puede llevar incorporado un mecanismo de control para el cumplimiento del pacto.

Para que se alcance el pacto social, los grupos socio-económicos que intervienen en la negociación deben percibir los beneficios particulares que pueden obtener por la vía concertadora. La política de rentas debe ser percibida por todos los agentes como una "*política de suma positiva*". Si existe un beneficio neto para todos los agentes sociales será fácil alcanzar un acuerdo, pero si existe un coste neto para algún agente el acuerdo se convierte en una tarea mucho más ardua y difícil. Sin embargo, en la práxis de la política de rentas, es muy normal que se produzca una distribución asimétrica de los costes y beneficios entre los agentes sociales implicados. Mientras que el Estado y las organizaciones empresariales suelen obtener beneficios netos de la política de rentas, los trabajadores y sus representantes, en cambio, pueden llegar a soportar costes netos, como vamos a ver en el próximo apartado.

Otro problema es que pueden aparecer fuertes incentivos en las bases sociales de los representantes de la negociación para no respetar los compromisos adoptados en el acuerdo social. Y, finalmente, otra desventaja son los (habituales) incumplimientos de lo pactado por parte de las organizaciones empresariales y del propio gobierno.

1.5. Los efectos de las políticas de rentas

1.5.1. Los efectos macroeconómicos potenciales de las políticas de rentas

En ocasiones, la aplicación de política de rentas puede tener efectos negativos sobre otros objetivos de política económica (por ejemplo, el control del déficit público, si llevan aparejadas políticas de aumento del gasto público o la distribución de la renta). Sin embargo, su aplicación puede tener efectos macroeconómicos muy positivos. Entre ellos los siguientes:

a) La política de rentas puede evitar la puesta en práctica de otras políticas más perjudiciales para los intereses de los trabajadores. Por ejemplo, las políticas deflacionistas de demanda agregada. Una política de demanda contractiva, además de tener graves costes sociales (incremento del desempleo, descenso del nivel de bienestar, etc.), tiene efectos claramente regresivos sobre la distribución de la renta. La política de rentas puede hacer compatible el objetivo de la estabilidad de precios con el mantenimiento de un elevado crecimiento económico, y por consiguiente, del empleo. En definitiva, la política de rentas puede ser un buen complemento de las políticas expansivas de demanda agregada.

b) Una política de rentas puede compatibilizar la moderación salarial y la flexibilidad de determinados aspectos del mercado de trabajo con la expansión del salario indirecto a través de la ampliación de los gastos sociales característicos del Estado del bienestar.

c) La moderación salarial puede contribuir a mejorar el excedente empresarial y favorecer el aumento de la inversión, el crecimiento económico y la creación de empleo (aunque estos efectos encadenados no son ni automáticos ni inevitables).

d) Existe un debate entre la centralización de la negociación salarial "versus" la descentralización salarial. Lo cierto es que existe evidencia empírica de que la centralización no está reñida con alcanzar mejores resultados macroeconómicos.

e) Permite alterar a corto plazo el "*trade-off*" entre desempleo e inflación (curva de Phillips). Una política de aumento de la demanda agregada para reducir la tasa de desempleo provocará una menor tasa de inflación si está acompañada de una política de rentas. Esto es debido a que la política de rentas influye en las expectativas futuras de los trabajadores, disminuyendo el salario real deseado y contribuyendo a reducir, de esta manera, la tasa de inflación futura.

f) Podría diferenciar el crecimiento salarial de dos sectores con diferente productividad (modelo escandinavo de inflación dual).

g) La reducción del conflicto entre capital y trabajo, con la consiguiente estabilidad política y paz social, es una condición institucional necesaria para favorecer el crecimiento económico a largo plazo.

1.5.2. Los efectos políticos, institucionales y organizativos potenciales de las políticas de rentas

En países como España, con una débil institucionalización de la democracia económica, la política de rentas puede contribuir a institucionalizar la participación sindical en la toma de decisiones de la política económica, sirviendo de instrumento de participación democrática en la esfera política. Esto ha venido ocurriendo en España, donde las políticas de rentas, sin duda, han contribuido a la estabilidad del sistema democrático, a una mayor presencia institucional y política de los sindicatos y a ganancias organizativas de los sindicatos de clase mayoritarios que han permitido aumentar su representatividad sindical y su legitimidad social.

No obstante, en la aplicación de la política de rentas también pueden aparecer riesgos o costes importantes para las organizaciones sindicales. Un objetivo fundamental de las políticas de rentas es el mantenimiento de la paz social (minimización de la conflictividad laboral y de la actividad reivindicativa sindical) y la estabilidad política. Por esta razón, algunos autores, y también algunos representantes de las organizaciones sindicales no firmantes de los pactos, han criticado las políticas de rentas argumentando que pueden contribuir a configurar un modelo de sindicalismo conciliador y debilitado, en el cual los sindicatos pueden perder autonomía y afiliación sindical. Denuncian que lo único que persiguen las políticas de rentas es garantizar el proceso de acumulación de capital privado, reduciendo el poder negociador de los sindicatos y suavizando la actividad reivindicativa del movimiento obrero. Un resumen de los beneficios y costes político-institucionales potenciales para los sindicatos se muestra en el Cuadro 1.

Cuadro 1
Beneficios y costes políticos, institucionales y organizativos potenciales para las organizaciones sindicales de las políticas de rentas.

Beneficios potenciales	Costes potenciales
– Extensión del ámbito de influencia sindical de la empresa a la esfera política. – Institucionalización de la participación sindical en la toma de decisiones de la política económica. – Instrumento de participación democrática en las decisiones públicas. – Apoyo a partidos políticos con vínculos institucionales e ideológicos. – Posibilidad de favorecer las actitudes cooperativas y solidarias entre los participantes. – Mejora de la transparencia de la información sobre el desarrollo de la economía.	– Efectos redistributivos regresivos (transferencias de rentas a favor de las rentas no salariales, aumento del excedente empresarial, pérdida del poder adquisitivo de los salarios, precarización del empleo, etc.). – Autolimitación de la capacidad reivindicativa e intensidad de la negociación sindical sobre los salarios. – Posible caída de la afiliación sindical. – Incumplimientos de las contrapartidas políticas y económicas pactadas a cambio de la moderación salarial. – Efectos asimétricos: aumento del poder de negociación de los grupos organizados con respecto a los que no lo están (grupos *"latentes"* como los sindicatos no firmantes, los consumidores o los contribuyentes).

Fuente: Elaboración propia.

1.6. La difícil evaluación de los resultados de la política de rentas

La política de rentas tiene una naturaleza eminentemente política. Esto hace que la valoración de sus efectos se convierta, a menudo, en un ejercicio fuertemente ideologizado. Desde una perspectiva académica o teórica no ha existido nunca un consenso en torno a la eficacia de las políticas de rentas. Desde posiciones keynesianas o neokeynesianas se ha defendido la virtualidad y eficacia de las mismas, o, por lo menos, se ha terminado considerando las políticas de rentas como el *"precio"* que hay que pagar para tener una mayor tasa de empleo en la economía. Desde una perspectiva marxista, la política de rentas ha sido duramente criticada porque supone la renuncia de la clase trabajadora a establecer un nuevo orden social y económico a través de una lucha de clases más conflictiva. Finalmente, desde posicionamientos liberales también han sufrido duros ataques porque representan intervenciones sobre los precios de los factores de producción, que deben ser el resultado del libre juego del mercado privado y, por tanto, sólo producen ineficiencia en el largo plazo.

Los trabajos empíricos existentes sobre el tema tampoco muestran conclusiones del todo definitivas. Algunas investigaciones muestran el fracaso de las políticas de rentas, otras su éxito y otras que las políticas de rentas son eficaces a corto plazo, pero dejan de serlo a largo plazo por los "*efectos salida*", es decir, el "*efecto explosión*" de los salarios provocado por la propia intervención política. En definitiva, la eficacia de las políticas de rentas depende del contexto histórico e institucional, del periodo temporal de aplicación, de su combinación con otras políticas y una larga lista de condicionantes. Por tanto, sería necesaria más evidencia empírica en este tema de investigación para sacar algunas conclusiones más definitivas. Sin embargo, a partir de la literatura económica disponible sobre esta materia, podemos detectar algunos factores económicos y políticos que, teóricamente, pueden contribuir al éxito de las políticas de rentas (Recuadro 3).

En resumen, el fracaso o el éxito de una política de rentas concreta puede deberse a muchos factores y algunos ajenos a la propia política (como son, la inadecuada combinación con otras políticas económicas, la defectuosa regulación de la política económica de la demanda agregada, la ausencia de reformas estructurales, la causa de la inflación puede no estar en el lado de los costes, etc.) o al incumplimiento de las contraprestaciones en política social e institucional por parte del gobierno que pueden dar lugar a una reacción sindical en contra (incumplimiento de la norma salarial impuesta, mayor conflictividad social, huelgas, explosión salarial, etc.).

Recuadro 3
Las condiciones óptimas para la aplicación de las políticas de rentas.

La instrumentalización de la política de rentas no está exenta de innumerables dificultades técnicas (conseguir que sea aceptable para una amplia mayoría de trabajadores y empresas, utilizar un indicador adecuado del crecimiento de la productividad, establecer posibles excepciones a la norma general, evitar las situaciones de evasión y/o incumplimiento de la norma salarial, establecer mecanismos institucionales de supervisión de los acuerdos, etc.).

Además de estas dificultades técnico-políticas, la evaluación de los resultados de las políticas de rentas es un ejercicio extremadamente complicado. El éxito o fracaso de las políticas de rentas está estrechamente vinculado al marco social, económico, institucional y político existente en el momento de su aplicación, que a su vez obedece también a factores y contextos históricos. Lo único que podemos hacer es repasar la literatura económica (teórica, empírica y comparada) existente al respecto. En la siguiente tabla se resumen las condiciones económicas, políticas e institucionales que favorecen, teóricamente, la aplicación de las políticas de rentas, o que mejoran el grado de eficacia de las mismas.

Referentes a la instrumentación de la política económica y de rentas.	Referentes a la situación económica.	Referentes al modelo de relaciones laborales e industriales.
– No debe ser un sustituto de las políticas de manejo de la D.A., sino su complemento. – Objetivos realistas y creíbles de política económica. – Alto grado de aceptabilidad de los objetivos de política económica. – Importancia del modo de "vender la política" por parte del gobierno. – El gobierno debe confiar plenamente en la política y creer en su eficacia. – Cálculo sencillo de los indicadores de referencia sobre la evolución de las rentas. – Compromiso serio y factible sobre la vigilancia y control de los precios y otro tipo de rentas de naturaleza no salarial. – La política de rentas ha de ser equitativa para todos los sectores de la comunidad. – Aunque el objetivo principal pueda ser la inflación, se debe preocupar también por la distribución de la renta. – Oferta de contrapartidas a la moderación salarial y cumplimiento de las mismas. – Existencia de consenso ideológico en torno a los objetivos de política económica. – Burocracia estatal capaz, eficaz y respetada (respeto público a las leyes). – Sistema político con partidos políticos no identificados con grupos de interés. – La política de rentas debe tener una duración flexible (en relación inversa a la intensidad y rigor de la propia política).Mejor una política a largo plazo. – Depende de la existencia o no de sanciones en apoyo del cumplimiento. – El resto de la política económica y de control de la Demanda Agregada debe perseguir los mismos objetivos.	– Clima de expansión económica (Tesis de Lipsey y Parkin). – Inflación causada por el lado de los costes salariales. – "País pequeño" con un elevado grado de apertura exterior de la economía. – Experiencias históricas traumáticas recientes en materia de inflación de costes (crisis económica, guerra, hiperinflación, etc.).	– Tradición sindical de participación democrática de los agentes sociales en la vida política. – Debe de estar legitimada por el acuerdo o consenso social y debe implicar una colaboración amplia entre las autoridades y las organizaciones que comparten la responsabilidad de su aplicación. – Organizaciones sindicales fuertes y con un alto grado de implantación en la vida política. – Elevada tasa de afiliación sindical y representatividad social. – Independencia de los sindicatos respecto a los partidos políticos. – Unidad y coordinación de las asociaciones empresariales (sectoriales y regionales) y de las centrales sindicales. – Existencia de órganos institucionales tripartitos de consulta, información y arbitraje a nivel central para las negociaciones. – Existencia de mecanismos de vigilancia y penalización de los acuerdos. – Alto grado de centralización de la negociación salarial. – Tradición de unidad nacional en apoyo a los objetivos económicos y sociales de la política económica.

2. LA POLÍTICA DE RENTAS EN UN CONTEXTO DE INFLACIÓN

La política de rentas intenta controlar la inflación de costes regulando los incrementos de las rentas y obligando a que éstos no superen en valores nominales y/o reales el crecimiento de la productividad y/o de la inflación esperada. Para ello, sus gestores utilizan criterios "*exante*" de control del crecimiento salarial. Se establece un criterio o norma salarial que defina la senda de crecimiento de las rentas en sintonía con la evolución de la productividad. La fijación de esta norma puede consistir en el establecimiento de bandas ("*guidelines*"), topes ("*guideposts*") o directrices salariales ("*guiding lights*"). En ocasiones, también se pretende quebrar las expectativas inflacionistas que alimentan los procesos de subida de los precios mediante un cambio en el sistema de negociación de los salarios.

Además de contribuir al control de los precios o a su desaceleración, se espera que la moderación de los costes salariales favorezca la consecución de otros objetivos de política económica complementarios al control de la inflación: la mejora del excedente empresarial, el aumento de la competitividad precio, el aumento de la demanda externa, el aumento de la inversión y, finalmente, la creación de empleo (Figura 1).

Figura 1
Lógica de la política de rentas en un contexto de inflación

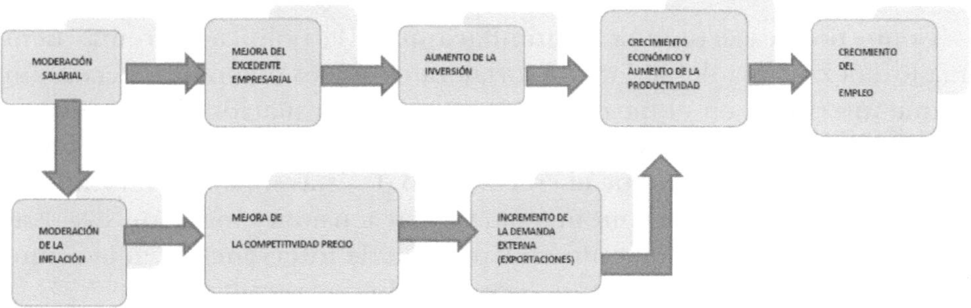

Como apunta Cuadrado Roura, en este contexto económico inflacionista, la responsabilidad de la autoridad económica es: a) fijar el objetivo de inflación; b) establecer la "norma" o "normas" que deberían respetar los incrementos salariales en los sectores público y privado, así como las tasas de variación deseables para otras rentas y c) promover el logro de acuerdos que aseguren el cumplimiento de dichos criterios.

La elección de la norma que sirve de guía (coactiva, imperativa o indicativa) a la negociación privada de las rentas salariales es una de las dificultades teóricas en la instrumentación de la política de rentas. Es evidente que dicha elección siempre —e inevitablemente— tendrá un carácter eminentemente político y será fruto de un complicado proceso de negociación política en el que interactúan numerosos intereses en conflicto.

Si tenemos en cuenta que el grado de conocimiento e información de los poderes políticos es asimétrico con respecto a la evolución de las rentas, esto es, es mayor en el caso de las rentas salariales que de las no salariales (beneficios, intereses, alquileres, plusvalías, beneficios especulativos, etc.), la política de rentas, en la mayoría de los casos, se convierte en una política de control salarial. Ello le resta eficacia, además de suponer un permanente riesgo de ruptura del consentimiento de la norma impuesta y del proceso de concertación social en el que se enmarca.

Una vez establecida la norma, el gobierno dispone de un amplio abanico de mecanismos políticos para hacer cumplir la norma salarial, que van desde la mera persuasión, el efecto anuncio de la política de rentas en el sector público, la planificación indicativa, el acuerdo o pacto social entre distintos agentes sociales (con o sin presencia del mismo gobierno en las negociaciones) hasta la aplicación legislativa coactiva del control de precios y salarios. Incluso hay autores que propusieron —hace ahora muchos años— la utilización del sistema impositivo para premiar o penalizar las decisiones adoptadas por los agentes privados, en función de la aceptación o no del criterio salarial establecido (*"Tax-based Income Policies")*.

Como política económica antiinflacionista, la política de rentas tiene una fortaleza y una debilidad. La fortaleza es que es una política económica que interviene en el mismo momento de la formación de las rentas, y no en el momento del gasto (como ocurre con la política fiscal o la política monetaria), impidiendo que el crecimiento de éstas supere el crecimiento real del conjunto de la economía para evitar tensiones inflacionistas. Esto la convierte en un instrumento muy potente de intervención en la economía porque modifica el poder de negociación de las rentas.

La debilidad es que sólo puede actuar sobre los llamados "*efectos de segunda ronda*", es decir, la espiral precios-salarios que suele suceder después del aumento autónomo de los precios y de los costes de producción de las empresas. Interviene solo sobre los *"efectos mantenedores"* de la inflación, no sobre los "*aceleradores*". Por decirlo de alguna manera, los "*efectos de primera ronda*" dependen del mercado y cualquier intervención sobre él se interpreta como ineficiente y anuladora de sus virtudes asignativas (Recuadro 4).

Recuadro 4
Los "*efectos de segunda ronda*" del proceso inflacionista

El mayor riesgo que expresan los gobiernos, organismos internacionales y Bancos Centrales cuando se produce un proceso inflacionista en la economía son los llamados "*efectos de segunda ronda*", es decir, una espiral precios-salarios de difícil control. Sin embargo, ¿es real ese riesgo? Existe evidencia empírica reciente de que el canal de transmisión de las subidas salariales a los precios se ha debilitado. O dicho al revés, que se ha debilitado los efectos de los precios sobre las subidas salariales. Por tanto, ese riesgo no se está dando en la realidad. Las razones que aducen los investigadores es que se han producido unas profundas trasformaciones estructurales en las economías que debilitan este canal: la globalización, el cambio tecnológico, el fin de la presencia de la indexación automática de los convenios colectivos, la reforma laboral de 2012 (en el caso español), el gran aumento de la tasa de desempleo después de la Gran Recesión, el descenso del peso de trabajadores en sectores con mayor presencia sindical, la disminución del poder de negociación de los trabajadores, la ralentización en la productividad laboral y los nuevos avances tecnológicos enmarcados en la Revolución Industrial 4.0, entre otras otras posibles causas.

(Véanse los trabajos de Canals, 2022; García-Arenas y Llorens, 2022; Álvarez, Bluedorn, Hansen, Huang, Pugacheva y Sollaci, 2022).

La evidencia empírica demuestra que la política de rentas, en su vertiente estabilizadora, ha mostrado una gran eficacia —colaborando, sobre todo, con los instrumentos monetarios— en el control de la inflación y/o en la ruptura de las expectativas inflacionistas de la mayoría de economías europeas (aunque, también es muy posible, que haya afectado negativamente el objetivo de una distribución más equitativa de la renta).

La elevada potencialidad de las políticas de rentas para alterar las expectativas de los individuos (y de los líderes sindicales y empresariales) y, consiguientemente, para restringir el poder negociador real de los sindicatos sobre las retribuciones contribuye a que las políticas de rentas puedan ser eficaces instrumentos de control de la inflación. En el caso español, la eficacia antiinflacionista de las políticas de rentas parece más que demostrada. En nuestro país la utilización de políticas de rentas (coactivas, cooperativas e indicativas) ha contribuido significativamente al control y moderación de la inflación.

Recordemos que para que sea eficaz y operativa la política de rentas antiinflacionista es imprescindible que exista un alto grado de aceptabilidad y credibilidad de la política económica por los agentes sociales implicados (objetivos de política económica creíbles, cumplimiento de los objetivos de la política económica general, cumplimiento de las contrapartidas y compromisos adoptados frente a las organizaciones sindicales, transparencia, ausencia de corrupción política, calidad institucional, etc.).

Finalmente, hay que tener muy presente que la política de rentas no es un sustituto de las políticas de regulación de la demanda, de las reformas estructurales o de otras políticas económicas, sino un posible complemento de ellas. Siempre ha constituido una pieza más de un programa más amplio de política económica para alcanzar los objetivos de equilibrio interno y externo de la economía. Por tanto, en ocasiones, el éxito de la regulación centralizada de las rentas depende de su combinación con el resto de las políticas económicas aplicadas. Por ejemplo, en el caso español a partir de 2022, la política de rentas ha sido un complemento más de una batería de medidas de política económica contra la inflación, dirigidas a alcanzar dos objetivos:

a) rebajar los precios (a través de la intervención en los mercados de la energía, transporte público, alquileres y alimentos) y

2) compensar a las familias (y empresas) más vulnerables de los efectos más perniciosos (e inequitativos) de la inflación.

Esas medidas, que formaban parte de una la política de rentas más amplia, pretendían facilitar una salida más justa y equitativa a la crisis inflacionista de la economía española.

2.1. Los impuestos: el complemento de una política de rentas antiinflacionista

La relación entre la política fiscal y la inflación no es concluyente. Depende de muchos factores: las estructuras de los mercados, las elasticidades, el origen de la inflación, el momento del ciclo económico, los tipos impositivos, etc.

La decisión de modificar la política fiscal en periodos inflacionistas no es nada fácil. Por un lado, hay que bajar algunos impuestos para aligerar la pérdida de poder adquisitivo que representa la inflación, especialmente, a la población más vulnerable. Por otro, debemos de incrementar los recursos fiscales para realizar políticas expansivas de gasto con el mismo objetivo (protección de las familias vulnerables que sufren las peores consecuencias del shock inflacionario). En el fondo de este dilema está la cuestión redistributiva: ¿quiénes son los ganadores y los perdedores de los cambios impositivos? Estas cuestiones hacen que no sea nada fácil decidir qué impuestos modificar (al alza o a la baja) cuando llega un proceso inflacionista como el vivido en las economías europeas a partir de 2022. El problema de algunas corrientes de pensamiento cuando han analizado la relación entre los impuestos y la inflación es que no han tenido en cuenta ni el origen de la inflación, ni su impacto distributivo.

Además, acaban asumiendo que la estructura tributaria es homogénea (cuando es claro que el impacto de las modificaciones fiscales es muy diferente según las figuras tributarias).

Quizás lo único que podemos concluir sobre la relación entre impuestos e inflación sea lo siguiente:

a) necesitamos evaluar cada figura tributaria de forma individualizada (impuesto por impuesto) para analizar los efectos a corto, medio y largo plazo;

b) debemos focalizar las modificaciones fiscales para compensar a los más perjudicados por la inflación;

c) necesitamos aumentar la capacidad tributaria para realizar políticas de gasto más efectivas y focalizadas y

d) podemos establecer impuestos temporales extraordinarios sobre algunos sectores económicos estratégicos y muy concentrados (como el sector bancario y el sector energético).

3. LA POLÍTICA DE RENTAS EN UN CONTEXTO DE DEFLACIÓN

3.1. El marco teórico de una política de rentas en un contexto de deflación

El salario tiene una doble vertiente económica: a) es un coste de producción para las empresas y b) es la principal fuente de ingresos para los hogares. Si nos fijamos en la primera vertiente, un aumento de los salarios provocará un aumento de los costes de producción de las empresas, una reducción de los márgenes de beneficio y, finalmente, un efecto negativo sobre la inversión productiva privada de la economía. Pero si nos centramos en la segunda, un aumento salarial implicará un mayor consumo privado, un nivel de demanda agregada más alto y, finalmente, un mayor crecimiento económico. Además, debemos considerar que la propensión a consumir de los trabajadores es más alta que la de las rentas del capital.

En conclusión, un aumento de la participación de las rentas salariales en la renta nacional puede favorecer o limitar el crecimiento económico, dependiendo del efecto dominante de los salarios sobre la demanda agregada y sobre los beneficios.

En consecuencia, las economías desarrolladas pueden seguir dos modelos o regímenes de crecimiento económico:

a) régimen de demanda basado en los ingresos ("*wage-led*") y

b) régimen de demanda basado en las ganancias ("*profit-led*").

El régimen de demanda basado en los ingresos ha estado basado en el aumento de los salarios o "*wage-led*" (un aumento en la participación salarial conduce a un aumento de la demanda agregada) y/o en el endeudamiento ("*debt-led*") (modelo basado en la "*financiariazación*", en el que el endeudamiento de las familias es lo que impulsa el aumento del consumo y la demanda agregada).

Mientras que el régimen de demanda basado en las ganancias ("*profit-led*") puede estar sustentado en las exportaciones ("*export-led*"). Es lo que algunos autores denominan "*modelo neoliberal*" o "*modelo mercantilista orientado a las exportaciones*". En este régimen un aumento en la participación salarial conduce a una disminución de la demanda agregada. La demanda puede estar basada en las ganancias si la inversión es muy susceptible a una reducción en los márgenes de ganancia. Una rentabilidad alta —sobre un determinado índice de utilización de la capacidad— puede incentivar a las empresas a ampliar su capacidad productiva y a aumentar su inversión. En el Cuadro 2 se especifican las características de los dos regímenes.

Cuadro 2
Estructura económica: regímenes de oferta y demanda basados en las ganancias y en los salarios

		RÉGIMEN DE DEMANDA	RÉGIMEN DE OFERTA	OTROS FACTORES
ESTRUCTURA ECONÓMICA	BASADA EN LAS GANANCIAS	Inversión muy susceptible a los márgenes de ganancia. Una menor participación salarial conduce a una mayor inversión. Una mayor participación salarial se traduce en un PIB más bajo y en una acumulación de capital más lenta.	La moderación salarial conduce a una inversión que aumenta la productividad. Un crecimiento más alto del salario real lleva a un crecimiento más lento de la productividad.	Otras fuentes de demanda: - Política monetarias y fiscales implementadas por los gobiernos - Factores financieros: burbujas de los precios de bienes inmuebles y de activos financieros - Evolución del tipo de cambio: alteraciones en la demanda mundial - Modificaciones de precios internacionales de los productos básicos
	BASADA EN LOS SALARIOS	La tendencia a gastar dinero proveniente de un salario es mayor que la tendencia a gastar dinero proveniente del rendimiento de capital. Una mayor participación salarial se traduce en un PIB más alto y en una acumulación de capital más rápida.	El crecimiento salarial tiene efectos positivos marcados en el esfuerzo laboral y en las inversiones que aumentan la productividad. El crecimiento del salario real conduce a un crecimiento de la productividad más rápido.	

Fuente: Stockhammer, E. (2011): "Crecimiento basado en los salarios: introducción" *Boletín Internacional de Investigación Sindical vol. 3 (2).*

En un contexto de deflación, la política salarial y de rentas debería garantizar la estabilidad de precios, pero con un crecimiento económico y una distribución funcional de la renta más equitativa. Una política de rentas que favorezca las rentas salariales aumentaría el gasto en consumo privado y, por tanto, el nivel de demanda agregada, la actividad económica y la creación de empleo, además de la productividad laboral (Figura 2).

Figura 2
Lógica de la política de rentas en un contexto de deflación

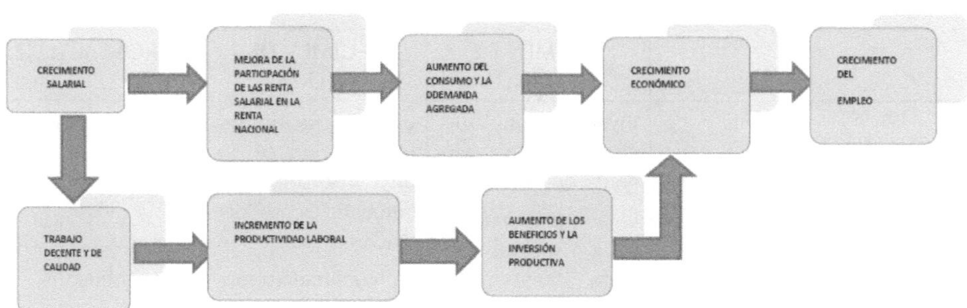

3.2. Instrumentos de política de rentas en un contexto de deflación

Podemos clasificar los instrumentos de una política de rentas "*amplia*" en dos pilares o bloques:

a) un pilar corporativo (negociación colectiva en el sector privado con la fijación de una norma salarial óptima) y

b) un pilar estatal (instrumentos de intervención pública como el SMI, el control de precios, impuestos, etc.)

3.2.1. El pilar corporativo de la política de rentas: una norma de crecimiento salarial óptima vinculada al crecimiento de la productividad

Existen varios sistemas de fijación salarial (a partir de la productividad, los beneficios pasados, los precios pasados y/o esperados, etc.). Una política de rentas, que persiga el objetivo redistributivo, debería aplicar una norma salarial que vincule los salarios reales con el aumento real de la productividad a medio y largo plazo o que, temporalmente, eleve los salarios por encima de la productividad para mejorar la distribución funcional de la renta. ¿Cuál puede ser esa regla salarial óptima? Esta pregunta no tiene una fácil respuesta, ya que una regla salarial no sólo debe garantizar una distribución equitativa de las ganancias de productividad (y además, reducir las disparidades salariales entre sectores), sino mantener estable la inflación y asegurar la competitividad-precio de la economía, entre otros objetivos.

Herr y Horn (2012) proponen una norma salarial consistente en que los salarios nominales se vinculen a la productividad macroeconómica a medio plazo más el objetivo de inflación establecido por el BCE. Para evitar efectos perniciosos sobre el empleo y la inflación, los autores defienden el uso de un indicador de productividad *"ajustada cíclicamente"*.

También sería deseable que la aplicación de las políticas de rentas estuviera coordinada a nivel de la UE. En esta misma línea, algunos autores han planteado el establecimiento de una "*regla de oro*" dentro de la Unión Económica y Monetaria. Esta "*regla de oro*" consistiría en alinear los salarios nominales a la evolución de los Costes Laborales Unitarios y al objetivo de precios establecido para la zona euro por el BCE.

La norma salarial que defienden Hein y Detzer (2014) es la siguiente:

$$\hat{w}_j = \hat{y}_j + \rho^r \qquad (1)$$

$\hat{w}_j$ = Crecimiento del salario nominal del país j.

$\hat{y}_j$ = Crecimiento de la productividad del trabajo a largo plazo en el país j.

ρ^r = Objetivo de inflación para la zona euro.

En esta misma línea argumental, Stockhammer y Onaran (2012) plantean la siguiente norma salarial para los países de la zona euro:

$$\hat{w}_j = \hat{y}_j + \rho^r + \alpha\,(CLU_{ea} - CLU_j) \qquad (2)$$

$\hat{w}_j$ = Crecimiento del salario nominal en el país j.

$\hat{y}_j$ = Crecimiento de la productividad del trabajo a largo plazo en el país j.

ρ^r = Objetivo de inflación para la zona euro.

CLU_{ea} = Coste Laboral Unitario en la zona euro.

CLU_j = Coste Laboral Unitario en el país j.

Según los citados autores, esta "*regla de oro salarial*" contribuiría a alcanzar algunos objetivos deseables:

a) evitar que los shocks exógenos dentro de la Unión Europea se resuelvan con ajustes en los niveles de competitividad entre los países miembros;

b) garantizar un crecimiento de los salarios reales acorde con el crecimiento de la productividad;

c) reducir la desigualdad, la pobreza y mitigar el fenómeno de los "trabajadores pobres" y

d) garantizar un crecimiento suficiente de la demanda agregada y, por lo tanto, contribuir a impulsar el crecimiento económico y la creación de empleo.

Sin embargo, las reglas salariales anteriores mantienen constante la distribución de la renta, bien porque su objetivo es mantener la inflación estable o bien para evitar que una pérdida de competitividad precio en alguna de las economías europeas justifique la aplicación de estrategias de devaluación salarial interna entre los países que constituyen la zona euro.

Logeay y Joebges (2018), asumiendo la misma regla salarial, demuestran que la implementación de la regla hubiera permitido reducir las divergencias en la zona euro —incluidos los desequilibrios por cuenta corriente entre esos mismos países—. Además, según los autores, si se quiere estabilizar la distribución funcional de la renta, también los beneficios (y los impuestos) deberían seguir una regla similar.

Chagny y Husson (2015) dan un paso más allá a la regla de oro anteriormente descrita y plantean que la regla de negociación colectiva debe ser la siguiente: los incrementos salariales deben ser iguales al incremento de la productividad laboral más el objetivo de inflación y más el incremento de la eficiencia media del capital. La regla salarial quedaría de la siguiente manera:

$$\hat{w}_j = \hat{y}_j + \rho^T + \hat{x}_j \quad (3)$$

$\hat{w}_j$ = Crecimiento del salario nominal del país j.

$\hat{y}_j$ = Crecimiento de la productividad del trabajo a largo plazo en el país j.

ρ^T = Objetivo de inflación para la zona euro.

$\hat{x}_j$ = Crecimiento de la eficiencia media del capital en el país j.

Según los citados autores, la elección de la regla salarial óptima debe intentar conciliar el llamado "*triángulo de incompatibilidad salarial*". Es decir, una regla que haga compatible tres objetivos centrales de la política de rentas: a) la distribución de las ganancias de productividad, b) la reducción de las desigualdades salariales entre sectores y c) el mantenimiento de la competitividad-precio.

3.2.2. El pilar público de la política de rentas

3.2.2.1. Aumento del Salario Mínimo Interprofesional (SMI)

El debate sobre los efectos y consecuencias de implantar o aumentar el Salario Mínimo ha sido intenso desde hace muchas décadas. Existe ya bastante evidencia empírica que demuestra que el Salario Mínimo tiene una incidencia muy baja o casi nula sobre las decisiones de contratación de nuevo empleo. En cambio, la existencia del Salario Mínimo puede tener importantes efectos positivos en la economía (Recuadro 5).

Entre ellos se encuentran los siguientes:

a) la mejora de las condiciones de vida y seguridad de los trabajadores (especialmente, de los trabajadores vulnerables y de los colectivos que trabajan con contratos temporales o parciales);

b) incentiva a los trabajadores no cualificados y desempleados a buscar activamente un empleo;

c) puede incentivar el incremento de la productividad laboral en las empresas;

d) permite luchar contra la pobreza y las desigualdades sociales;

e) reduce las desigualdades salariales y la brecha salarial de género y

f) al incrementar los ingresos y el poder adquisitivo de los trabajadores con menos ingresos, provoca un incremento del consumo y la demanda agregada.

En los últimos años, algunos autores han propuesto el establecimiento de un Salario Mínimo Interprofesional coordinado a nivel de toda la UE. Algunos informes de la confederación de sindicatos europeos recomiendan establecer el Salario Mínimo Interprofesional por lo menos en el nivel del 60% del salario mediano de los respectivos países miembros. Una dificultad para llevar a cabo esta coordinación es la enorme variedad y diferencias que existen entre los países europeos para fijar los salarios mínimos. Algunos países tienen un régimen universal, mientras que otros aplican un régimen sectorial. Además, mientras que algunos países lo fijan por ley, otros lo hacen por convenios colectivos y otros por acuerdos bipartitos y/o tripartitos. Otros países europeos carecen a día de hoy de SMI.

Recuadro 5
Un nuevo desafío a la ciencia económica convencional: unos efectos más positivos del SMI de lo esperado

Analiza y discute en términos de corrientes de pensamiento económico el siguiente reportaje aparecido en el periódico de *El País* el 9 de marzo de 2025:

"'Los modelos convencionales han fallado, sobreestimando lo negativo e infraestimando lo positivo', remata Juan Carlos Moreno Brid, profesor de Economía de Universidad Nacional Autónoma de México (UNAM). ¿Por qué? 'En gran medida, porque presuponían que el mercado de trabajo era igual que el de naranjas. Y no es así... El mercado laboral es, sin duda, donde más ha fallado la comprensión de la economía neoclásica'. Una línea argumental que comparte Attila Lindner, investigador del instituto alemán IZA, especializado en economía del trabajo y profesor del University College de Londres con un sinfín de investigaciones sobre el tema. 'La evidencia empírica sobre el salario mínimo sugiere que, en los niveles actuales (en Occidente), esta política tiene unos efectos mínimos sobre el empleo mientras que aumenta significativamente la retribución (de los empleados peor pagados). Algo, remata, 'difícil de conciliar con la visión neoclásica de los mercados laborales que dominó la profesión hasta principios de la década de 2000, y que pone de manifiesto importantes limitaciones de la teoría económica estándar (...).

El caso alemán es paradigmático. La mayor potencia económica de Europa cumple ahora una década desde la tardía introducción de este baremo, cuya ausencia lo convertía en una auténtica anomalía en la arena continental y —por tanto— también en una buena piedra de toque, por tanto, para el análisis empírico. Aunque las conclusiones de las investigaciones publicadas desde entonces son variadas, las más sólidas parecen apuntar a un impacto muy pequeño sobre el engranaje de su mercado laboral. 'Ha sido insignificante en relación con el número total de puestos de trabajo', se lee en un completo estudio de Olivier Bruttel, a la postre director de Estadísticas del Ministerio Federal de Trabajo y Asuntos Sociales.

El patrón general europeo es, en líneas generales, de fuertes subidas en el suelo salarial en los últimos años. Suficientes, al menos, como para compensar con creces la inflación y garantizar un incremento en el poder adquisitivo de capas de trabajadores históricamente bloqueadas. Una realidad común, e incluso acentuada, al otro lado del Atlántico. Con resultados muy similares. 'En EEUU, la subida del salario mínimo (competencia de cada Estado) ha mejorado los estándares de vida de millones de trabajadores mal pagados sin reducir el número de empleos y sin crear inflación', sintetiza por correo electrónico Michael Reich, profesor de la Universidad de Berkeley (California) y uno de los grandes expertos mundiales en el tema. 'Los costes han sido absorbidos, principalmente, por aumentos de precios muy moderados en los sectores en los que se concentran muchos de estos salarios bajos".

3.2.2.2. El control, regulación y/o supervisión de precios

Sin duda, se trata de una de las medidas más polémicas de intervención del Gobierno en la economía. Para buena parte del pensamiento económico, intervenir en los precios de la economía provoca una mayor ineficiencia en la asignación y desequilibrios que no se resuelven a medio y largo plazo porque los precios dejan de ser libres y flexibles. No obstante, algunos autores han defendido este tipo de controles de precios en situaciones extraordinarias y en procesos coyunturales de fuerte aumento de la inflación. Los argumentos a favor de este tipo de intervención son: 1) el sostenido crecimiento de los márgenes empresariales, 2) la elevada concentración empresarial en bastantes sectores económicos y 3) la concentración del gasto de los hogares en la vivienda, la energía y la alimentación (donde suelen existir un número reducido de empresas que compiten).

En un libro de 1952, Galbraith contaba su experiencia en la OPA (Office of Price Administration), después de la II Guerra Mundial en EEUU. El primer paso para llevar a cabo el control de precios es disponer de información de calidad y transparente sobre el proceso de determinación de precios de las diferentes fases de la cadena de valor. En ese sentido, en 2023 se creó en España el Observatorio de Márgenes Empresariales con el objetivo de desarrollar estadísticas sobre precios, beneficios y márgenes empresariales. Esta herramienta puede ser fundamental para que el gobierno —y la ciudadanía en general— disponga de buena información sobre la distribución de las rentas y pueda tomar buenas decisiones relacionadas con la política de rentas.

Galbraith (1952) proponía, según su experiencia, que había que fijar un precio máximo equivalente a los últimos precios observados en el mercado (así se garantizaría una rentabilidad y las empresas serían libres de bajar los precios para aumentar los beneficios) y que habría que regularlo en la parte de la cadena de valor donde menos empresas hubiera.

La pregunta de debate sigue abierta: ¿se pueden implementar topes de precios en determinados periodos inflacionistas y en determinados sectores económicos estratégicos para prevenir nuevos episodios inflacionistas? Los economistas no se ponen de acuerdo con la respuesta.

4. LA POLÍTICA DE RENTAS EN ESPAÑA: 2010-2025

4.1. La negociación colectiva

Desde el comienzo de la crisis económica de 2008, los acuerdos sociales que incorporan normas de crecimiento salarial para guiar la negociación colectiva han sido muy utilizados en el caso español. Los Acuerdos para el Empleo y la Negociación Colectiva (AENC) han supuesto un instrumento básico para la institucionalización de la moderación salarial en el diálogo social bipartito entre las principales organizaciones empresariales y los sindicatos mayoritarios (Cuadro 3).

Cuadro 3
Los Acuerdos para el Empleo y la Negociación Colectiva (AENC) en España (2010-2025).

AENC	Años	Crecimiento salarial pactado	Agentes sociales
I	2010	1%	CEOE-CEPYME
	2011	1%-2%	CCOO
	2012	1,5%-2,5%	UGT
II	2012	0,5%	CEOE-CEPYME
	2013	0,6%	CCOO
	2014	Según el crecimiento económico (*)	UGT
III	2015	1%	CEOE-CEPYME
	2016	Hasta 1,5%	CCOO
	2017	Según el crecimiento económico	UGT
IV	2018	2% + 1% variable para los tres años (**)	CEOE-CEPYME
	2019		CCOO
	2020		UGT
V	2023	4%	CEOE-CEPYME
	2024	3%	CCOO
	2025	3% (+ cláusula salarial hasta el 1% en función de la inflación)	UGT

(*) Si el incremento del PIB a precios constantes en 2013 era inferior al 1% el aumento no excedería del 0,6%; si era superior o inferior al 2% el aumento salarial no excedería del 1% y si era superior al 2% el aumento salarial no excedería del 1,5%.
(**)Parte variable ligada a la evolución de la productividad, resultados, absentismo injustificado y otras variables, en base a indicadores cuantificados, medibles y conocidos por ambas partes.

El resultado de estos AENC ha sido un crecimiento salarial prácticamente siempre por debajo de la inflación (exceptuando los años 2015, 2016 y 2024). Por tanto, sistemáticamente, los salarios pactados habrían perdido poder adquisitivo en todo ese periodo. Entre 2008 y 2014 se produce un descenso de los salarios pactados en convenios, fruto de la política de devaluación salarial impuesta tras la crisis financiera de 2008. Solamente, partir de 2014 comienza una ligera subida salarial hasta la llegada de la crisis económica provocada por la pandemia del Covid-19.

En el gráfico 1 mostramos la evolución salarial pactada en los convenios colectivos. Como puede verse, y por el efecto de la inflación, esta ha sido sustancialmente negativa en 2021 (-1,62%) y 2022 (-5,52%). Por tanto, para los trabajadores de salarios por encima del SMI se produjo una rebaja del valor real de sus sueldos.

Gráfico 1
Evolución de los salarios según la negociación colectiva

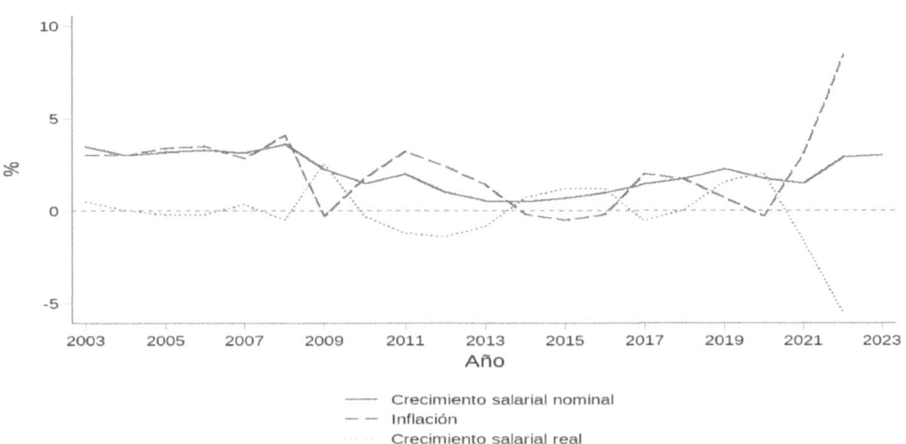

Fuente: Albert, J.F., Elías, F. y Ochando, C. (2023): "Inflación y política de rentas 'amplia'en la economía española: entre la negociación colectiva y la intervención pública" *Revista de Derecho Social* nº 104 (con datos del INE y Estadística de Convenios Colectivos).

Y, ¿qué política de rentas podríamos aplicar después de un periodo inflacionista? En nuestra opinión, la economía española requeriría una política de rentas plurianual que permita la recuperación del poder adquisitivo perdido en los primeros años de fuerte subida de los precios. A medio y largo plazo, los salarios deberían estar vinculados al crecimiento de la productividad. Algunos trabajos empíricos demuestran que una subida salarial tendría efectos beneficiosos en una economía, como la española, que se comporta como "*wage led*" (impulsada por los ingresos o por la demanda interna) (Álvarez, Uxó y Febrero, 2019).

4.2. El establecimiento de una norma salarial para los empleados públicos

Siempre existe una política de rentas obligatoria para los empleados públicos. En la mayoría de las ocasiones, esta política de rentas se utiliza como política de rentas "*indicativa*" para el sector privado, ya que esa norma salarial del sector público pretende influenciar la negociación colectiva del sector privado de la economía.

Aunque desde 2008 existe una pérdida de poder adquisitivo en, prácticamente, todas las rentas salariales, han sido los empleados públicos el colectivo con más pérdida de poder adquisitivo desde la llamada "*Gran Re-*

cesión". Ya en 2010, el gobierno aprobó una reducción entre el 5% y el 15% de los salarios públicos, en función de la remuneración de los empleados. Si analizamos la política de rentas en el sector público más reciente, los sindicatos y el Gobierno alcanzaron en la mesa general de negociación de la Función Pública un acuerdo para el trienio 2022-2024, que incluyó un incremento salarial del 9,8 %, así como mejoras en materia de empleo y condiciones laborales para los empleados públicos de las Administraciones Públicas y del Sector Público Institucional. Tras varios años de imposición unilateral salarial, en 2022 se alcanzó este acuerdo que volvía a la senda de la negociación y que garantizó cierta protección a los empleados públicos para los años 2022, 2023 y 2024. Este acuerdo se concretó en una subida salarial del 3,5% en 2022, un aumento del 2,5% para 2023 (que podía incrementarse un 0,5% en función de variables vinculadas al IPC y al PIB nominal). Finalmente, un aumento mínimo del 2% hasta el 2,5%, en función de la evolución de la inflación, para 2024. El acuerdo también incorporaba otras mejoras laborales para el grupo de trabajadores públicos como eran la jornada laboral de 35 horas para algunos colectivos, una apuesta por la digitalización en las zonas rurales, medidas para impulsar la igualdad de género, medidas de atracción y retención del talento, reducción de la temporalidad en el empleo público, fomento del teletrabajo, etc. Especialmente relevante ha sido la reducción de la jornada laboral de 35 horas puesto que implicaba un aumento considerable del salario por hora trabajada en los casos aplicables.

4.3. Aumento del SMI

La evolución del SMI en España ha sido desde 2018 claramente ascendente, especialmente, con una fuerte subida en 2019 (gráfico 2). En el conjunto de ese periodo (2018-2025), el aumento del SMI ha sido del 61%. Como puede verse en el gráfico 3, la evolución del SMI ha seguido la inflación con un año de retraso. Por ejemplo, la inflación fue de 3,1% en 2021 y el SMI subió un 3,6% en 2022. De forma similar, en 2022 la subida de precios fue de 8,4% y el SMI aumentó un 8%. Por tanto, el SMI ha sido una política útil para contener la depreciación salarial de los trabajadores de menores sueldos.

Gráfico 2
Evolución del SMI en España (2018-2025)

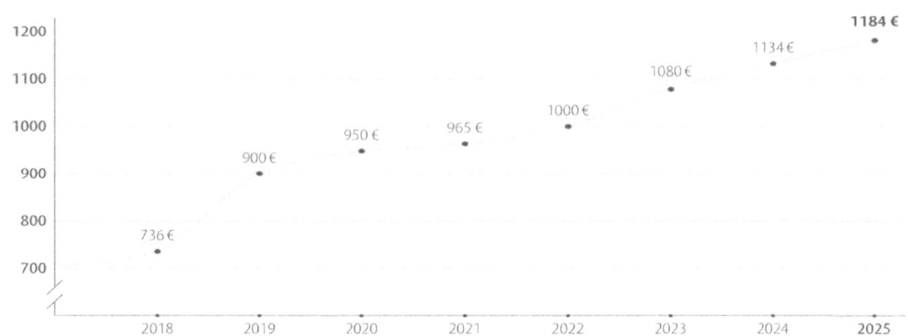

Fuente: Ministerio de Trabajo y Economía Social.

Asimismo, en el gráfico 3 pueden observarse los cambios en el SMI en términos reales (línea de puntos) desde 2003. Entre 2003 y 2009 hubo aumento en términos reales. De media, los incrementos estuvieron alrededor del 2% durante esos años. En cambio, durante el período de la Gran Recesión, el SMI perdió valor o estuvo estancado. A partir de 2017 y hasta 2019 es cuando el SMI realmente se revaloriza, con un aumento de hasta 21,6% en términos reales en 2019, el mayor desde 1977.

Gráfico 3
Evolución del salario mínimo

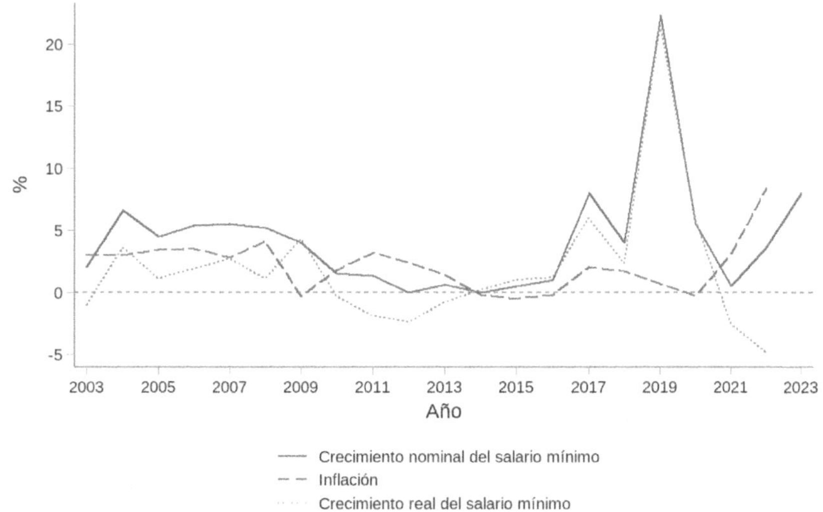

Fuente: Albert, J.F., Elías, F. y Ochando, C. (2023): "Inflación y política de rentas 'amplia'en la economía española: entre la negociación colectiva y la intervención pública" *Revista de Derecho Social* nº 104 (con datos del INE y BOE).

4.4. Impuestos

El Cuadro 4 recoge algunas de las medidas fiscales aprobadas durante el periodo inflacionista que comenzó en 2022. Como se puede apreciar en el mismo, algunas de ellas han supuesto aumento de impuestos (para aumentar la recaudación fiscal con la que hacer medidas expansivas para compensar a las familias más golpeadas por la inflación) y otras medidas han supuesto rebajas fiscales (que tienen un impacto directo en rebajar la tasa de inflación).

Cuadro 4
Principales medidas impositivas en España con mayor impacto presupuestario aplicadas durante el periodo inflacionista

Subidas impositivas	**Bajadas impositivas**
Creación del "impuesto de solidaridad" temporal sobre la riqueza (2023, 2024) para las grandes fortunas con una riqueza neta superior a 3 millones de euros.	Exención de IRPF a las rentas superiores a 15.000 euros (el límite anterior eran 14.000 euros).
Incremento en el IRPF del tipo impositivo a las ganancias de capital de más de 200.000 euros.	Reducción en el IRPF por rendimientos de trabajo que se aplicará a los salarios brutos de hasta 21.000 euros (el límite anterior eran 18.000 euros).
Limitación temporal en el Impuesto de Sociedades de las deducciones de pérdidas de ejercicios anteriores que pueden aplicarse los grandes grupos empresariales.	Reducción del Impuesto de Sociedades en 2 puntos (23%) para las micropymes que cumplan ciertos requisitos.
Creación de un nuevo impuesto temporal sobre los beneficios extraordinarios de las empresas energéticas y la banca.	Reducciones en el IVA de ciertos productos básicos (alimentos de primera necesidad, electricidad, gas, mascarillas, productos de higiene femenina, etc.,).
	Reducción del Impuesto especial sobre la electricidad al 0,5% y la suspensión del Impuesto sobre el valor de la producción de la energía eléctrica.

Fuente: Albert, J.F., Elías, F. y Ochando, C. (2023): "Inflación y política de rentas 'amplia'en la economía española: entre la negociación colectiva y la intervención pública" *Revista de Derecho Social* nº 104.

Una medida que ha generado debate político, social y, también, académico ha sido la aprobación de dos impuestos extraordinarios y temporales a la industria energética y al sector bancario. Dichos impuestos pretenden gravar los "*beneficios extraordinarios*" derivados del aumento desproporcionado de los precios energéticos y del aumento de los tipos de interés de intervención del BCE. En el caso de este último, la medida fiscal establece que han de pagar el gravamen las entidades de crédito cuya suma de ingresos por intereses y comisiones en el año 2019 haya superado los 800 millones de euros, quedando exentas las restantes. Las entidades afectadas deberán pagar en los años 2023 y 2024 el 4.8% de los ingresos netos por intereses y comisiones correspondientes al año natural anterior.

ORIENTACIÓN BIBLIOGRÁFICA

Este capítulo es heredero de un anterior trabajo publicado en Ochando, C. (2021): "Política de rentas" en Ochando, C. (Coord.): *Políticas económicas coyunturales: objetivos e instrumentos. Tirant Lo Blanch. Valencia.*

Sobre el tema de la política de rentas existen algunos libros clásicos como el de Fallick, J. L. y Elliot, R. F. (Eds.) (1983): *Estudios sobre política de rentas,* I.E.F. Madrid y Cuadrado, J. R. y Villena, J. E. (1980): *Política de rentas,* I.E.F. Madrid.

Más reciente, pueden ser de interés los trabajos de Arestis, Ph. y Sawyer, M. (2013): "Moving from Inflation Targeting to prices and Incomes Policy" *Panoeconomicus* nº 60(1), pp: 1-17 y Sardoni, C. (2011):"Incomes policy: two approaches" *European Journal of Economic and Economic Policies: Intervention* vol 8 (1), pp: 147-163.

Para estudiar la política de rentas llevada a cabo en los países europeos son útiles los trabajos de Dore, R. Ph., Boyer, R. y Mars, Z. (1994): *The Return to Incomes Policy.* Pinter Publishers. London and New York; Hassel, A. (2006): *Wage Setting, Social Pacts and the Euro: a New Role for the State.* Amsterdam University Press. Amsterdam; Keune, M. y Galgoczi, B. (Eds.) (2008): *Wages and Wage Bargaining in Europe. Developments since the Mid-1990s.* ETUI-REHS, Brussels y Natali, D. y Pochet, Ph. (2009): "The Evolution of Social Pacts in the EMU Era: What Type of Institutionalization*?" European Journal of Industrial Relations, 15(2), pp: 147-166.*

Para estudiar la política de rentas en España pueden ser interesantes los trabajos siguientes: Molina, O. y Rhodes, M. (2011): "Spain: From Tripartite to Bipartite Pacts" en Avdagic, S., Rhodes, M. y Visser, J. (Eds.): *Social Pacts in Europe. Emergence, Evolution and Institutionalization.* Oxford University Press, Oxford; Ferreiro, J. y Gómez, C. (2014): "Implementing a Voluntary Wage Policy: Lessons from the Irish and Spanish Experiencies" *Panoeconomicus 1 Special Issue,* pp: 107-127 y Albert, J.F., Elías, F. y Ochando, C. (2023): "Inflación y política de rentas 'amplia'en la economía española: entre la negociación colectiva y la intervención pública" *Revista de Derecho Social* nº 104.

Sobre el crecimiento basado en los ingresos se puede consultar: Onaran, O. (2013): "Income Distribution and Agregate Demand: a Global Post-Keynesian Model" *Post Keynesian Economics Group Working Paper Series* nº 1304 y Obst, Th., Onaran, O. y Niholaidi, M. (2017): "The effect of income distribution and fiscal policy on growth, investment and budget balance: the case of Europe" *Post Keynesian Economics Study Group Working Paper* nº 1703. Y para el caso español es muy útil el trabajo de Álvarez, I., Uxó, J. y Febrero, E. (2019): "Internal Devaluation in a Wage-led Economy: the case of Spain" *Cambridge Journal of Economics* 43 (2).

El papel de la política de rentas en un contexto de deflación está más desarrollado en los trabajos de Ochando, C. (2020): "Política económica y redistribución: hacia una nueva arquitectura 'pre-distributiva' de la política de rentas" *International Review of Economic Policy-Revista Internacional de Política Económica* Vol. 2 (nº2), pp: 105-123 y Ochando, C. y Albert, J.F. (2020): "La política de rentas como instrumento de "pre-distribución": una estimación para el caso español" *Revista del Ministerio de Trabajo, Migraciones y Seguridad Social* nº 146, pp: 117-139.

Capítulo 5
Política fiscal

PALOMA VILLANUEVA
(Universidad Complutense Madrid-ICEI)
LUIS CÁRDENAS
(Universidad Complutense Madrid-ICEI)

1. INTRODUCCIÓN

La intervención de las Administraciones Públicas (AAPP) a través de la política fiscal responde a la necesidad de corregir resultados inherentes al funcionamiento de las economías de mercado y de garantizar el bienestar colectivo. A través de la recaudación de ingresos y la asignación del gasto público, las AAPP actúan como un agente económico que proporciona bienes y servicios públicos fundamentales: educación, la sanidad y la protección social. Estos servicios garantizan cierta equidad a su acceso, que no serían ofrecidos de forma adecuada por el sector privado, ya que no pueden basarse en la competencia y su asignación vía precios.

Esta intervención se guía por tres grandes principios normativos: la justicia distributiva, que busca reducir las desigualdades sociales y garantizar una distribución equitativa de los recursos; la eficiencia económica, que implica utilizar los recursos públicos de forma óptima para maximizar el bienestar colectivo; y la estabilidad macroeconómica, que requiere que el Estado actúe como estabilizador frente a las fluctuaciones del ciclo económico. Estos principios constituyen el fundamento ético y técnico de la política fiscal y orientan tanto las decisiones sobre ingresos como las relativas al gasto público.

En este capítulo se aborda cómo estas decisiones sobre los gastos y los ingresos públicos, atendiendo a diferentes objetivos, afectan a la situación económica de los países. En concreto se estudia la orientación y los efectos de la política fiscal en función de los valores de los multiplicadores fiscales, su impacto sobre la actividad económica y cómo todo ello determina la evolución del déficit público y la deuda pública. De esta manera, se permite identificar las herramientas de la política fiscal para abordar distintas coyunturas económicas desde dos puntos de vista: los instrumentos disponibles y la orientación de los objetivos.

Este último aspecto, la orientación de la política fiscal no está exenta de controversia. En gran medida, la posición que las distintas escuelas de pensamiento económico tienen sobre la utilización de la política fiscal tiene mucho que ver con su mayor o menor confianza en la capacidad autorreguladora de la economía de mercado (Recuadro 1).

En este capítulo se estudian principalmente cuáles son las herramientas de las que dispone la política fiscal para ser capaz de influir en la demanda agregada de una economía, ya sea ante una situación coyuntural o para establecer objetivos de política económica.

Para ello, en el primer apartado se exponen los fundamentos de la política fiscal. A continuación, se construye un modelo macroeconómico sencillo de corto plazo y se analizan los resultados que se obtienen a partir del mismo. En el segundo, se aplica el modelo anterior para entender mejor las implicaciones de la orientación y los efectos de la política fiscal. En el tercero se expone la importancia del valor del multiplicador fiscal y en el último la relación entre el déficit público y dinámica de la deuda. El objeto es analizar cuándo es posible afirmar que la deuda pública es sostenible, y en qué casos un nivel elevado de deuda puede representar una restricción para la utilización estabilizadora del presupuesto.

Recuadro 1
Debates teóricos sobre la necesidad de la política fiscal

La tradición Keynesiana (en referencia a John Maynard Keynes) considera que la demanda privada, y especialmente la inversión, tiene un papel destacado tanto en el crecimiento a largo plazo como en los ciclos económicos de expansión y recesión. Esto provoca que la economía se encuentre frecuentemente con un nivel de producción insuficiente para evitar el desempleo. En estos casos, las variaciones de precios y salarios no actúan con suficiente eficacia como para asegurar que la demanda agregada se ajuste a la producción de pleno empleo, y se necesita una actuación decidida de las autoridades a través de la política fiscal.

En consecuencia, la recomendación Keynesiana ante una situación de infrautilización del trabajo, como el desempleo y el subempleo, es implementar políticas fiscales expansivas porque es posible producir bienes y servicios socialmente deseables. En este contexto, el Estado debería hacer uso de la política fiscal para alcanzar una situación próxima al pleno empleo. Esta visión de la política fiscal ha recibido el nombre de "finanzas públicas funcionales", y el núcleo de este capítulo trata precisamente de ver hasta qué punto puede llevarse a cabo un planteamiento de este tipo.

La tradición Neoclásica, por el contrario, tiene una visión diferente sobre el funcionamiento de la economía. En esencia, consideran que ésta tiene un "centro de gravedad" determinado por los recursos disponibles y por el funcionamiento de los mercados (el lado de la oferta). Si la producción es baja o el desempleo elevado, la razón se encuentra en que algunas rigideces impiden que los precios y salarios actúen con la suficiente flexibilidad. Como consideran que la oferta determina en última instancia la demanda, el papel de la política fiscal es mucho menor al no poder acelerar el crecimiento económico más allá de las capacidades naturales del mercado, limitado a situaciones puntuales y poco duraderas de escasez de demanda. Los gobiernos deben llevar a cabo algunas funciones importantes, pero asegurando, salvo estas breves excepciones, el equilibrio presupuestario. Estas serían las "finanzas públicas clásicas" o "equilibradas".

En síntesis, las diferentes perspectivas se reflejan en las distintas recomendaciones de política fiscal basándose en el tamaño del multiplicador fiscal. La perspectiva neoclásica considera que los multiplicadores fiscales son generalmente próximos a cero (la expansión fiscal es ineficaz) mientras que el enfoque Keynesiano es que los multiplicadores son mayores a 1 (la política fiscal expansiva genera crecimiento).

2. FUNDAMENTOS DE LA POLÍTICA FISCAL

En primer lugar, conviene definir los términos clave de la política fiscal, entendiendo por esta el conjunto de decisiones que toman las distintas Administraciones Públicas (AAPP) sobre los ingresos, impuestos directos (sobre la renta), indirectos (sobre actividades), tasas y precios públicos, y los gastos públicos, gastos corrientes, consumo público, inversiones y transferencias destinados a educación, sanidad, infraestructuras, pago de intereses, entre otros (Cuadro 1). Por ello, todas las AAPP realizan ciertos tipos de políticas fiscales, ya sea desde la Administración General del Estado (incluyendo la Seguridad Social), que es el marco general de la gestión fiscal, hasta el ámbito regional, Comunidades Autónomas y Corporaciones

Locales (ayuntamientos y diputaciones), que tienen competencias descentralizadas para gestionar recursos y servicios en sus respectivos ámbitos territoriales.

Cuadro 1
Ingresos y Gastos Públicos en las Administraciones Públicas

1. Ingresos Públicos

1.1. Impuestos

1.1.1. Impuestos Directos

- Impuesto sobre la Renta de las Personas Físicas (IRPF)
- Impuesto sobre Sociedades (IS)
- Otros impuestos directos: patrimonio, sucesiones y donaciones

1.1.2. Impuestos Indirectos

- Impuesto sobre el Valor Añadido (IVA)
- Impuestos especiales: Tabaco, alcohol, hidrocarburos
- Impuestos sobre actividades específicas: turismo, transporte, medio ambiente

1.2. Tasas y Precios Públicos

1.2.1. Tasas: *Contraprestación por servicios públicos específicos (ej. tasas universitarias)*

1.2.2. Precios públicos: *Servicios voluntarios con posibilidad de competencia (ej. polideportivos, escuelas de música)*

2. Gastos Públicos

2.1. Clasificación por tipo de gasto:

2.1.1. Consumo Público: *salarios de empleados públicos y compra de bienes y servicios.*

2.1.2. Inversiones Públicas: *infraestructuras (carreteras, ferrocarriles, redes digitales), equipamientos públicos e I+D+i.*

2.1.3. Transferencias Públicas: *Subvenciones a empresas y prestaciones sociales (pensiones, subsidios por desempleo, ayudas a familias.*

2.1.4. Servicio de la Deuda: *pago de intereses y amortización de deuda pública.*

2.2. Clasificación funcional del gasto (COFOG):

01. Servicios públicos generales
02. Defensa
03.Servicios públicos generales
04. Asuntos económicos
05. Protección del medio ambiente
06. Vivienda y servicios comunitarios
07. Salud
08. Ocio, cultura y religión
09. Educación
10. Protección social

El saldo fiscal, o ahorro público, es un indicador clave que refleja la diferencia entre los ingresos y los gastos públicos. Cuando el saldo fiscal es positivo se denomina superávit público, lo que indica que el sector público tiene una posición acreedora (que ahorra y presta al resto de agentes económicos). Por el contrario, cuando es negativo, se habla de déficit público, lo que implica que el sector público está gastando más de lo que ingresa y necesita financiación por parte del resto de actores, es decir, tiene una posición deudora.

La posición del saldo fiscal puede variar debido a dos tipos de factores: cambios exógenos, relacionados con decisiones de política fiscal discrecional y cambios endógenos, vinculados a las fluctuaciones del ciclo económico, también denominados estabilizadores automáticos.

Mientras que las políticas discrecionales pasan por un proceso de decisión política, los estabilizadores automáticos ocurren dado un marco institucional y una situación económica. En concreto, durante períodos de expansión económica el saldo fiscal tiende a mejorar automáticamente porque se incrementa la recaudación de impuestos, ya que hay más actividad económica y empleo; ocurriendo lo contrario en las recesiones. Este hecho, que los ingresos dependen de la actividad económica, es la diferencia fundamental entre las AAPP y el resto de los agentes. A diferencia de los hogares o las empresas, un mayor (menor) gasto público genera más (menos) ingresos públicos.

A su vez, el saldo fiscal puede desagregarse distinguiendo entre el pago de intereses de la deuda pública y el saldo primario, que refleja el desequilibrio entre ingresos y gastos sin considerar los compromisos financieros previos (Cuadro 2). La deuda pública existente es, a su vez, la acumulación de déficits públicos a lo largo del tiempo. Como se mostrará en este capítulo la interrelación entre PIB, gastos, ingresos, déficit y deuda públicos es de gran complejidad al haber un conjunto de interrelaciones cruzadas.

Cuadro 2
Tipos de saldo público

- *Saldo primario: Es el resultado presupuestario excluyendo el pago de intereses de la deuda. Es un indicador clave para analizar la sostenibilidad fiscal, ya que muestra si el Estado es capaz de cubrir sus compromisos corrientes sin recurrir al endeudamiento adicional.*
- *Saldo bruto vs. Saldo neto:*
  - El *Saldo bruto* incluye todos los gastos públicos, tanto corrientes como de capital (inversión pública).
  - El *Saldo neto* excluye los gastos de inversión, con el argumento de que estos pueden generar beneficios futuros y no deberían contabilizarse como desequilibrio estructural.
- *Saldo cíclico vs. Saldo estructural:*
  - El *Saldo cíclico* es el que resulta de la fase del ciclo económico. Durante una recesión, caen los ingresos (por menor actividad económica) y aumentan los gastos (por prestaciones sociales), aumentando automáticamente el déficit.
  - El *Saldo estructural* es independiente del ciclo económico y refleja un desajuste permanente entre ingresos y gastos. Corregirlo suele requerir reformas fiscales o ajustes en el gasto público.

El ciclo presupuestario representa el conjunto de procesos mediante los cuales las AAPP planifican, ejecutan, controlan y evalúan sus decisiones de gasto e ingreso. Este ciclo constituye una herramienta esencial para garantizar la eficiencia, transparencia y rendición de cuentas en la gestión de los recursos públicos. Las fases principales del ciclo presupuestario son: elaboración, ejecución y control, y evaluación de impacto.

- *Primera fase: Elaboración del presupuesto*

La elaboración del presupuesto público es una fase clave en la planificación financiera del sector público. Consiste en la estimación anticipada de los ingresos y la asignación de los gastos para un ejercicio fiscal determinado, en función de las prioridades políticas, sociales y económicas del gobierno.

Este proceso suele iniciarse con la formulación de los *techos de gasto* y los escenarios macroeconómicos previstos, que orientan la capacidad de maniobra presupuestaria. Posteriormente, los distintos ministerios, departamentos o niveles de gobierno presentan sus propuestas de gasto. Estas solicitudes son evaluadas y negociadas por los órganos responsables de la política fiscal (habitualmente los Ministerios de Hacienda o Economía), quienes confeccionan el anteproyecto de ley de presupuestos generales.

Una vez finalizado, el proyecto de presupuesto se somete a aprobación parlamentaria. Durante este proceso, los legisladores pueden debatir, enmendar y finalmente aprobar el presupuesto, convirtiéndolo en una ley que vincula legalmente a las AAPP.

• *Segunda fase: Ejecución y control del gasto*

Una vez aprobado el presupuesto, se inicia la fase de ejecución, en la que los recursos públicos son movilizados conforme a las partidas aprobadas. La ejecución implica la realización de pagos, contrataciones, transferencias y demás operaciones necesarias para el cumplimiento de las funciones públicas.

Durante esta etapa, la *gestión financiera y contable* juega un papel crucial para asegurar la correcta aplicación de los recursos. Se utilizan mecanismos como los anticipos de tesorería, modificaciones presupuestarias (ampliaciones, transferencias o generaciones de crédito), y programación plurianual, especialmente en proyectos de inversión.

El *control del gasto público* se realiza tanto de forma interna como externa. El control interno es llevado a cabo por órganos de fiscalización dentro de la propia administración (intervención general, auditoría interna), mientras que el control externo corresponde a instituciones independientes, como los Tribunales de Cuentas. Estos controles garantizan el cumplimiento de la legalidad, la eficiencia en el uso de recursos y la prevención de irregularidades.

• *Tercera fase: Evaluación de impacto*

La última fase del ciclo presupuestario consiste en la evaluación del impacto de las políticas públicas financiadas con recursos del presupuesto. Esta evaluación busca determinar en qué medida los objetivos programados han sido alcanzados, y si los recursos se han utilizado de forma eficaz y eficiente.

Existen distintas *metodologías de evaluación*, entre ellas se encuentran:

- Análisis de impacto sobre el conjunto de la economía.
- Evaluación de las políticas sobre colectivos específicos:
  - Diseños experimentales: la participación se asigna de forma aleatoria y el grupo de control representa el contrafactual
  - Diseños cuasiexperimentales: la participación no es aleatoria y el contrafactual se construye a partir de un grupo de comparación formado por quienes no participan en el programa.

Los resultados de estas evaluaciones permiten retroalimentar el proceso presupuestario en futuras fases de elaboración. De este modo, se favorece una cultura de mejora continua, transparencia y rendición de cuentas, facilitando una gestión pública orientada a resultados.

3. UN MODELO MACROECONÓMICO DE POLÍTICA FISCAL

Para analizar los canales por los cuáles la política fiscal afecta a los distintos componentes de la demanda agregada es necesario plantear un modelo macroeconómico de corto plazo, que es el período en el que el volumen total de los factores productivos (principalmente la oferta de trabajo y el capital productivo instalado) se encuentran dados y en el que actúan las políticas coyunturales de las que se ocupa este manual. Para ello, hay que considerar lo siguiente.

En primer lugar, hay que tener en cuenta que un supuesto habitual en los modelos de corto plazo es que la utilización de esos *factores productivos* se encuentra por debajo de su plena ocupación. En el caso del trabajo esto se observa en la existencia de desempleo (personas que buscan empleo y no lo tienen) y subempleo (personas que tienen una duración de jornada inferior a la que les gustaría). Por tanto, si la oferta de trabajo (el volumen total de horas disponibles para trabajar) es superior a la demanda de trabajo (que es el volumen mínimo de horas trabajadas requerido para el nivel de demanda agregada), como las empresas sólo contratarán el número mínimo necesario de trabajadores para esa demanda, el empleo total será inferior a la oferta de trabajo y habrá infrautilización de la oferta de trabajo: desempleo y subempleo.

En el caso del capital, instalaciones y equipamientos, esta relación se mide mediante el grado de utilización de la capacidad productiva instalada. A modo de ejemplo, para la producción de un bien se necesitan una hora de trabajo y una máquina disponible (según la conocida función de producción de Leontief). Supongamos una empresa que cuenta con 3 trabajadores y 5 máquinas, y tiene una demanda de 3 bienes/hora, por lo que la producción máxima será de tres bienes por hora trabajada. Debido a la cantidad demanda y al número de personas contratadas sólo puede utilizar 3 máquinas simultáneamente así que está dejando 2 máquinas sin utilizar. Por tanto, la empresa tenía una capacidad utilizada de 3/5 o, en otras palabras, el grado de utilización de la capacidad productiva es del 60%.

Las empresas mantienen cierta subutilización de capacidad como instrumento para responder a las fluctuaciones de la demanda, donde operan factores como la esperanza de aumentar sus ventas en el futuro, porque prefieren no responder vía precios ante una expansión del mercado para mantener sus cuotas de participación (evitar que entren competidores) o porque necesitan capacidad para adaptarse a los cambios en la competencia y en los hábitos de consumo. Se trata por tanto de una situación inherente a la competencia por parte de las empresas (principalmente en las entidades de mayor tamaño, pero no exclusivamente). Consecuentemente, el grado de utilización de la capacidad productiva se transmite a la producción el nivel de la demanda agregada, expresando la elasticidad con la que la oferta responde a las variaciones de la demanda (incremento en cantidad en vez de en precios).

Esto implica que la demanda agregada es la restricción más importante que determina cuántos bienes y servicios se producen, y por ello, cuál es la demanda de trabajo y el grado de utilización de la capacidad productiva instalada. Si las empresas produjeran más de los bienes y servicios que se demanda en el mercado, estarían acumulando existencias que no podrían vender y acabarían por reducir su producción (exceso de oferta). De esta forma, las empresas producen lo que esperan vender, y en función de esto contratan a los trabajadores que son necesarios y modifican el grado en que utilizan la capacidad productiva instalada. Aunque haya trabajadores desempleados, las empresas no los contratarán si creen que no podrán vender la nueva producción. Esta idea Keynesiana se conoce como el "*principio de la demanda efectiva*".

Como resultado de lo anterior, la curva de oferta es elástica, lo que implica que cualquier incremento de la demanda agregada se traduce en un aumento de la cantidad producida, y del nivel de renta, y no en un aumento de los precios. Este supuesto es un corolario del principio de demanda efectiva, si aumenta la cantidad demandada las empresas tienen incentivo a producir más y proteger su cuota de mercado si hay factores productivos disponibles, dado que verán caer sus existencias. De esta forma un exceso de demanda provoca un incremento de la oferta.

Cuadro 3
Ecuaciones del modelo macroeconómico

$$Y = DA = C + I + G + X - M \quad (1)$$

$$C = C_0 + C_1 Y^d = C_0 + C_1\left[Y - \left(T - T_f\right)\right] = C_0 + C_W W + C_P P - C_1\left(T - T_f\right) \quad (2)$$

$$Y_D \equiv Y - T_0 - tY + tfY = (1 - t + tf)Y - Tn_0 = (1 - t_w + tf_w)W + (1 - t_p + tf_p)P - Tn_0 \quad (3)$$

$$I = I_0 + I_1 Y + I_2 P/Y - I_3 r \quad (4)$$

$$XN = XN_0 - XN_1 Y - XN_2 \varepsilon \quad (5)$$

$$Y = \left[\frac{1}{1 - C_1(1 - t + tf) - I_1 + XN_1}\right](C_0 - C_1 Tn_0 + I_0 + I_2 P/Y - I_3 r + G + XN_0 - XN_2 \varepsilon) \quad (6)$$

En segundo lugar, hay que considerar el equilibrio entre oferta y demanda de bienes y servicios (Cuadro 3). El cual se define en la ecuación (1), que nos indica que la renta que alcanza la economía (Y) es igual a la suma de todos los componentes de la *demanda agregada* (DA). En esta ecuación la causalidad va desde el lado derecho de la igualdad (la demanda) hacia el izquierdo (la producción). Éstos son el consumo final de las familias (C), la inversión de las empresas (I), el gasto de las AAPP en consumo final e inversión (G) y las exportaciones (X) menos las importaciones de bienes y servicios (M).

El primer componente es el consumo final de los hogares, y depende fundamentalmente de la renta disponible (Y^d), que es la que tienen después de pagar sus impuestos (T) y de añadir las transferencias que reciben del sector público (Tf). Los hogares pueden destinar esa renta a la adquisición de bienes de consumo o al ahorro. El porcentaje de cada unidad adicional de renta que se destina al consumo es la *propensión marginal a consumir*, PMC (C_1). Además, el consumo tiene una parte autónoma (C_0), en el sentido de que no depende directamente de la renta del periodo, sino de otros factores (por ejemplo, la riqueza neta, que es el valor de los activos acumulados menos las deudas contraídas).

En concreto, también se puede considerar que la renta total se divide entre rentas del trabajo y del capital (Y=W+P). De esta forma el consumo agregado viene determinado por las rentas del trabajo (los salarios y los ingresos de los trabajadores por cuenta propia) (W) y los beneficios o excedente bruto de explotación (P), reflejando el efecto de los cambios en la distribución funcional. Dado que la propensión a consumir de las rentas del trabajo (Cw) es mayor que la propensión a consumir de los beneficios (Cp), una redistribución desde los beneficios a las rentas del trabajo tendrá un impacto positivo sobre el consumo (Cw > Cp).

Un aspecto interesante de este desglose es el impacto diferente que tienen las distintas rentas sobre la PMC. En este caso, la PMC agregada es la propensión marginal a consumir de las rentas del trabajo ponderada por el peso que tienen las rentas del trabajo en el PIB (o labor share); y la propensión marginal a consumir de las rentas del capital, ponderada por la cuota de beneficios en el PIB (o profit share, por su definición en inglés). De tal forma que $C_1Y=(C_W\ W/Y+C_P\ P/Y)Y$. Se puede observar que la PMC será mayor cuanto mayor sea la diferencia entre las propensiones de las rentas del trabajo y de los beneficios y mayor sea el peso de las rentas del trabajo.

Un caso más realista es suponer que en la práctica la recaudación impositiva y las transferencias (Tf) son una función positiva de la renta, en otras palabras, son variables endógenas, lo cual permite medir la actuación de los *estabilizadores automáticos*. De esta forma se distingue entre el tipo impositivo y la base imponible del impuesto (expresión que resume los impuestos que se aplican en la realidad, como son el IRPF, IVA, impuesto sobre sociedades, etc...). En este caso cuando varía la renta hay un doble efecto: la recaudación impositiva también varía ($\Delta T = t\Delta Y$) y, como consecuencia de ello, la renta disponible varía menos que la renta ($\Delta YD = (1 - t)\Delta Y$). Para simplificar, supondremos que los impuestos y las transferencias son proporcionales a la renta, distinguiendo entre impuestos y transferencias sobre las rentas del trabajo (por ejemplo, las pensiones o las prestaciones por desempleo dependen de las cotizaciones previas) y de las rentas del capital (por ejemplo, el impuesto de sociedades). Adicionalmente, hay algunos impuestos y transferencias que no dependen de la renta y que por lo tanto son exógenos (T_0). Por tanto, los impuestos netos de transferencias se componen de la suma de los impuestos netos que pagan las rentas del trabajo y del capital.

Sustituyendo esta ecuación (3) en (2) obtenemos una función de *consumo* que depende de un gasto autónomo, de las rentas del trabajo, del capital y de los impuestos y transferencias que pagan cada uno de esos dos tipos de rentas.

De esta forma, cuando varía la renta varían también los impuestos y las transferencias. Por ejemplo, en un período de recesión económica la renta se reduce, y con ello los impuestos netos de transferencias totales también se reducen. Esto tiene un efecto positivo sobre la renta disponible y el consumo, lo que se denomina como "*estabilizador automático*". En el caso de las rentas del trabajo, la caída salarial provocada por el aumento de los despidos se ve compensada por el aumento de las transferencias en prestaciones por desempleo, lo que suaviza la caída de la renta disponible y del consumo.

Respecto a la *inversión*, depende en primer lugar de las expectativas empresariales sobre la evolución futura de los beneficios y de la demanda (a la que se acomoda la capacidad productiva mediante las inversiones actuales). Estas expectativas las recogemos en el término I_0. Las otras variables independientes de la ecuación (4) son la renta nacional (como variable proxy de la demanda esperada), la cuota de beneficios (como proxy de la rentabilidad) y los tipos de interés a largo plazo (como variable financiera).

De acuerdo al *principio del acelerador* las empresas amplían o reducen su capacidad productiva según la demanda esperada (Y) y, por ello, se relaciona con las estrategias competitivas seguidas por las empresas. Un ejemplo de esto se puede ver considerando el grado de utilización de la capacidad productiva efectivo y el grado planeado. Si el grado efectivo es mayor que el deseado el efecto sobre la inversión será positivo, ya que las empresas querrán aumentar su capacidad productiva para ser capaces de atender a la demanda creciente. Por el contrario, si el grado efectivo es menor que el deseado las empresas reducirán su capacidad productiva y el efecto sobre la inversión será negativo. En resumen, se espera que cuando la demanda agregada crece también lo haga la inversión.

La cuota de beneficios (P/Y), medida como la relación entre los beneficios brutos de las empresas y el valor añadido, incluye el efecto de los márgenes de beneficios o flujos de caja, que implican un incremento del patrimonio neto de las empresas. Esta variable refleja que si los márgenes de beneficios son elevados, la empresa puede financiar con ellos los proyectos de inversión sin necesidad de incurrir en un endeudamiento que luego puede tener dificultades para devolver (genera recursos propios para autofinanciar la inversión) además amplía la posibilidad de obtener recursos financieros ajenos para realizar la inversión al convencer a un inversor externo (entidades financieras) de la viabilidad del proyecto de inversión debido a la existencia de esos márgenes.

Tercero, los tipos de interés reales (r) reflejan que las empresas están sometidas al principio del "*riesgo creciente*", tanto las empresas productivas como el sistema financiero tienden a incurrir en un mayor riesgo conforme crece la inversión, y más aún en la medida que asumen compromisos de devolución de sus deudas a partir de flujos de ingresos esperados e inestables, por lo que cuando aumenta el tipo de interés se incrementa el coste de financiar la inversión y ésta se reduce. Bajo el supuesto de que el banco central elige el tipo de interés objetivo, la curva de oferta monetaria es una curva horizontal al tipo de interés elegido por el banco central mostrando todas las combinaciones del tipo de interés y el nivel de producción compatible con el equilibrio en los mercados financieros. De esta forma, la curva IS muestra las combinaciones del tipo de interés y el nivel de producción que son consistentes con el equilibrio en el mercado de bienes. Un aumento en el tipo de interés lleva a una disminución de la producción. En consecuencia, la curva IS está inclinada hacia abajo (tiene pendiente negativa), como en los modelos macroeconómicos habituales.

Finalmente, las *exportaciones netas* (XN) tienen un componente autónomo (X_0, que aumenta, por ejemplo, si crece la renta del resto del mundo) y también se ven afectadas por las variaciones del tipo de cambio real (ε) y de la renta del propio país. En el primer caso, un aumento del tipo de cambio real (apreciación) supone una pérdida de competitividad-precio. En el segundo caso, un aumento de la renta nacional da lugar a un mayor gasto, y una parte de esa mayor demanda se dirige hacia productos importados. Este porcentaje se mide por la propensión marginal a importar, que llamamos XN_2.

La solución del modelo indica que el PIB es igual al cociente que aparece entre corchetes a la derecha de la ecuación (6), definido como el multiplicador del gasto (μ), y el resto de variables son exógenas (todas las variables entre paréntesis en el miembro de la derecha de la ecuación). De esta forma, el multiplicador mide cuánto se modifica la renta por cada cambio en una unidad en el resto de las variables que determinan la demanda agregada.

Por ejemplo, si la propensión marginal a consumir es 0,6, la propensión marginal a invertir es 0,2. si (t+tf) es igual a 0,4 y la propensión a importar es 0,3, el multiplicador es 1,22. Si un gasto autónomo, por ejemplo, la inversión exógena inducida por expectativas, se redujese en 100 unidades, la renta se reduciría en 122. Si, por el contrario, los impuestos netos fueran una variable completamente exógena (no aumentan con la renta, (t+tf=0) entonces el multiplicador sería de 2 y el efecto sería de 200 unidades. Este resultado implica que los estabilizadores automáticos han eliminado el 39% del efecto de la caída en la demanda como consecuencia de la caída del gasto autónomo. Como vemos, el multiplicador con impuestos netos endógenos es más pequeño (entrando sumando en el denominador), al incluir el efecto estabilizador que se deriva de la bajada de impuestos y del aumento de las transferencias que tendría lugar al caer la inversión.

En definitiva, este sencillo modelo permite reflejar las principales variables de la demanda agregada fundamentadas en ecuaciones de comportamiento que recogen de manera simplificada, pero con cierto grado de realismo, sus principales determinantes y, especialmente, las variables de política fiscal. En el Recuadro 2 se recogen otros efectos sobre los agentes económicos como consecuencia de la política fiscal.

Recuadro 2
Efectos en el comportamiento de los agentes de la política fiscal

La política fiscal incide también en las pautas de comportamiento de los actores económicos privados, hogares y empresas principalmente, generando marcos institucionales donde se incentivan (o desincentivan) determinadas actividades.

En el caso de los hogares, las decisiones sobre tributación y transferencias impactan de manera decisiva en la desigualdad de ingresos, reforzando la cohesión social al minimizar los efectos adversos de la desigualdad.

Primero, la recaudación con tipos marginales crecientes —esto es, de carácter progresivo— asegura una distribución más equitativa de los costes de la intervención pública, reduciendo las desigualdades de ingresos. Así los grupos con mayor capacidad económica contribuyen proporcionalmente más, aliviando la carga de las personas trabajadoras o sin ingresos, que generalmente presentan mayores restricciones y necesidades económicas. Segundo, las transferencias públicas, como pensiones, prestaciones por desempleo o por exclusión social o becas de estudios, afectan de manera decisiva a la población activa. Tercero, las decisiones de consumo e inversión públicas generan empleos y proveen de servicios fundamentales (educación, sanidad, seguridad, transporte, etc...) con carácter universal. En este sentido, conviene recordar que las políticas públicas no deben orientarse en exclusiva a acelerar el crecimiento del producto sino a maximizar el bienestar y la calidad de vida para cada nivel de PIB.

En el caso de las estrategias empresariales las modificaciones en el sistema tributario afectan a sus decisiones de inversión, financiación, tamaño y localización de su actividad económica. En contextos históricos caracterizados por tasas impositivas marginales significativamente elevadas, como la "Edad de Oro" en las economías occidentales, se observa que las estrategias empresariales tendieron a priorizar el crecimiento empresarial y la consolidación de objetivos de largo plazo. La limitada capacidad de los directivos para extraer beneficios personales sustanciales de las organizaciones generó incentivos para alinear sus intereses con el desempeño corporativo. Este marco fiscal contribuyó a mitigar los problemas de agencia, promoviendo una gestión orientada hacia la expansión estructural de las empresas y al fortalecimiento de su posición en el mercado.

Así, la alta dirección se dedicó a cultivar estrategias integrales que buscaban tanto la prosperidad corporativa como la estabilidad e incentivos a las personas empleadas y que generaban un mayor crecimiento de la productividad a largo plazo. Por el contrario, las reducciones de las tasas impositivas marginales en periodos posteriores disminuyeron los incentivos para invertir en el largo plazo, las prioridades de la alta dirección comenzaron a desplazarse hacia la obtención de beneficios inmediatos. Este cambio dio lugar a la adopción de políticas centradas en la contención de costes, como la reducción de personal y la deslocalización, al tiempo que las remuneraciones ejecutivas elevaron significativamente la desigualdad salarial.

Finalmente, desde una perspectiva política, programas fiscales adecuados pueden contribuir a reforzar la legitimidad de las instituciones públicas. La percepción de un sistema fiscal justo, combinado con políticas redistributivas efectivas, tiende a aumentar la confianza en las AAPP y a reducir los riesgos de conflictividad social. Este fortalecimiento institucional es esencial para consolidar el desarrollo económico y político en el largo plazo.

4. ORIENTACIÓN Y EFECTOS DE LA POLÍTICA FISCAL

Una vez planteado el modelo ya es posible analizar cuáles son las herramientas de las que dispone la política fiscal para influir en la demanda agregada. Además de la variación automática de los impuestos y las transferencias, ya comentada, los gobiernos también pueden decidir de forma voluntaria un cambio en el valor del gasto público, en los impuestos o en las transferencias. A diferencia de los estabilizadores automáticos, estos cambios discrecionales requieren que las autoridades implementen deliberadamente algunas medidas.

En primer lugar, cuando estudiamos la política fiscal que están aplicando las AAPP queremos saber fundamentalmente si tiene un carácter *expansivo o contractivo*. En otras palabras, si contribuye a un incremento de la demanda agregada o a su reducción. Esto se denomina "orientación de la política fiscal", y puede determinarse utilizando distintos indicadores el PIB potencial (concretamente el output-gap) y el saldo presupuestario ajustado del ciclo. A continuación, explicaremos estos dos indicadores para introducir el carácter procíclico o anticíclico en función de si varían en la misma dirección o en direcciones opuestas.

a) El PIB potencial

Un indicador utilizado para determinar el momento cíclico en que se encuentra una economía es el conocido como PIB potencial o producción potencial. Este concepto se refiere al *nivel máximo de producción* con un nivel de utilización de los recursos, tanto trabajo como capital, que no genere tensiones inflacionistas. La brecha de producción o output gap, por su parte, se define como la diferencia entre el PIB observado y el potencial.

De acuerdo con esta definición de PIB potencial, tenemos que si se sitúa por debajo del PIB observado se produce, ceteris paribus, una situación de aceleración de la inflación. El crecimiento de la inflación suele vincularse por parte de las autoridades europeas a otros desequilibrios macroeconómicos (principalmente el déficit exterior y el déficit público). Por tanto, esta definición implica una relación estable entre brecha de producción e inflación.

En la actualidad, el producto potencial es calculado por distintos organismos internacionales (FMI, OCDE, Comisión Europea) en base a variantes de la función de producción Cobb-Douglas del paradigma neoclásico y constituye una pieza clave en la orientación y dimensión de las políticas fiscales de las economías europeas. Este indicador se basa principalmente en variables por el lado de la oferta, como el capital instalado, la población activa y el progreso técnico, sin tenerse en consideración que cambios por el lado de la demanda agregada puedan tener efectos sobre el PIB en el largo plazo. De esta manera, la política fiscal, independientemente de su orientación, queda relegada a políticas coyunturales.

Tanto el concepto de PIB potencial como las metodologías adoptadas frecuentemente para su estimación no se encuentran libres de controversia. Por un lado, se argumenta que la definición del PIB potencial acorde a la descripción dada anteriormente, se encuentra alejada de la realidad al sólo considerar factores por el lado de la oferta. Por otro lado, se ha criticado habitualmente la metodología empleada en su estimación tanto en el ámbito científico como en los medios a través de la campaña "output gap nonsense", al arrojar valores de la brecha de producción cercanos a cero en economías con elevadas tasas de desempleo.

Podemos resumir las principales críticas al PIB potencial en los siguientes cuatro puntos:

- En primer lugar, la evidencia empírica no encuentra de forma unánime una relación estable entre la brecha de producción y los cambios en la tasa de inflación. Además, aquellos casos que contemplan su evolución a lo largo del tiempo, no consiguen explicar dicha evolución en base a factores de oferta.
- En segundo lugar, partiendo del principio de demanda efectiva, el crecimiento de la renta tiene efectos permanentes en la acumulación de los factores productivos y su eficiencia, con su consecuente repercusión en el largo plazo y, por tanto, en el PIB potencial.
- En tercer lugar, la adopción de una perspectiva de la economía Keynesiana en la que la demanda agregada adquiere un papel central tanto en el corto como en el largo plazo, revela que las economías puedan encontrarse "de forma estructural" restringidas por el lado de la demanda, en lugar de fluctuar de forma simétrica en torno al PIB potencial.
- En cuarto lugar, la citada falta estructural de demanda que no permite alcanzar la plena utilización de los recursos acaba teniendo efectos acumulativos negativos sobre la propia capacidad productiva (menor acumulación de capital, salida de parte de la población activa y menores incentivos a la innovación).

Por todo lo anterior, existen razones que nos lleven a plantearnos una medida del PIB potencial y, en última instancia, del saldo estructural que tenga una mayor correspondencia con la realidad. Adoptando una perspectiva Keynesiana definimos el PIB potencial como aquel nivel de producción con plena utilización de los factores productivos, en concreto, el factor trabajo.

A modo de comparación el gráfico 1 ofrece las estimaciones del output-gap de la economía española en base al enfoque neoclásico y en base al enfoque inspirado en la teoría del crecimiento liderado por la demanda (UOM).

Gráfico 1
Comparación del output-gap

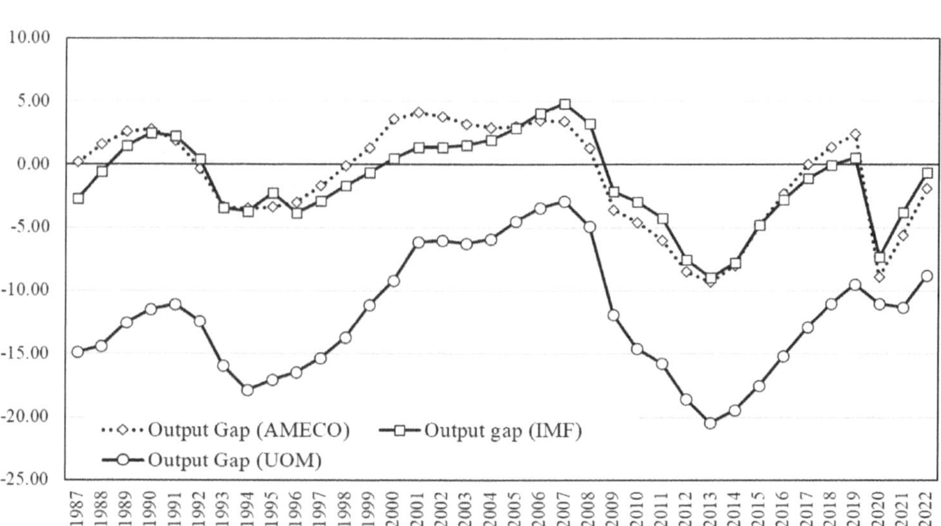

Fuente: Cardenas, L., Villanueva, P., & Ruiz, J. R. (2024). "Potential Output and Cyclically Adjusted Balance: An Application of the Updated Okun Method to Spain (1987-2022)". *Review of Political Economy,* 1–21. https://doi.org/10.1080/09538259.2024.2324860

Así, el resto de las variables clave en la determinación de la orientación de la política fiscal dependerán de la visión que se adopte para analizar la economía. La adopción de un enfoque Keynesiano otorga un mayor papel a la política fiscal; esto es tanto en la política coyuntural como la estructural. Mientras que la adopción de un enfoque neoclásico restringe la política fiscal al ámbito coyuntural, en ocasiones apuntando a una orientación procíclica de las políticas (Recuadro 1).

b) La variación del saldo primario ajustado cíclicamente:

Para analizar y valorar la orientación de la política presupuestaria aplicada por el gobierno, tenemos que distinguir qué parte del cambio en el saldo presupuestario (7) obedece a decisiones adoptadas de forma deliberada por las autoridades, y qué parte obedece a otros factores que influyen también en los gastos e ingresos del Estado, pero sobre los que las AAPP no tienen capacidad de decisión. Esto último se refiere fundamentalmente a la influencia de los estabilizadores automáticos y al pago de los intereses asociados a la deuda emitida en el pasado.

1) Cambios en el saldo presupuestario derivados del cambio en el ciclo económico

Supongamos que la economía se encuentra inicialmente en su PIB potencial, que es 100, y que el déficit público es igual a 3. Si se produjese una caída en la demanda, disminuirían los ingresos y aumentarían las transferencias, con lo que el déficit público aumentaría de forma automática, sin que las AAPP hubiesen modificado su política fiscal. Por tanto, la variación del saldo presupuestario no sería en este caso una medida adecuada de las decisiones adoptadas por las autoridades. Para evitar este problema, vamos a introducir dos conceptos nuevos:

- El *saldo ajustado cíclicamente* (SAJ) es el saldo presupuestario que la economía registraría si la renta coincidiese con el PIB potencial. Los cambios en este saldo recogen los efectos de las medidas discrecionales de política fiscal (suponiendo que el PIB potencial es constante).
- El *componente cíclico del presupuesto* (CC) es el efecto que tiene sobre el presupuesto un cambio en la renta, y mide, por tanto, la actuación de los estabilizadores automáticos.

Podemos entender mejor estos conceptos y su utilización práctica con la ayuda del ejemplo que ilustramos en los gráficos 2 y 3. La ecuación (7) expresa el saldo presupuestario como la diferencia entre ingresos (impuestos) menos transferencias y gasto público en función de la renta.

La recta del gráfico 2 representa la ecuación (7). Supongamos que (t+tf) es igual a 0,5, que G es igual a 53 y que el PIB potencial es 100. Si el PIB fuese igual al potencial, el saldo presupuestario sería igual a -3, y éste sería el SAJ (punto A). En cambio, si se produjese una caída en la demanda y el PIB se redujese hasta 95, el déficit público aumentaría automáticamente hasta -5. La economía se desplazaría a lo largo de la recta del saldo presupuestario, hasta el punto B del gráfico. Este aumento del déficit se deriva del cambio en la posición cíclica de la economía y a la actuación de los estabilizadores automáticos, y por eso se denomina componente cíclico.

Gráfico 2
Saldo presupuestario y ciclo económico

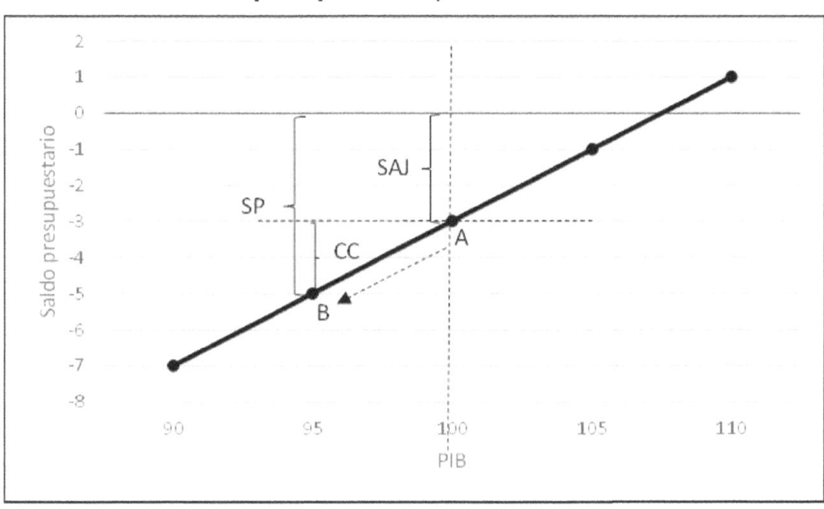

Igualando la renta al PIB potencial, obtenemos el saldo presupuestario ajustado cíclicamente (7). El componente cíclico del presupuesto se puede obtener restando la expresión (8) a la expresión (7) del saldo presupuestario:

$$SP = (t + tf)Y - G \quad (7)$$

$$- SAJ = (t + tf)Y^{POT} - G \quad (8)$$

$$CC = (t + tf)(Y\text{-}Y^{POT}) \quad (9)$$

El problema que tienen estos indicadores es que los datos del presupuesto no permiten separar directamente el componente cíclico y las medidas discrecionales. Por ello, la forma habitual de proceder es estimar con ayuda de procedimientos econométricos cuál es el efecto de los cambios en la renta sobre el saldo presupuestario, o “sensibilidad cíclica del presupuesto” (en nuestra ecuación, esto equivaldría a t+tf, y la Comisión Europea estima que su valor medio para los países de la UE se sitúa en torno a 0,5).

A continuación, se estima el PIB potencial, y multiplicando la diferencia entre el PIB real y el potencial por esta sensibilidad cíclica obtendríamos el CC del presupuesto. Por último, los cambios en el saldo presupuestario que no se explican por el CC se reflejarían en un cambio en el SAJ, y se atribuyen a la aplicación de medidas discrecionales de las AAPP (de nuevo, suponiendo que la renta potencial es constante).

Gráfico 3
Saldo presupuestario y medidas discrecionales

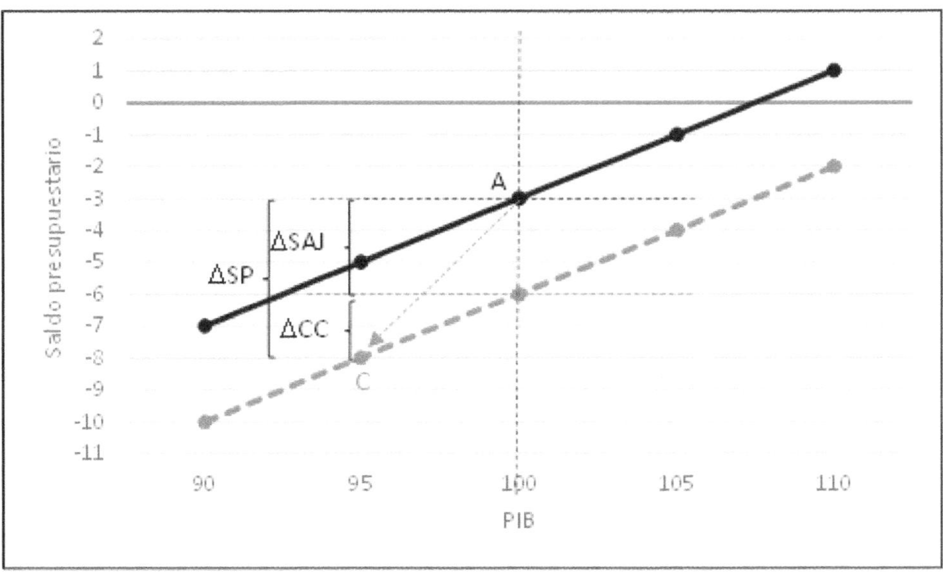

Por ejemplo, en el gráfico 3 la economía se encuentra inicialmente en el punto A, con un déficit de -3 y un PIB igual al potencial. Posteriormente, la economía se desplaza al punto C, donde observamos que el déficit aumenta hasta -8, y queremos descomponerlo en el efecto de los estabilizadores automáticos y de las medidas discrecionales del gobierno. Para ello, vemos primero que la renta se ha reducido en 5 unidades respecto al PIB potencial, y al multiplicarlo por una sensibilidad cíclica de 0,5 obtenemos que el aumento cíclico del déficit es de -2,5. Finalmente, el aumento del déficit que queda por explicar es el cambio en el SAJ, que en este caso es igual a -2,5. Estas medidas discrecionales se reflejan en un desplazamiento hacia debajo de la recta que representa la ecuación (7) del saldo presupuestario.

2) El pago por intereses de la deuda pública

Otra parte del saldo presupuestario que tampoco depende de las decisiones actuales de las AAPP es la que corresponde al pago de los intereses (PI) de la deuda pública emitida en los años anteriores. Si descontamos estos gastos, obtenemos el saldo presupuestario primario (SPP), que es sobre el que realmente pueden tomar decisiones las autoridades:

$$SPP=SP-PI \qquad (10)$$

A su vez, el pago por intereses que hay que satisfacer en el periodo actual es igual al producto del stock de deuda acumulado hasta el periodo anterior (Bt-1) por el tipo de interés al que se emitió esa deuda (i):

$$PI=_iB_{(t-1)} \qquad (11)$$

Tomando en consideración los efectos del ciclo sobre el presupuesto y descontando el pago por intereses llegamos al saldo primario ajustado cíclicamente, que es la parte del presupuesto sobre la que las autoridades tienen capacidad para influir discrecionalmente. Por ello, la variación del saldo primario ajustado cíclicamente es el indicador que se utiliza más frecuentemente para medir la orientación de la política fiscal de un gobierno. Esta medida también se conoce con el nombre de "impulso fiscal", ya que recoge el cambio en la demanda agregada que cabe atribuir por completo a las decisiones discrecionales de política fiscal:

$$SP=SAJ+CC$$

$$SP=(SPAJ-PI)+CC$$

$$\Delta SP=\Delta SPAJ-\Delta PI+\Delta CC \qquad (12)$$

Carácter de las políticas fiscales: procíclicas y anticíclicas

La actuación estabilizadora de la política fiscal requiere que el output gap y el saldo presupuestario varíen en dirección contraria. Si la economía se encuentra en su PIB potencial y la demanda se reduce (output gap negativo) lo que se requiere de la política fiscal es que contribuya a la recuperación de la demanda, a través de un aumento en el déficit público, o una reducción del superávit.

El indicador de impulso fiscal que hemos explicado en este apartado nos permite saber si las medidas discrecionales adoptadas por las autoridades refuerzan la actuación de los estabilizadores automáticos o si, por el contrario, los neutralizan total o parcialmente. Por tanto, podemos distinguir entre:

- Políticas fiscales *anticíclicas*. Son aquellas en las que las decisiones deliberadas de las autoridades reducen las fluctuaciones del PIB. Ocurren cuando el saldo primario ajustado cíclicamente varía en sentido contrario al cambio en el output gap.

- Políticas fiscales *procíclicas*. Son aquellas en las que las decisiones deliberadas de las autoridades amplifican las fluctuaciones del PIB. Ocurren cuando el saldo primario ajustado cíclicamente varía en el mismo sentido que el output gap.

Las políticas de estímulo fiscal que se aplicaron en 2009 cuando se inició la Gran Recesión (Recuadro 3) son un ejemplo de políticas anticíclicas. Sin embargo, desde 2010 se produjo un giro en las políticas presupuestarias aplicadas en muchos países europeos, que pasaron a ser procíclicas.

Estas políticas fiscales pueden aplicarse principalmente a través de tres vías:

1) Modificando el *consumo y la inversión pública* (G): Esta es la vía con mayor impacto en la demanda agregada ya que cada unidad monetaria de gasto público incrementa la renta en el tamaño del multiplicador. Si la renta se sitúa en un periodo por debajo del nivel que las AAPP consideran adecuado, puede impulsar la demanda incrementando G. Esto sería una política fiscal expansiva (↑G). Por el contrario, si la demanda agregada toma en un momento determinado un valor demasiado alto y esto provoca un exceso de demanda que no puede ser asumida por la capacidad productiva, una reducción de G reduciría la renta, por lo que en este caso hablamos de una política fiscal restrictiva (↓G).

2) Modificando los *impuestos* (T): En este caso, una política fiscal expansiva (↓T) consiste en una reducción de los tipos impositivos al sector privado, ya que esto incrementa su renta disponible, y por tanto su gasto. Por el contrario, la subida de los tipos impositivos tiene un impacto restrictivo sobre la demanda agregada, tratándose de una política fiscal contractiva (↑T).

3) Modificando las *transferencias a hogares y empresas* (Tf): Entre las transferencias se incluyen por ejemplo pensiones, becas, prestaciones sociales monetarias, subvenciones. En este caso una política fiscal expansiva (↑Tf) consiste en un aumento de las transferencias y por el contrario una reducción de las transferencias es una política fiscal contractiva (↓Tf). De esta forma, una reducción de impuestos o un aumento de transferencias reducen los impuestos netos (T-Tf), y un incremento de impuestos o una reducción de transferencias elevan los impuestos netos (T-Tf).

La idea fundamental del multiplicador es sencilla. Cuando se produce una política fiscal expansiva las empresas productoras de los bienes adquiridos, ya sea directamente por el sector público (G) o por los propios hogares gracias a una mayor renta disponible (T-Tf), generan rentas que van a las familias en forma de nuevos empleos, salarios, beneficios, alquileres e intereses. A continuación, las familias reciben estos aumentos de renta y gastan una fracción de ella en bienes de consumo (nueva ronda de aumento de la demanda).

Asimismo, las empresas observan un crecimiento de la demanda agregada por lo que responden incrementando su inversión para ampliar la capacidad productiva ya que sus inventarios se reducen y la utilización se eleva por encima del grado de utilización deseado. Sin embargo, algunos de esos bienes tendrán que ser importados y esto reducirá el incremento de la demanda agregada. Esto supone un nuevo aumento de la demanda y la producción, que genera nuevos bienes y servicios, y a su vez nuevos empleos, nuevas rentas, lo que genera nuevos aumentos de consumo y así sucesivamente.

El multiplicador determina la variación de la demanda agregada total ante cambios en la política fiscal, de tal forma que nos indica cuál será la cuantía de la demanda inducida tras una política fiscal:

- En el caso de una política fiscal expansiva: el tamaño del multiplicador representa el aumento final de la demanda agregada provocado por el aumento inicial del gasto público, las transferencias o las reducciones de impuestos.
- En el caso de una política fiscal contractiva la dinámica es la contraria: el multiplicador toma signo negativo y refleja la caída de la renta adicional provocada por una reducción de alguno de los componentes de la política fiscal.

Se considera que una política fiscal es contracíclica cuando tiene por objetivo estabilizar el ciclo económico. Esto significa aplicar una política fiscal expansiva en las recesiones (caída de la actividad económica) y una política fiscal contractiva o neutra en las expansiones (cuando aumenta la actividad). Si se produce una crisis económica, las AAPP podrían aprobar un plan de expansión del gasto público para tratar de completar la estabilización automática, de forma que la renta no variase. Esto fue lo que ocurrió por ejemplo al inicio de la Gran Recesión y a raíz de la expansión de la pandemia de la COVID-19, como se explica en el Recuadro 3.

Recuadro 3
Planes de estímulo fiscal

La crisis financiera internacional que se inició en Estados Unidos en el verano de 2007 se trasladó rápidamente a otras economías desarrolladas, y en 2009 se produjo una importante caída del PIB, por lo que este periodo se conoce como la Gran Recesión. Como consecuencia, la renta se situó por debajo del potencial y el output gap se hizo negativo (cuadro 1). Un efecto similar, pero de mayores magnitudes como consecuencia de las medidas de restricción a la movilidad sucedió en el año 2020. En ambas situaciones, las autoridades recomendaron la utilización de políticas fiscales expansivas. Sin embargo, durante la Gran Recesión, la política fiscal viró hacia una estrategia de austeridad fiscal a partir de 2010 que fue más acentuada en países de la periferia europea y que se refleja en la contracción de la renta entre 2011 y 2013 para el caso de España.

Cuadro 1: Los efectos sobre el PIB de la Gran Recesión y de la expansión de la COVID-19

	Zona Euro		España		Estados Unidos	
	PIB (%)	Output Gap	PIB (%)	Output Gap	PIB (%)	Output Gap
2007	2,88	2,64	3,60	3,49	1,88	1,43
2008	0,37	1,62	0,89	1,49	-0,14	-0,38
2009	-4,41	-3,50	-3,76	-3,39	-2,54	-3,99
2010	2,12	-2,13	0,16	-4,39	2,56	-2,65
2011	1,64	-1,07	-0,81	-5,76	1,55	-2,36
2012	-0,93	-2,24	-2,96	-8,27	2,25	-1,62
2013	-0,25	-3,07	-1,44	-9,14	1,84	-1,35
2014	1,37	-2,47	1,38	-7,85	2,53	-0,58
2019	1,24	1,45	1,95	2,30	2,33	2,42
2020	-7,89	-7,09	-12,41	-10,19	-4,56	-3,67
2021 (e)	4,23	-3,80	5,35	-5,95	3,74	-1,60
2022 (e)	2,95	-1,97	4,76	-2,46	2,51	-0,83

Fuente: AMECO

La Unión Europea aprobó a finales de 2008 el Plan Europeo de Recuperación Económica, que incluía medidas de estímulo fiscal, adicional a la actuación de los estabilizadores automáticos, por un valor de 200 mil millones de euros (un 1,5% del PIB europeo) en 2009. La parte fundamental del programa (1,2% del PIB) debía corresponder a los gobiernos nacionales.

En julio de 2020, la Unión Europea dio luz verde al Plan Europeo de Recuperación Económica, llamado Next Generation EU, que supone un impulso fiscal de 750 mil millones de euros, dividido en 390 mil millones en forma de subvenciones y 360 mil millones en forma de préstamos, a comprometer desde el año 2021 hasta 2023 (y a ejecutar hasta 2026).

En la ecuación (6) es fácil comprobar que si se produce una caída de la inversión autónoma (por ejemplo, como consecuencia de una crisis financiera), el aumento del gasto público que se necesita para contrarrestar esa caída en la inversión privada es de la misma intensidad. Por ejemplo, si la inversión privada cae en 100 unidades la inversión pública debería aumentar en 100 unidades también. Con ello se consigue que la renta se mantenga constante. Obviamente, en la realidad esto es más complejo ya que pueden producirse retardos temporales que surgen de la aplicación de la política fiscal (identificar las medidas adecuadas, aprobarlas presupuestariamente, etc...).

Sin embargo, hay una diferencia fundamental entre una política fiscal expansiva a través de un aumento del consumo público y de una reducción de los impuestos netos: el efecto multiplicador del gasto público es superior al de los impuestos netos. La causa es que el efecto de estos últimos se encuentra ponderado por la PMC que por definición es menor que 1. La explicación es intuitiva. Si las AAPP aumentan el consumo público o la inversión pública, se producirá un aumento inicial de la demanda interna exactamente por la misma cuantía. En cambio, cuando las AAPP aumentan (reducen) los impuestos, se produce una reducción (aumento) de la renta disponible del sector privado, que se traslada en parte a una menor (mayor) demanda de consumo y en parte a un menor (mayor) ahorro. La cuantía en que el consumo final se reduce (aumenta) depende de la propensión a consumir, que en cualquier caso es menor que uno. Formalmente, lo que podríamos decir es que el multiplicador de los impuestos es menor que el multiplicador de los gastos.

Recuadro 4
La orientación de la política fiscal en algunos países europeos (2011-2013)

En el Recuadro 3 vimos que los países europeos acordaron aplicar una política de estímulo fiscal en 2009. Sin embargo, el signo de la política fiscal se modificó sustancialmente a partir de la aparición de la crisis de deuda pública que se inició en algunos países de la zona euro en 2010, y la mayoría de los países europeos aplicaron políticas restrictivas a pesar de que aún se encontraban con un nivel de renta muy inferior al potencial.

Esta orientación restrictiva de la política fiscal la podemos apreciar en el cuadro 1. La primera columna recoge, para cinco países, la diferencia entre el saldo presupuestario en 2013 y el que había en 2010. Vemos que mejoró en todos ellos excepto en Grecia. Sin embargo, esto no significa que la política fiscal aplicada en este país fuera expansiva. Al contrario, si observamos la segunda columna, veremos que el cambio en el saldo primario ajustado cíclicamente, que indica que el impulso fiscal discrecional, fue negativo: contribuyó a reducir la demanda agregada.

También es interesante observar el caso de España, que es el país en el que la política fiscal discrecional fue más restrictiva durante estos años. A pesar de ello, la reducción del déficit público que se produjo fue muy similar a la observada en Francia, y muy inferior a la reducción del saldo primario ajustado cíclicamente. Esto se debe a que en este periodo España estaba registrando una tasa de crecimiento negativa y un fuerte empeoramiento del output gap, que ya era negativo en 2010. Como consecuencia, los estabilizadores automáticos provocaron un aumento del déficit público equivalente a casi dos puntos porcentuales. Y también aumentó el peso de los intereses de la deuda.

Esta política fiscal puede calificarse como procíclica, especialmente en Grecia, España e Italia. En estos tres países, el output gap era negativo en 2010 y además la situación empeoró durante estos años (la tasa de crecimiento fue negativa y aumentó la distancia entre el PIB y el PIB potencial). Sin embargo, los gobiernos contribuyeron con sus políticas presupuestarias a la contracción de la demanda (impulso fiscal negativo).

Cuadro 1: Cambios en las variables fiscales entre 2010 y 2013

	SP	SPAJ	PI	CC	OG	PIB (2011-2013)
Alemania	4,4	3,1	-0,6	0,7	1,4	1,6
Grecia	-1,9	1,8	-2,0	-5,8	-11,0	-6,9
España	2,5	6,9	1,6	-2,8	-4,8	-1,8
Francia	2,8	2,4	-0,2	0,1	0,2	1,0
Italia	1,4	3,6	0,6	-1,6	-3,0	-1,4

SP: saldo presupuestario público. SPAJ: saldo primario ajustado cíclicamente. PI: pago por intereses de la deuda pública. CC: componente cíclico. OG: output gap. Todas estas variables se expresan como porcentaje del PIB potencial. Un signo positivo implica que aumenta el superávit presupuestario o que se reduce el déficit.

Fuente: AMECO

5. EL VALOR DEL MULTIPLICADOR FISCAL

Es por ello que el valor del multiplicador influye de forma decisiva en si es más probable que objetivos como el crecimiento del PIB o, como veremos a continuación, si una reducción proporcional de la deuda se alcanza con menos o con más gasto público. Lo cual ha sido una cuestión controvertida especialmente en los últimos años. Para ello conviene distinguir los siguientes valores del multiplicador de la política fiscal (μ):

- Si el *multiplicador es mayor que 0* (μ>0), entonces una política fiscal expansiva tiene un efecto positivo en la demanda agregada; pero si es menor que 0 (μ<0) el PIB se reduciría y la política fiscal no sería efectiva.
- Si el *multiplicador es mayor que 0 pero menor que 1* (0<μ<1) hay efecto positivo, pero en menor proporción por lo que también el sector público desplaza al privado (crowding-out).
- Si el *multiplicador es mayor que 1* (μ>1), el aumento del gasto público o la reducción de los impuestos netos provoca un incremento de adicional de la demanda y el aumento de la actividad pública no desplaza la privada (crowding-in). Al generarse renta adicional e ingresos fiscales adicionales la relación entre el nivel de deuda y el PIB puede acabar disminuyendo.
- Si el *multiplicador es sensiblemente mayor que 1* (por ejemplo, μ>2,5), el estímulo fiscal se financiaría completamente a través del aumento de los ingresos fiscales.

A esta última propiedad se le denomina el Teorema de Haavelmo o del multiplicador del presupuesto equilibrado. Este teorema postula que un aumento del gasto público y de los impuestos en la misma cuantía tiene un efecto neto expansivo sobre la demanda agregada, aunque el déficit se mantenga constante. Esto significa que el efecto positivo del gasto público es de tal cuantía que vía impuestos endógenos permite recaudar el mismo volumen de ingresos que gasto se ha realizado y de esta forma no aumenta el déficit público.

Cuando el saldo presupuestario o fiscal es positivo (negativo), se denomina superávit (déficit). La posición del saldo presupuestario tiene distintas causas. Como hemos visto, las políticas fiscales expansivas elevan los pagos (↑G, ↑Tf) o reducen los ingresos (↓T) y las políticas fiscales contractivas reducen los pagos (↓G, ↓Tf) o elevan los ingresos (↑T). Sin embargo, eso por sí mismo no es suficiente para saber cuánto varía el saldo fiscal puesto que la recaudación es endógena a la renta y, precisamente, la renta aumenta (disminuye) con una política fiscal expansiva (contractiva).

Por ejemplo, a partir de la expresión de la renta de equilibrio, y considerando que como consecuencia de las medidas adoptadas por las autoridades se produce un aumento del gasto público (↑G) y si el resto de variables exógenas que aparecen en la ecuación no cambian, el incremento de la renta sería igual al tamaño del multiplicador (μ).

Como $\Delta T=(t+tf)\Delta Y=(t+tf)\mu\Delta G$, obtenemos que se cumplirá el teorema de Haalvemo ($\Delta T=\Delta G$) siempre que $(t+tf)\mu=1$. A modo de ejemplo, si los impuestos netos son el 40% y el multiplicador es de 2,5 entonces el incremento de 100 unidades de gasto público provocará un incremento de la renta de 250 y un incremento de los impuestos de 100 ($\Delta T=(t+tf)\Delta Y=0{,}4*250=100$). De esta forma el gasto aumenta lo mismo que la recaudación y el saldo fiscal permanece constante: $\Delta SP=\Delta T-\Delta G=0$.

Para que se dé una situación de presupuesto equilibrado es, por tanto, un multiplicador y una recaudación impositiva relativamente elevados, por lo que puede considerarse como un caso particular. Un caso similar pero que requiere de multiplicadores todavía más elevados es la denominada como curva de Laffer. Según la cual a partir de un punto impositivo la reducción de impuestos se autofinancia debido al efecto multiplicador que genera. En ese caso, la variación de los impuestos será $\Delta T=(t+tf)\Delta Y=(t+tf)(-c\mu\Delta T)$, y la condición para que el saldo fiscal quede inalterado es $(t+tf)c\mu=1$, como la PMC (c) es por definición inferior a 1, esto significa que el multiplicador del gasto tiene que ser aún mayor que en el caso anterior.

En otras palabras, si se cumple el punto de inflexión de la curva de Laffer también lo hace el Teorema de Haavelmo (aunque no a la inversa) y el incremento del gasto provoca un incremento de la renta superior que la reducción de impuestos, por lo que incluso en ese caso tiene un efecto positivo mayor subir el gasto que reducir los impuestos.

Sin embargo, en la mayoría de países los valores de los multiplicadores no son tan elevados por lo que un aumento (reducción) del gasto público que implique una política fiscal expansiva (contractiva) generará una reducción (aumento) del saldo presupuestario. La economía en equilibrio tiene que tener un balance sectorial cuando la suma entre el saldo del sector privado (la diferencia entre la inversión total y el ahorro privado), el saldo del sector público (la diferencia entre los ingresos y pagos) menos el saldo del sector exterior (la diferencia entre exportaciones e importaciones), es igual a cero: (S-I) + (T-G-Tf) – (X-M) = 0

Una política fiscal expansiva eleva el gasto público, esto eleva la renta, el consumo (y el ahorro), la inversión y las importaciones, así como los impuestos y transferencias endógenas: (↑S-↑I) + (↑T-↑G-↑Tf) - (X-↑M). Por tanto, las vías para financiar el aumento del déficit público, derivado un aumento del gasto público, son dos: o bien *aumenta el ahorro privado* o bien se *reducen las exportaciones netas* o una combinación de ambas. Por el contrario, una reducción del gasto público provocará una caída en las mismas variables: (↓S-↓I) + (↓T-↓G-↓Tf) - (X-↓M). El efecto final dependerá de la elasticidad de los distintos componentes de la demanda agregada.

Finalmente, hay que considerar que los multiplicadores no son necesariamente constantes. Al contrario, los *multiplicadores cambian con el tiempo* porque tienden a ser más elevados cuanto mayor sea la subutilización de los factores productivos (desempleo y subutilización de la capacidad instalada), es decir, un elevado output gap. Por ello, los multiplicadores dependen de la situación cíclica de la economía: son mayores en las recesiones y más reducidos en las expansiones. Asimismo, el efecto final del multiplicador puede estar influenciado por otras variables exógenas del modelo, como por ejemplo los tipos de interés, o por la distribución primaria de la renta.

Tras este análisis podemos destacar varias ideas principales:

1) El efecto *multiplicador del gasto público es superior al multiplicador de los impuestos y las transferencias.* Esto se debe a que estos últimos inciden sobre el consumo privado de los hogares y su efecto se encuentra ponderado por la propensión marginal a consumir:

2) El efecto *multiplicador de los impuestos y las transferencias a nivel agregado es el mismo,* ya que ambos se encuentran ponderados por la misma propensión marginal a consumir. Sin embargo, la propensión marginal a consumir es mayor cuanto mayor sea la diferencia entre las rentas del trabajo y el capital y el peso de las rentas del trabajo.

3) El efecto multiplicador de una reducción de impuestos o un aumento de transferencias *a las rentas del trabajo es superior a las mismas medidas a las rentas del capital.* Esto se debe a que las rentas del trabajo dedican una mayor cantidad de renta adicional a consumir, lo que eleva en mayor medida el consumo y con ello la demanda agregada y la producción.

4) El *cambio del saldo presupuestario* ante una política fiscal expansiva o contractiva dependerá del efecto multiplicador y de los tipos impositivos netos de transferencias. Multiplicadores y tipos impositivos elevados permiten autofinanciar parte del incremento del gasto; sin embargo, para que las reducciones de impuestos tengan el mismo efecto requieren de multiplicadores aún más elevados. Esto implica que siempre que se cumpla que una reducción de impuestos se autofinancia, también lo hace un aumento del gasto y con un efecto positivo sobre la renta mayor.

5) El tamaño de los *multiplicadores depende de las distintas propensiones marginales y de la elasticidad de la oferta.* Cuando hay factores productivos subutilizados el tamaño del multiplicador es mayor, como en las recesiones. Por el contrario, en periodos de auge el efecto de los multiplicadores tiende a ser menor. Sin embargo, también hay otros factores a considerar como la distribución de la renta (que afecta decisivamente al consumo) o los tipos de interés o de cambio. La elevación de los tipos de interés y la apreciación de la moneda tienden a restringir la oferta de bienes y a reducir el tamaño de los multiplicadores.

6. DÉFICIT PÚBLICO Y DINÁMICA DE LA DEUDA

La evidencia empírica disponible confirma la eficacia de la política fiscal para influir en la demanda agregada, ahora nos preguntamos a continuación qué consecuencias puede tener su utilización en la evolución de la deuda pública, y si elevados niveles de endeudamiento reducen el margen de actuación de la política fiscal.

De acuerdo con el planteamiento que venimos haciendo, cuando la demanda agregada es insuficiente las AAPP incrementan el *déficit público*. Esto significa que el estado se encuentra con *necesidad de financiación*: su renta disponible (ingresos totales netos de transferencias) no es suficiente para cubrir el consumo y la inversión pública. Como cualquier otro agente económico, debe cubrir esta necesidad de financiación emitiendo algún pasivo financiero.

Una opción habitualmente señalada es que estas necesidades de financiación se podrían cubrir "monetizando el déficit". En ese caso, el banco central emitiría masa monetaria a cambio de los bonos del Estado y se lo prestaría a las AAPP para hacer frente a sus pagos. Sin embargo, esta posibilidad no está legalmente permitida en aquellos países en los que se ha dotado al banco central de una elevada autonomía, como es el caso de los países de la zona euro. Incluso en los países que tienen esta posibilidad se limita a préstamos de liquidez (con períodos cortos de vencimiento) o por situaciones extraordinarias. Un ejemplo de ello es la denominada "Ways and Means facility" del Banco de Inglaterra, que sirve para proveer liquidez, especialmente durante crisis económicas, como las de los años 70, en 2008 o durante el año 2020 por la crisis del COVID-19.

En general, la única alternativa que tienen los gobiernos que incurren en déficit es emitir títulos de deuda pública y venderlos en los mercados financieros. A esto se denomina emisión primaria de deuda o emisión en los mercados primarios. Hay que tener en cuenta que los títulos una vez emitidos pueden ser posteriormente intercambiados en los mercados secundarios, pero estos intercambios posteriores no suponen una vía de financiación para el Estado.

La emisión de deuda para financiar el déficit público puede plantear dos problemas. El primero es que, en los periodos siguientes, las AAPP tienen que destinar una parte de los recursos que obtiene a *pagar los intereses de esta deuda*, y esto les resta capacidad para desempeñar las funciones habituales del presupuesto. Cuando la deuda es elevada, además, una subida de los tipos de interés puede tener un fuerte impacto sobre las finanzas públicas.

El segundo problema es que, dado el valor actual del déficit y la tasa de crecimiento de la economía, la ratio deuda/PIB se eleve rápidamente. Esto podría dar lugar a una *situación de insostenibilidad de la deuda pública*, porque el crecimiento del PIB es una buena aproximación de la capacidad del estado para obtener ingresos fiscales en el futuro, y por tanto de su capacidad para pagar más adelante la deuda que está emitiendo. Si el numerador (la deuda) crece más rápidamente que el denominador (la renta y la capacidad de pago), los compradores de la deuda acabarán teniendo dudas sobre la posibilidad de recuperar sus activos. En ese caso, o bien exigirán tipos de interés crecientes (prima por el riesgo de impago) o bien dejarán de financiar al estado, que tendrá que reducir el gasto o subir los impuestos.

Para analizar la dinámica del stock de deuda pública (B) podemos comenzar señalando que el aumento que registra en un periodo es igual al déficit público (D) que hay que financiar:

$$\Delta B_t = B_t - B_{t-1} = G_t - (T_t - Tf_t) = D_t \qquad (13)$$

Si ahora llamamos *b* y *d*, respectivamente, a la deuda y al déficit en relación al PIB, g a la tasa de crecimiento nominal de la economía, y dividimos la expresión (13) por la renta, nos queda lo siguiente:

$$B_t = B_{t-1} + D_t$$

$$\frac{B_t}{Y_t} = \frac{B_{t-1}}{Y_t} + \frac{D_t}{Y_t} = \frac{B_{t-1}}{Y_{t-1}(1+g_t)} + \frac{D_t}{Y_t}$$

$$b_t = \frac{b_{t-1}}{1+g_t} + d_t \qquad (14)$$

Dado un valor inicial de la ratio deuda/PIB (b_{t-1}), ésta tiende a crecer cuando hay déficit público, y a reducirse como consecuencia del crecimiento económico. Si, por ejemplo, la economía crece a una tasa nominal del 5% y la deuda inicial es del 60%, para que este porcentaje no se incremente el déficit no puede superar el 3%. Por supuesto, si este déficit tiene lugar con una tasa de crecimiento menor, digamos al 2,5%, la relación deuda/PIB crecería hasta el 61,5%.

En cualquier caso, este aumento de la deuda en relación con el PIB no sería indefinido. Lo que sí es cierto es que acabaría estabilizándose en un valor distinto (b^*) con cada combinación de déficit público y tasa de crecimiento, de acuerdo con la siguiente expresión:

$$b^* = \frac{1+g_t}{g_t} d \qquad (15)$$

Este porcentaje de deuda es menor cuanto mayor sea la tasa de crecimiento, y mayor cuanto más elevado sea el déficit público, como se puede ver en el cuadro 4. Por ejemplo, si el déficit público es del 3% y la tasa de crecimiento nominal es del 4%, la deuda pública acabará estabilizándose en el 78%. En cambio, con ese mismo nivel de déficit la deuda se estabilizaría en el 63% del PIB si la economía creciese al 5%, o en el 103% si creciese al 3%.

Cuadro 4
Porcentaje de deuda pública con la que se estabiliza la economía

		d		
		4%	3%	2%
g	5%	84%	63%	42%
	4%	104%	78%	52%
	3%	137%	103%	69%

g: tasa de crecimiento nominal. d: déficit público (% PIB).

Aún podemos mejorar nuestra comprensión de la dinámica de la deuda si separamos el pago por intereses del déficit o superávit primario. Recordamos que el saldo presupuestario primario se obtiene descontando del saldo total el pago por intereses. Por tanto, el déficit primario (*DP*) es la diferencia entre los gastos, excluidos el pago por intereses, y los ingresos:

$$DP = (G - iB_{t-1}) - T = D - iB_{t-1} \quad (16)$$

Si despejamos aquí el déficit total y lo sustituimos en la expresión (14) anterior de la dinámica de la deuda, llegamos a lo siguiente después de operar:

$$b_t = b_{t-1}\frac{1+i}{1+g_t} + d_t \quad (17)$$

De acuerdo con esta expresión, podemos distinguir dos escenarios. En el primero, el tipo de interés de la deuda es menor que la tasa de crecimiento nominal, y la estabilidad de la ratio deuda/PIB es compatible con un déficit primario (el primer término del lado derecho de la igualdad decrece con el tiempo). Sin embargo, una subida el tipo de interés de la deuda eleva los costes financieros, el déficit total y, si no se reduce el déficit primario, será necesario emitir más deuda. Si la subida del tipo de interés llegase a situarlo por encima de la tasa de crecimiento nominal (i>g), aparecería el segundo escenario: la deuda entraría en una dinámica explosiva (crecimiento continuo en relación al PIB) salvo que se registrase un superávit primario suficiente (dp*), de acuerdo con la siguiente expresión:

$$dp^* = b_{t-1}\frac{g_t-i}{1+g_t} \quad (18)$$

Gráfico 4
Deuda pública y saldo público (% PIB)

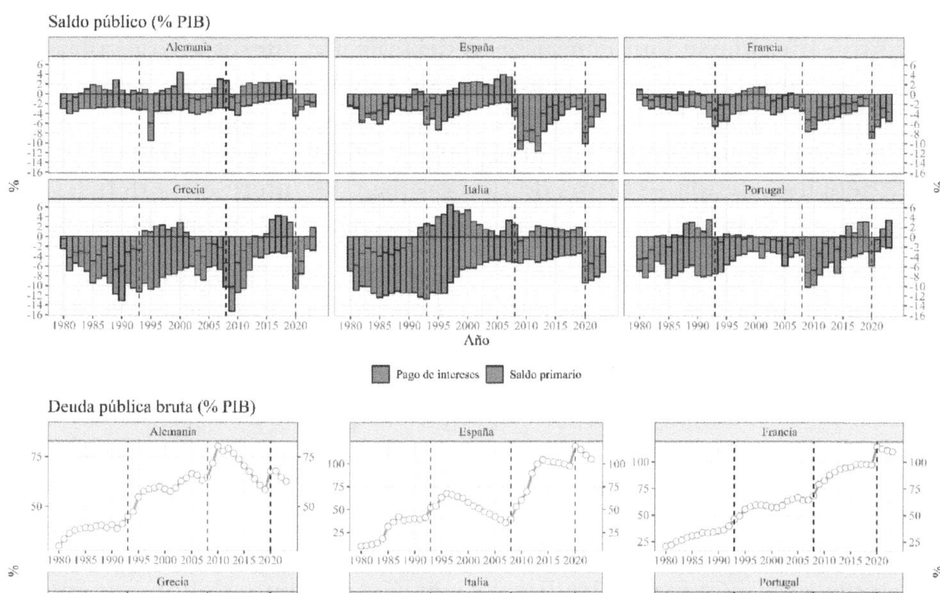

Fuente: FMI (2025). Public Finances in Modern History

A modo ilustrativo, el gráfico 4 recoge la evolución del saldo público desglosado en saldo primario y pago de intereses a la vez que la evolución de la deuda pública con respecto del PIB. Como se puede observar, en los períodos de crecimiento post-COVID-19 de las economías, nos encontramos con que la reducción de la ratio deuda pública sobre el PIB cae como consecuencia de que el tipo de interés es inferior que la tasa de crecimiento del PIB lo que hace compatible que esas economías registren déficits primarios.

¿Qué conclusiones cabe extraer de las expresiones anteriores, que resumen lo que suele denominarse como "*aritmética de la deuda*"? Las más importantes son las siguientes:

1. La utilización de la política fiscal para compensar caídas de la demanda agregada podría verse limitada si el aumento del déficit público diese lugar a aumentos del porcentaje de deuda sobre el PIB que generasen *dudas en los posibles compradores sobre su devolución en el futuro.*

Esto disminuiría la demanda de bonos y obligaría a las AAPP a pagar un tipo de interés más alto (una prima por el aumento del riesgo de impago). Esto tendría dos consecuencias. Por un lado, esta subida podría trasladarse también al resto de tipos de interés a largo plazo, lo que tendría un efecto negativo sobre la inversión y restaría eficacia a la política fiscal. Por otro lado, al aumentar el pago por intereses se elevaría el propio déficit en el futuro, y podría producirse un espiral déficit → deuda → prima de riesgo y pago de intereses → déficit. Para evitarlo, las AAPP tendrían que reducir el resto de gastos públicos.

2. Esta posibilidad invita a *manejar con cautela la política fiscal*, para evitar aumentos de la deuda por encima de un determinado nivel. Sin embargo, hay que tener en cuenta dos factores que disminuyen el riesgo de insostenibilidad. En primer lugar, la tasa de crecimiento de la economía no es una variable exógena, sino que puede verse afectada positivamente por la propia política fiscal expansiva. Por tanto, si el multiplicador del gasto público es elevado, la ratio deuda/PIB crecerá menos ante un aumento del déficit, porque el denominador también estará aumentando. En segundo lugar, el banco central puede colaborar con la política fiscal y evitar el aumento del tipo de interés de la deuda, anunciando su disposición a comprar esa deuda en el mercado secundario a un precio dado. Esto —como ha ocurrido en la zona euro desde septiembre de 2012— reduce sustancialmente la prima de riesgo asociada a un posible impago.

3. Para evitar una tendencia creciente de la deuda se debe aplicar una *política fiscal estabilizadora que sea simétrica a lo largo del ciclo*. Con este comportamiento, los aumentos del déficit y la deuda que se registran en los periodos en los que la renta es inferior al potencial se compensan con reducciones en el déficit y la deuda cuando la renta se sitúa por encima del PIB potencial. Un comportamiento asimétrico sería aquel en el que se aumenta el déficit cuando el output gap es negativo, lo cual es un comportamiento anticíclico; pero luego se utiliza una parte de los ingresos extraordinarios que se derivan de las fases expansivas para financiar aumentos discrecionales del gasto público que son procíclicos. En este caso, la relación deuda/PIB sigue una trayectoria ascendente, y puede ocurrir que las AAPP no dispongan de margen de maniobra suficiente para volver a aumentar el déficit si se produce una nueva caída de la demanda.

4. En una economía en la que el PIB crece tendencialmente, este comportamiento simétrico del déficit público a lo largo del ciclo no debe

entenderse necesariamente con que el presupuesto deba estar equilibrado cuando la renta es el potencial; *un cierto nivel de déficit es compatible con la estabilidad de la deuda si la economía crece.* Por ejemplo, supongamos que la tasa de crecimiento potencial de la economía es del 4%, pero que no hay demanda privada suficiente para alcanzarla, por lo que las AAPP deben incurrir en un déficit del 3% del PIB. Éste sería el saldo ajustado cíclicamente. Según la expresión (15) y el cuadro 1, si la economía creciese siempre a esta tasa, no habría riesgo de que la deuda fuese insostenible, sino que se estabilizaría en el 78% del PIB a pesar de tener déficit público. De hecho, si las AAPP tratasen de eliminar el déficit, la economía registraría falta de demanda y la renta no sería la potencial. En este caso, crecer a la tasa potencial y tener un presupuesto equilibrado son objetivos incompatibles, y esta es una de las críticas fundamentales que se hacen a las normas fiscales actualmente suspendidas en la UE ("Pacto Fiscal"). Lo único que se precisaría para garantizar que la ratio deuda/PIB no crezca tendencialmente es que los aumentos del déficit por encima del 3% que se producirían cuando el menor dinamismo de la demanda privada diese lugar a una tasa de crecimiento inferior al potencial, se compensasen con déficits inferiores al 3% o superávits cuando la tasa de crecimiento fuese mayor.

7. LAS LIMITACIONES DE LA POLÍTICA FISCAL

Para finalizar este capítulo conviene señalar algunas limitaciones en la aplicación práctica de la política fiscal. Aunque aquí se ha desarrollado un modelo macroeconómico con objeto de simular los impactos que la política fiscal tiene sobre la demanda agregada, el nivel de empleo, el déficit público y la deuda pública. Lo cierto es que, en la práctica, estos efectos son mucho más complicados ya que están sometidos a múltiples factores contingentes que pueden hacer que la misma política fiscal en dos circunstancias distintas tengan efectos totalmente diferenciados. Pero además de esta cuestión, se pueden señalar al menos las siguientes limitaciones de una política fiscal contracíclica.

En primer lugar, *no existen indicadores precisos del endeudamiento que va a ser sostenible.* Este límite al endeudamiento viene por dos vías. Por un lado, una expansión económica puede provocar un incremento de las importaciones más rápido que el de las exportaciones, generando un déficit de la economía nacional con el exterior. Una posición deudora con el resto del mundo sólo podrá mantenerse mientras la deuda externa sea sostenible, entendida como que siga habiendo compradores y el pago de intereses sea asumible. Esta es la conocida "restricción externa" o restricción de la balanza de pagos.

Por otro lado, un aumento del gasto público por encima de los ingresos generaría un incremento del déficit y la deuda pública. Como hemos visto, a diferencia del problema de la deuda externa, la deuda de las AAPP depende de su propio PIB a través de los multiplicadores. Esto permitiría que el incremento de la deuda como porcentaje del PIB no aumente necesariamente. Sin embargo, *la política fiscal sólo será sostenible mientras las emisiones de deuda encuentren comprador a tipos de interés adecuados.*

Ambos aspectos aluden en última instancia al mismo problema, la necesidad de encontrar financiación, ya sea doméstica o externa, para las emisiones de deuda (pública o externa) que van asociadas a una política fiscal expansiva de rápido crecimiento. El problema surge, por ello, de las perspectivas que haya en los mercados financieros nacionales e internacionales sobre la deuda pública de los países.

Este resultado es interesante porque permite explicar una dinámica bastante observada en las últimas décadas. El primer paso consiste en reducir los tipos impositivos, especialmente los más elevados, con la consecuente caída de los ingresos públicos debido al bajo multiplicador de dichos impuestos. La caída de la recaudación tributaria eleva el déficit público, lo que requiere una mayor necesidad de financiación por parte de las AAPP. Finalmente, ante la existencia de un problema de endeudamiento se procede a una reducción de gasto público, ya sea consumo, inversión o transferencias, que debido a sus elevados multiplicadores fiscales tiene un impacto negativo el crecimiento económico. Esto provoca que el desendeudamiento, como porcentaje del PIB, sea muy lento. En consecuencia, todo depende de la posibilidad de incrementar el gasto autónomo por la llegada de financiación externa y el inicio de un nuevo ciclo de endeudamiento.

Un caso reciente ilustra estas limitaciones. El gobierno británico encabezado por Liz Truss en septiembre de 2022 anunció una fuerte reducción impositiva y provocó un rápido incremento de los tipos de interés de la deuda pública en el Reino Unido, una salida de capitales y una caída al nivel más bajo en décadas de la libra esterlina, todo ello llevó a una intervención de urgencia del Banco de Inglaterra. Este episodio subraya la importancia de una cuidadosa evaluación de las políticas fiscales y sus potenciales repercusiones macroeconómicas.

En segundo lugar, como hemos visto en el apartado 3, *aislar los impactos macroeconómicos* que tiene la política fiscal del resto de variables que inciden en la evolución de la economía no es en absoluto sencillo, lo que da lugar a grandes debates. En los Recuadros 3 y 4 hemos visto que los países de la UE cambiaron su orientación de la política fiscal desde políticas expansivas en 2009 a políticas contractivas en 2010 tras la aparición de la crisis de deuda pública. En consecuencia, para que los Estados sean capaces de aplicar políticas contracíclicas tienen que tener la voluntad política y los instrumentos necesarios para realizarla.

En tercer lugar, una limitación a destacar es *la capacidad de los Estados para responder rápidamente a cambios súbitos* de la actividad económica. En general, todas las recesiones implican caídas muy rápidas del PIB, pero algunas son especialmente dramáticas, como por ejemplo la provocada por la pandemia del COVID-19. La cual supuso una caída sin precedentes en apenas unos pocos días como consecuencia de la aplicación de medidas no farmacológicas para el control de la epidemia (cierre de locales, confinamientos domiciliarios, etc…).

Para responder a una recesión mediante una política discrecional los Estados tienen que conocer primero la intensidad de la misma para ser capaces de introducir programas de estímulo de un tamaño suficiente. Generalmente, conocer la situación de la economía puede llevar varios meses de recopilación de indicadores. Una vez se tiene la información adecuada, y se decide actuar en consecuencia, es necesario diseñar el programa de política fiscal expansiva. Para ello cada una de las entidades que componen los Estados (desde la administración local hasta el Gobierno central y entre los distintos departamentos que componen cada uno de esos niveles) tendrán que modificar sus presupuestos de gastos e ingresos y realizar los trámites parlamentarios necesarios para su aprobación. Incluso si la aprobación es relativamente rápida, la posterior ejecución de ese gasto implicará un cierto tiempo ya que al tratarse de dinero público tienen que superarse todos los protocolos de transparencia y garantía en el gasto. Para ello se necesita de suficiente personal al servicio de las AAPP y con experiencia en esos trámites. Muchas administraciones, sin embargo, no necesariamente tienen que estar acostumbradas a ejecutar grandes volúmenes de gasto, lo que inevitablemente provocará retrasos.

Por todo lo anterior, para que una política fiscal contracíclica sea eficaz debe combinar medidas de *estabilización automática* (como las prestaciones por desempleo, etc.), que son capaces de responder rápidamente y con la intensidad suficiente para paliar transitoriamente los efectos de la recesión, con *medidas discrecionales* (como programas de estímulo) que son capaces de movilizar recursos para reactivar la economía.

Un ejemplo de estos plazos se puede observar durante la pandemia del COVID-19 en el caso de Europa. A mediados de marzo de 2020 la mayoría de países de la Unión Europea aprobaron medidas de restricción de la actividad económica ante la emergencia sanitaria. La Comisión Europea planteó un programa de estímulos el 27 de mayo de 2020, que fue aprobado el 21 de julio de 2020 por los jefes de Gobierno de los países miembros. Posteriormente, el 10 de noviembre de 2020 fueron el Parlamento Europeo y el Consejo Europeo quienes ratificaron el programa, que fue finalmente aprobado el 18 de diciembre de 2020. En consecuencia, se elaboró un reglamento (aprobado el 11 de febrero de 2021) y cada uno de los países empezó a remitir sus planes domésticos de estímulo a la UE. Estos planes integraban la actuación a todos los niveles de las AAPP y de todos los departamentos. Finalmente, se presentó el primer plan de recuperación y resiliencia el 22 de abril de 2021. En definitiva, un año después del inicio de una crisis, sobre la que prácticamente no había debate posible, no habían comenzado a ejecutarse los fondos del plan de estímulo (Recuadro 3).

Estas limitaciones no implican que la política fiscal no sea un instrumento eficiente y eficaz para alcanzar objetivos de política económica, al contrario, indican que es necesario dotar a las AAPP de las *herramientas* necesarias para poder desarrollar todo el potencial de la política fiscal.

La política fiscal enfrenta múltiples retos en el contexto actual y futuro, marcados por transformaciones estructurales profundas en lo económico, social y ambiental. En base a todo lo anterior, se hace relevante plantearse si el actual marco de reglas fiscales que comparten los países de la Zona Euro dota del suficiente margen de actuación como para, en primer lugar, dar una respuesta eficiente y eficaz a las crisis económicas y, en segundo lugar, crea el necesario espacio fiscal para abordar las inversiones en materia de transición ecológica y cuidados de larga duración que requieren los países más desarrollados.

ORIENTACIÓN BIBLIOGRÁFICA

La primera recomendación para ampliar los aspectos teóricos de la utilización de la política fiscal es la consulta de los manuales españoles de Política Económica a los que ya se ha hecho referencia al final del capítulo anterior. También desde este punto de vista teórico, el número inaugural de la *Review of Keynesian Economics* (Autumn 2012) está dedicado por completo a la política fiscal.

Para conocer la evolución de la política fiscal en España y un ejemplo de las estimaciones recientes de los multiplicadores, recomendamos la lectura del artículo de los profesores Jabier Martínez e Ignacio Zubiri (2014): "Los multiplicadores de la política fiscal en España", *Papeles de Economía Española*, 139. Para la crisis de 2020, el estudio de Lidia Brun (2020): "Respuestas fiscales asimétricas frente al COVID-19 en Europa". *ICE Revista de economía*, (916), presenta un detallado análisis de las distintas medidas de los países europeos. Asimismo, resulta de interés el *Libro Blanco sobre la Reforma Tributaria* elaborado por el Comité de personas expertas (2022) y publicado por el Instituto de Estudios Fiscales, Ministerio de Hacienda y Función Pública, Madrid. En este documento se incluyen propuestas de cambios en la estructura del sistema fiscal, en el diseño y funcionamiento de ciertos impuestos y el análisis del impacto del sistema tributario sobre la desigualdad.

Si el lector quiere seguir la evolución de las políticas fiscales que se están aplicando internacionalmente, dos publicaciones anuales imprescindibles son *Public Finances in EMU* (Comisión Europea) y *Fiscal Monitor* (Fondo Monetario Internacional). Ambas publicaciones son accesibles en las páginas web de los respectivos organismos. En la página de la Comisión Europea también puede accederse a los *Programas de Estabilidad* presentados anualmente por los gobiernos de cada país, recogiendo las medidas más importantes de política fiscal que están aplicando y las que prevén aplicar.

Capítulo 6
Política monetaria

JUAN FRANCISCO ALBERT
Departamento de Economía Aplicada-Política Económica
Universidad de Valencia

1. INTRODUCCIÓN

"Dame el control de la oferta monetaria de una nación y no me importará quién haga sus leyes". Este contundente y seguramente exagerado aforismo, atribuido al banquero alemán Mayer Amschel Rothschild en el siglo XVIII, destaca la importancia histórica que se ha otorgado a la política monetaria como pilar de estabilización económica. Sin embargo, las crisis globales de las últimas décadas, como la Gran Recesión de 2008, la pandemia de COVID-19 y el reciente repunte inflacionario, han puesto de manifiesto las limitaciones de esta herramienta en un mundo cada vez más complejo.

Desde una perspectiva estándar, la política monetaria es una política instrumental que consiste en un conjunto de estrategias y acciones implementadas por los bancos centrales para influir en la economía mediante el control de variables clave, como la oferta de dinero y los tipos de interés. Sus objetivos principales incluyen, dependiendo del área monetaria, la estabilidad de precios, el fomento del empleo y el mantenimiento de un crecimiento económico sostenible. Los instrumentos típicos, como las operaciones de mercado abierto, los tipos de interés de referencia y los requerimientos de reservas bancarias, permiten a los bancos centrales estimular o frenar la actividad económica según las necesidades del momento. Además, en un mundo globalizado, la política monetaria desempeña un papel crucial en la gestión de los tipos de cambio y la estabilidad financiera internacional.

No obstante, su diseño, eficacia y los efectos secundarios que pueden derivarse de las decisiones de los bancos centrales siguen siendo objeto de intenso debate. Desde la década de los 70, banqueros centrales, economistas y académicos de prestigio se reúnen cada año a finales de verano en *Jackson Hole, Wyoming (EE. UU.)*, para discutir los retos actuales y el futuro de la política monetaria en uno de los eventos económicos más influyentes del mundo. En el verano de 2024, el tema central del simposio fue "Reevaluación de la Eficacia y la Transmisión de la Política Monetaria", una clara muestra de que aún persisten importantes interrogantes sobre su impacto en la economía real. Este debate no solo resalta la complejidad del tema, sino también la necesidad de seguir explorando sus límites y posibilidades.

A lo largo de este capítulo, se explorará la naturaleza y la creación del dinero en las economías modernas, así como los objetivos e instrumentos actuales de la política monetaria. También se explicarán los mecanismos de transmisión y las políticas implementadas por el Banco Central Europeo (BCE) en el contexto de la inestabilidad económica de las últimas décadas. De manera complementaria, se abordarán algunos de los desafíos más relevantes y los debates abiertos que enfrentan los gestores de esta política: ¿es efectiva la política monetaria en un entorno de tipos de interés bajos? ¿Es realmente independiente del poder político y de la política fiscal? ¿Tiene efectos distributivos? ¿Influyen las desigualdades económicas en su eficacia? ¿Puede la política monetaria contribuir a paliar el cambio climático? Estas y otras cuestiones serán analizadas en este capítulo, ofreciendo una visión integral y crítica de la política monetaria en el mundo contemporáneo.

2. EL DINERO Y EL PROCESO DE CREACIÓN MONETARIA

2.1. El dinero y sus funciones

En las sociedades actuales la mayor parte del dinero es fiduciario. El dinero fiduciario es una forma de dinero que no tiene valor intrínseco, es decir, no está respaldado por bienes físicos como el oro o la plata. Su valor proviene de las convenciones sociales, la confianza de las personas en el gobierno o la autoridad emisora (un banco central) y en su capacidad para mantener la estabilidad de la moneda. Además, algunas teorías señalan que en realidad el dinero que utilizamos en la actualidad de curso legal, como el euro o el dólar, no es estrictamente fiduciario puesto que sí tiene una finalidad: el pago de impuestos. El hecho de que los gobiernos impongan cumplir esta obligación fiscal con una determinada moneda (por ejemplo, el euro en el caso de los países de la Eurozona) crea una demanda mínima garantizada para este dinero, independientemente de que no tenga otro valor intrínseco. La principal ventaja del dinero fiduciario respecto al dinero respaldado por bienes con valor intrínseco son sus menores costes de transacción. Crear billetes o registros digitales es mucho más económico que extraer y procesar oro o plata, lo que implica un coste significativo. Además, el dinero fiduciario es más fácil de transportar, manejar y dividir que los metales preciosos. También permite utilizar mercancías valiosas, como los metales, en actividades productivas en lugar de emplearlas como medio de intercambio. Finalmente, el dinero fiduciario facilita el endeudamiento y otorga a los bancos centrales la capacidad de ajustar la oferta monetaria para cumplir objetivos económicos, como controlar la inflación o estimular el crecimiento.

Aunque su forma ha cambiado con el tiempo (ver recuadro 1 para más detalles), el dinero sigue cumpliendo las mismas funciones fundamentales que justifican su existencia y evolución. Actúa como medio de intercambio, facilitando las transacciones al eliminar la necesidad de una doble coincidencia de necesidades propia del trueque. También es una unidad de cuenta, proporcionando una medida común para valorar bienes, servicios y deudas, lo que permite la comparación de precios en las economías modernas. Como depósito de valor, permite almacenar riqueza y conservar poder adquisitivo para transacciones futuras, siempre que se mantenga la estabilidad de la moneda en cuestión. Además, y quizá más importante, el dinero funciona como medio de pago diferido, permitiendo saldar deudas y obligaciones en el tiempo, especialmente en sociedades complejas con sistemas financieros avanzados. Como señaló John Maynard Keynes en su *Breve tratado sobre la reforma monetaria:* "el dinero es, ante todo, un sutil mecanismo para vincular el presente con el futuro". Finalmente, en el caso del dinero fiduciario actual, también es una herramienta clave para los gobiernos y bancos centrales, quienes lo utilizan para gestionar políticas económicas y fiscales, controlando su oferta para garantizar el cumplimiento de sus objetivos.

Recuadro 1
La aparición y evolución del dinero

Aunque se desconoce la fecha exacta de su aparición, se cree que la primera tipología de dinero surgió y evolucionó en diferentes lugares y momentos de la historia. Una de las primeras evidencias remonta su origen en los gramos de plata o la cebada con que los sumerios comerciaban en Mesopotamia alrededor del año 3000 ac. La teoría más extendida sugiere que las primeras formas de dinero surgen para resolver el problema de la doble coincidencia de necesidades y así superar al trueque como sistema de transacciones. Esta problemática establece que el trueque no es un sistema de intercambio eficiente porque para que el trueque funcione se necesita: (1) Tener algo que la otra persona desee. (2) Estar dispuestas a intercambiar esos bienes o servicios al mismo tiempo. Por ejemplo, yo puedo estar interesado en intercambiar mi excedente de naranjas por ropa, pero el productor de ropa no necesita naranjas y prefiere leche en su lugar. Este problema hace que el trueque sea ineficiente y limitado en sociedades más complejas que producen bienes variados. De hecho, algunos estudios antropológicos apuntan a que en realidad el trueque no era una forma de intercambio habitual en las sociedades mínimamente complejas. Estos trabajos sugieren que las primeras economías se organizaban en torno a relaciones de deuda y crédito, no a intercambios directos. Estos intercambios se basaban en deudas. Es decir, en que una persona podía obtener un bien de otra, a cambio de una promesa de otro bien en el futuro. En este contexto el dinero no surgió inicialmente como un medio de intercambio, sino como una forma de registrar deudas. En otras palabras, como sostiene el economista Narayana Kocherlakota: "el dinero es memoria", una memoria colectiva para registrar las transacciones.

El dinero ha adoptado diversas formas a lo largo de la historia adaptándose a la tecnología de cada época, evolucionando desde objetos con valor intrínseco como la sal en el Imperio Romano o el ganado, pasando por las monedas metálicas como el oro y la plata, cigarrillos en campos de prisioneros o contextos bélicos, el papel moneda o el sistema actual del dinero digital y criptomonedas.

2.2. El proceso de creación monetaria

Tradicionalmente, los libros de texto y manuales de economía han simplificado el proceso de creación monetaria utilizando el concepto de multiplicador monetario. Este modelo explica cómo el dinero inicial introducido por el banco central en la economía (base monetaria) se amplifica a través del sistema bancario, generando una mayor oferta monetaria. Este proceso ocurre gracias al sistema de reserva fraccionaria, donde los bancos están obligados a mantener solo una fracción de los depósitos como reserva y pueden prestar el resto, creando así nuevo dinero.

En este marco, el banco central influye en la oferta monetaria principalmente a través de dos vías: la creación o contracción directa de la base monetaria y el establecimiento del porcentaje de depósitos que los bancos deben mantener como reservas (conocido como coeficiente de reservas). Por ejemplo, si el banco central desea aumentar la oferta monetaria en una economía, puede crear nuevo dinero para comprar bonos o reducir el coeficiente de reservas, permitiendo a los bancos conceder más préstamos.

Aunque la teoría del multiplicador monetario puede ser útil para simplificar el proceso de creación de dinero y el papel del banco central, en las economías modernas este modelo no refleja con precisión cómo funciona realmente la creación monetaria. Como reconoce el Banco de Inglaterra (2014), en las economías actuales este proceso es endógeno y, en algunos aspectos, opera de manera inversa a la teoría tradicional.

En la práctica, los bancos comerciales no actúan como simples intermediarios que prestan el dinero de los depósitos existentes. Por el contrario, generan dinero y nuevos depósitos al otorgar préstamos. Cuando un banco concede un préstamo, simultáneamente crea un depósito en la cuenta del prestatario, aumentando así la cantidad de dinero en la economía. Este proceso contradice la visión tradicional del multiplicador monetario, ya que los préstamos generan depósitos, y no al revés. De hecho, algunas investigaciones señalan que en el periodo 2001-2020, el 92 % de los depósitos existentes en Estados Unidos se originaron de los préstamos que concedieron los bancos.

Además, las reservas no son una restricción vinculante para la concesión de préstamos. Un banco comercial puede otorgar créditos incluso sin disponer previamente de depósitos suficientes, ya que las reservas necesarias se ajustan posteriormente. Por otro lado, los bancos centrales no controlan directamente la cantidad de dinero mediante la emisión de reservas; más bien, influyen en el proceso de creación monetaria fijando los tipos de interés. Los cambios en los tipos de interés afectan a la demanda de crédito y a las decisiones de los bancos comerciales sobre cuánto prestar. Este enfoque subraya que el dinero es endógeno, creado en respuesta a las necesidades de la economía real y no como una cantidad fija determinada externamente por el banco central.

Es importante remarcar que, aunque el dinero en las economías modernas es mayoritariamente creado por los bancos comerciales a través de la concesión de préstamos, el papel del banco central sigue siendo fundamental en el proceso de creación monetaria. El banco central no determina directamente la cantidad de dinero en circulación, pero regula las condiciones en las que se crea, principalmente mediante la fijación de los tipos de interés, que influyen en el costo y la disponibilidad del crédito. Además, asegura que haya suficientes reservas disponibles para mantener la estabilidad y liquidez del sistema financiero. A través de sus herramientas de política monetaria, como las operaciones de mercado abierto y la gestión de los tipos de interés, el banco central guía el comportamiento de los bancos comerciales y la evolución de la oferta monetaria, tratando de influir en la estabilidad económica y financiera. Su capacidad para ajustar estas condiciones lo convierte en un actor clave en el equilibrio entre crecimiento económico y control de la inflación. El cuadro 1 resume las diferencias principales entre el modelo del multiplicador monetario y el modelo endógeno de creación monetaria.

Cuadro 1
Diferencias principales entre el modelo del multiplicador monetario y el modelo endógeno de creación monetaria

	Modelo del multiplicador monetario	Modelo endógeno de creación monetaria
Origen del dinero bancario	Depósito inicial en el banco comercial	Demanda de préstamos por parte de los clientes
Papel inicial del banco central	Proveer reservas iniciales para iniciar el proceso de depósitos y préstamos	Proveer liquidez reactiva para ajustar las reservas según las necesidades de los bancos comerciales
Papel continuo del banco central	Controlar la oferta monetaria a través de la base monetaria y el coeficiente de reservas	Fijar los tipos de interés para influir en la demanda de crédito y asegurar estabilidad financiera
Límite para la creación del dinero bancario	Coeficiente de reservas establecido por regulación	Demanda de crédito por los clientes y capacidad de los bancos para gestionar riesgos y cumplir con los requisitos regulatorios
Proceso básico	Depósito inicial -> Préstamos -> Depósitos repetitivos (multiplicador)	Demanda de crédito -> Creación de depósitos -> Ajuste de reservas
Dependencia económica	Menos sensible a las fluctuaciones de la demanda de crédito	Altamente dependiente de la actividad económica y la demanda de crédito
Impacto en la oferta monetaria	Predecible y limitado por el coeficiente de reservas	Flexible y determinado por las necesidades del sector privado
Capacidad del banco central para influir	Alta, mediante control del coeficiente de reservas y la base monetaria	Media, controlando el tipo de interés y ajustando las reservas según la demanda de crédito

Fuente: Elaboración propia.

3. LOS INSTRUMENTOS DE LA POLÍTICA MONETARIA

La política monetaria utiliza una serie de instrumentos para influir en la economía y tratar así de conseguir sus objetivos de inflación, estabilizar los precios y fomentar el empleo, dependiendo el caso de cada banco central.

Desde la crisis de 2008 donde los bancos centrales de las principales economías del mundo se vieron restringidas por el límite inferior de los tipos de interés *(effective lower bound* en inglés), estos instrumentos se dividen en dos categorías principales: política monetaria convencional y no convencional.

3.1. Los instrumentos convencionales de política monetaria

3.1.1. Los tipos de interés de referencia

En la actualidad, el control de los tipos de interés de referencia constituye el principal instrumento de política monetaria de los bancos centrales. A través de la gestión de estos tipos de interés nominales y de corto plazo, los bancos centrales buscan influir en la curva de rendimientos, afectando así los tipos de interés reales a más largo plazo. Este mecanismo tiene un impacto directo en las decisiones de consumo, ahorro e inversión de los agentes económicos, como se analizará en la próxima sección. Mediante la regulación de los tipos de interés, los bancos centrales ejercen una influencia decisiva sobre la actividad económica y, en consecuencia, sobre la inflación. Cada banco central opera dentro de su propio marco normativo y establece sus propios tipos de referencia. En el caso del Banco Central Europeo (BCE), se definen los siguientes:

1. *Tipo de Operaciones Principales de Financiación*: ha representado el principal instrumento de política monetaria del BCE hasta la Gran Recesión del año 2008. Es el tipo de interés clave que los bancos comerciales pagan al BCE por obtener liquidez a una semana e influye directamente en los tipos de interés a corto plazo en el mercado interbancario.

2. *Tipo de la Facilidad de Depósito*: es el tipo de interés que el BCE paga (o cobra) a los bancos comerciales por los depósitos mantenidos en su facilidad de depósito. Actúa como un suelo para los tipos de interés del mercado interbancario. Se ha utilizado de forma extraordinaria en niveles negativos entre junio de 2014 y julio de 2022 para incentivar el préstamo y reducir el almacenamiento de dinero por parte de los bancos comerciales.

3. *Tipo de la Facilidad Marginal de Crédito*: es el tipo de interés que los bancos comerciales pagan al BCE por acceder a liquidez de emergencia a un día. Actúa como un techo para los tipos de interés en el mercado interbancario. Garantiza la estabilidad financiera proporcionando un respaldo a las entidades bancarias.

3.1.2. Operaciones de Mercado Abierto (OMA)

En la actualidad, las OMA no se consideran un instrumento independiente, sino una herramienta clave para implementar los tipos de interés de referencia. Desde la década de 1990, la mayoría de los bancos centrales centraron su política monetaria en el uso de los tipos de interés como principal instrumento, dejando de priorizar el control de los agregados monetarios. Las OMA consisten en la compra o venta de activos financieros, principalmente bonos soberanos, realizadas por el Banco Central en el mercado abierto para ajustar la cantidad de dinero en el sistema financiero y alinear el tipo de interés efectivo con el objetivo establecido. Sin embargo, a partir de 2008, las OMA evolucionaron más allá de su función tradicional. Se convirtieron en un instrumento multifuncional utilizado para abordar problemas de liquidez y estabilizar mercados financieros disfuncionales. Estas operaciones desempeñaron un papel crucial en restaurar la confianza de los inversores, evitar colapsos financieros y actuar como una medida de emergencia frente a riesgos sistémicos. Este cambio marcó una transformación significativa en la práctica de la política monetaria moderna.

3.1.3. Requerimientos de Reservas

Como se ha explicado en el apartado anterior, los requerimientos de reservas son el porcentaje de los depósitos que los bancos deben mantener como reservas obligatorias en el Banco Central. Teóricamente este instrumento afecta la capacidad de los bancos para otorgar créditos. No obstante, como ya se ha comentado, en la práctica el coeficiente de reservas es menos utilizado debido a que los bancos suelen estar más limitados por la regulación prudencial y su capacidad para gestionar riesgos que por las reservas obligatorias. Además, en la teoría endógena, los créditos crean los depósitos, y no al revés, lo que minimiza la relevancia de los requerimientos de reservas en la creación de dinero. Igual que ocurre en el caso de las OMA, en la zona euro esta herramienta se utiliza para estabilizar los tipos de interés. Las entidades de crédito deben mantener reservas mínimas en sus bancos centrales nacionales, calculadas sobre ciertas partidas del balance antes de cada período de mantenimiento de seis semanas, aplicando un coeficiente de reservas. Estas reservas se gestionan en promedio durante el período, permitiendo flexibilidad para adaptarse a cambios en los mercados monetarios.

3.2. Los instrumentos de política monetaria no convencional

Los desequilibrios financieros acumulados de los años previos dieron lugar a la crisis financiera de 2008 y sumió a muchas economías en la recesión más profunda desde la Gran Depresión. Los bancos centrales de las economías avanzadas adoptaron una política monetaria expansiva, prolongada e inédita. Los tipos de interés de referencia, que son tipos nominales a corto plazo, llegaron a su límite inferior *(effective lower bound* en inglés) y los bancos centrales tuvieron que ser innovadores en sus políticas e instrumentos para seguir dotando de estímulos a las economías. En la fase inicial de la crisis, redujeron al mínimo posible los tipos de interés de referencia e intervinieron para proporcionar liquidez al sector financiero, desempeñando su papel como prestamistas de última instancia. Posteriormente, varios bancos centrales comenzaron a realizar compras de activos a gran escala para relajar aún más las condiciones financieras y aplicaron otra serie de medidas. Estos instrumentos se llamaron medidas no convencionales de política monetaria porque no se habían utilizado con anterioridad. Tenían tres funciones principales: mejorar la liquidez del sistema financiero, estabilizar los mercados y, más importante, modificar los tipos de interés de medio y largo plazo a través del aplanamiento de la curva de tipos para impulsar la economía y la inflación. Los instrumentos más relevantes utilizados por los bancos centrales son los siguientes:

1. *Expansión Cuantitativa (QE)*: la expansión cuantitativa consiste en la compra masiva de activos financieros a largo plazo, como bonos soberanos o corporativos, por parte del banco central. Este instrumento busca tener un impacto sobre la demanda agregada a través de tres vías. Por un lado, aumentar la demanda de esos activos, lo que eleva su precio y reduce los tipos de interés de estos activos a medio y largo plazo. Por otro lado, comprando estos activos, el banco central inyecta dinero directamente en el sistema financiero aumentando su base monetaria. Los vendedores de esos activos (bancos, empresas o inversores) reciben dinero a cambio. Estos agentes pueden utilizar los fondos que reciben reequilibrando sus carteras adquiriendo nuevos activos, otorgando nuevos préstamos o gastándolo directamente en la economía real. Por último, la QE también busca influir en las expectativas económicas a través de un efecto señalización. Al implementar esta medida, el banco central demuestra su compromiso de que mantendrá los tipos de interés oficiales en niveles muy bajos durante un período prolongado.

2. *El control de la curva de rendimiento*: se puede hablar de este instrumento como una variante del QE. En el control de la curva de rendimiento, llevado a cabo, entre otros, por el Banco Central de Japón, el banco central interviene activamente comprando y vendiendo activos financieros a medio y largo plazo para mantener los tipos de interés de estos activos —normalmente bonos del Gobierno— dentro de un rango específico en distintos plazos de la curva de rendimientos. A diferencia de la QE, en este instrumento el banco central primero prefija el tipo de interés que quiere para este tipo de bonos y entonces es cuando decide la cantidad de compra o venta de activos compatibles con este tipo de interés.
3. *Flexibilización cualitativa*: en lugar de enfocarse en la cantidad total de activos (como ocurre con la expansión cuantitativa), este instrumento se centra en cambiar la calidad y composición de los activos en el balance del banco central. La autoridad monetaria dirige sus compras hacia activos financieros de mayor riesgo o menor calidad crediticia. Esto tiene como objetivo influir en mercados específicos y apoyar sectores clave de la economía. La selección discrecional del banco central de ciertos activos le permite estabilizar mercados específicos que enfrentan tensiones, como fue el caso de los activos respaldados por hipotecas en 2008 en EE. UU., reducir la prima de riesgo de activos considerados con mayor riesgo o estimular el crédito en sectores clave.
4. *Señalización futura de política monetaria (forward guidance)*: es una herramienta comunicativa mediante la cual el Banco Central informa sobre la dirección futura de la política monetaria y trata de influir sobre las expectativas de los agentes económicos. Una vez los tipos oficiales ya están en su límite inferior y no hay más margen para bajarlos, el banco central todavía puede influir en los tipos de interés de medio y largo plazo a través de las expectativas sobre la evolución futura de sus tipos de interés oficiales. Con estos anuncios, los bancos centrales pueden seguir aplanando la curva de tipos para tratar de estimular el consumo y la inversión.
5. *Operaciones de financiación a plazo más largo con objetivo específico (TLTRO)*: se trata de un instrumento utilizado por el BCE para proporcionar financiación a largo plazo y a bajo coste a los bancos, con el objetivo de estimular el crédito a empresas y hogares en la zona euro. Otra novedad con respecto a las OMA habituales es que son operaciones "dirigidas" porque los bancos participantes deben destinar

los fondos a préstamos para la economía real. Es decir, los bancos comerciales solo obtienen crédito barato del BCE si estos canalizan el dinero obtenido a la economía real en forma de préstamos.

6. *Tipos de interés negativos*: aunque en la práctica los bancos centrales no pueden implementar tipos de interés "muy negativos". Esto no se debe a ninguna restricción teórica, sino a la mera existencia del efectivo como posibilidad de atesoramiento de riquezas. En una economía hipotética con tipos de interés negativos donde los bancos comerciales trasladan los tipos negativos a sus clientes, los depositantes tendrían que pagar por mantener sus ahorros. En respuesta, muy probablemente los depositantes retirarían su dinero para no ser penalizados con este tipo de interés negativo y podrían atesorarlo en efectivo, lo que podría desestabilizar el sistema financiero. Por tanto, la existencia del efectivo impide que los bancos centrales puedan reducir los tipos oficiales mucho más allá del 0 %. No obstante, algunos bancos centrales han situado algunos de sus tipos oficiales ligeramente en terreno negativo limitando los problemas en el sistema financiero. Por ejemplo, en junio de 2014 el BCE situó el tipo de interés al cual se prestan los bancos entre sí a un día (facilidad de depósito) en niveles negativos. Esto implicaba que las entidades de crédito que depositaban fondos en cuentas del BCE tenían que pagar por ello. El objetivo de esta herramienta es desincentivar que los bancos acumulen reservas ociosas y, en cambio, los utilicen para prestar más dinero a empresas y hogares, impulsando así la economía real.

4. LA TRANSMISIÓN DE LA POLÍTICA MONETARIA

4.1. El mecanismo de transmisión de la política monetaria

El mecanismo de transmisión de la política monetaria refleja el proceso de cómo las decisiones de los bancos centrales terminan afectando a la economía real. Este proceso consiste en una serie de etapas a través de las cuales las decisiones de los bancos centrales, como la modificación de los tipos de interés oficiales, impactan en la economía real y en los precios. En periodos convencionales este proceso comienza con la variación de los tipos de interés oficiales, que influye directamente en los tipos de interés interbancarios y de mercado a corto plazo. El banco central, al fijar los tipos de interés a corto plazo, influye también en los tipos de interés a medio y largo plazo debido a la estructura de la curva de tipos. De esta forma, el control de los tipos a corto plazo se transmite a lo largo de la curva de tipos, afectando también los costes de financiación de más largo plazo de familias, empresas y gobiernos, lo que termina teniendo un impacto sobre la economía real. Además, como hemos visto en la sección anterior, a través de las expectativas y las políticas monetarias no convencionales, los bancos centrales también pueden influir directamente en los tipos a medio y largo plazo. De esta forma, actuando sobre los tipos de interés y la curva de tipos, los bancos centrales a través de distintos canales terminan afectando a las decisiones de los agentes y en última instancia a la demanda agregada, la actividad económica y la tasa de inflación. También hay que tener en cuenta que el banco central controla directamente los tipos de interés nominales, pero las decisiones de los agentes se ven afectado por los tipos reales. En el recuadro 2 se explica con detalle estas diferencias de proceso de afectación entre ambos tipos.

Para ilustrar este proceso, el gráfico 1 parte de una situación en la que el tipo de interés de referencia del banco central a corto plazo se sitúa en el 3%. Cuando el banco central aplica una política monetaria convencional expansiva y reduce los tipos de interés oficiales, los tipos a corto plazo caen rápidamente, mientras que los tipos a medio y largo plazo bajan en menor medida, ya que estos dependen también de las expectativas sobre la evolución futura de la economía y la inflación. Sin embargo, si los tipos de interés ya han alcanzado su límite inferior efectivo (*effective lower bound*) y los bancos centrales no pueden seguir bajando el tipo oficial a corto plazo, el banco central todavía puede recurrir a políticas monetarias no convencionales, como la compra de bonos y la *forward guidance*. Estas medidas afectan directamente los tipos de medio y largo plazo, reduciendo su nivel y aplanando la curva de tipos. Este aplanamiento implica menores costes de financiación y genera expectativas de tipos bajos durante un período prolongado, incentivando el crédito y el consumo. A través de estos mecanismos, la política monetaria influye en la economía real, afectando al consumo, la inversión, la demanda y la inflación.

Gráfico 1
Simulación del impacto de una política monetaria expansiva en la curva de tipos de interés

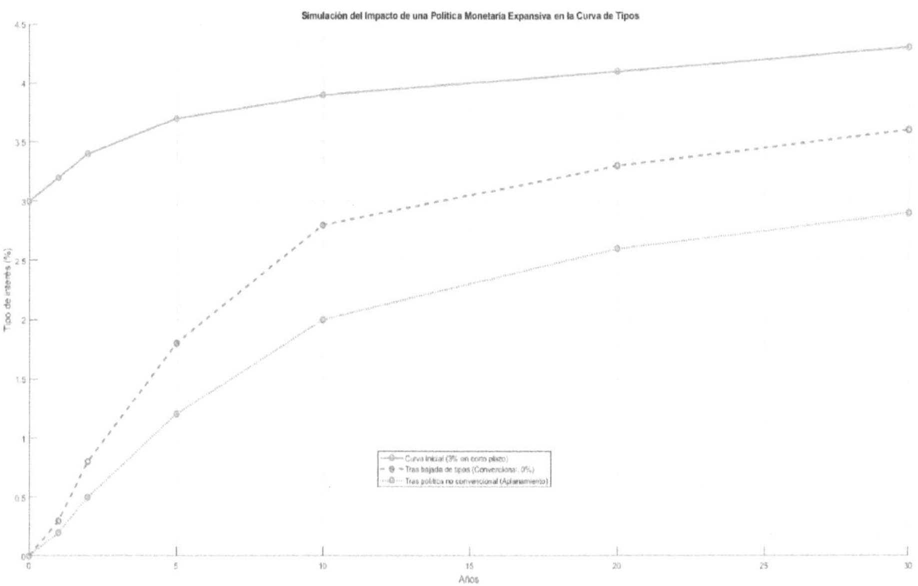

Fuente: Elaboración propia.

Recuadro 2
Los tipos de interés reales

Aunque los bancos centrales controlan directamente solamente el tipo de interés nominal a corto plazo e influyen en los tipos nominales a largo plazo, son los tipos de interés reales —definidos como la diferencia entre los tipos nominales y la inflación esperada— los que resultan más relevantes para evaluar la orientación de la política monetaria. La teoría económica sostiene que esto se debe a que empresas y hogares toman decisiones de inversión y ahorro en función de sus expectativas sobre la inflación futura. Esta distinción es fundamental, ya que la política monetaria puede influir en los tipos de interés reales de dos maneras: de forma directa, al fijar los tipos nominales, y de manera indirecta, al afectar las expectativas de inflación. Imagina que el banco central busca contener un repunte inflacionario elevando los tipos de interés de intervención. Si su política es creíble y los agentes confían en su capacidad para reducir la inflación, esto generará una disminución automática de la inflación esperada, facilitando el aumento de los tipos reales. Sin embargo, si la subida de tipos no es bien recibida o se interpreta como una señal de mayor inflación futura, podría aumentar las expectativas inflacionarias y reducir la efectividad de la medida sobre los tipos reales. Por ello, la estrategia de comunicación del banco central es clave para la eficacia de su política monetaria.

El Gráfico 2 muestra la evolución de los tipos de interés nominales, reales y la tasa de inflación de la deuda pública a 10 años en la Eurozona entre 2000 y 2023, destacando el impacto de la política monetaria en estas variables. Los tipos nominales descendieron progresivamente hasta alcanzar mínimos históricos en torno a 2020, impulsados por políticas expansivas. La tasa de inflación se mantuvo moderada durante la mayor parte del período, pero experimentó un fuerte repunte en 2021-2022 debido a shocks de oferta y tensiones geopolíticas, lo que llevó a tipos reales profundamente negativos. A partir de 2022, los bancos centrales endurecieron la política monetaria para combatir la inflación, elevando los tipos nominales y estabilizando los tipos reales. Este gráfico muestra cómo la efectividad de la política monetaria y la evolución de los tipos de interés reales dependen tanto de las decisiones del banco central sobre los tipos nominales como de la evolución de la inflación y sus expectativas.

Gráfico 2
Evolución de los tipos de interés nominales y reales de la deuda pública en la Eurozona

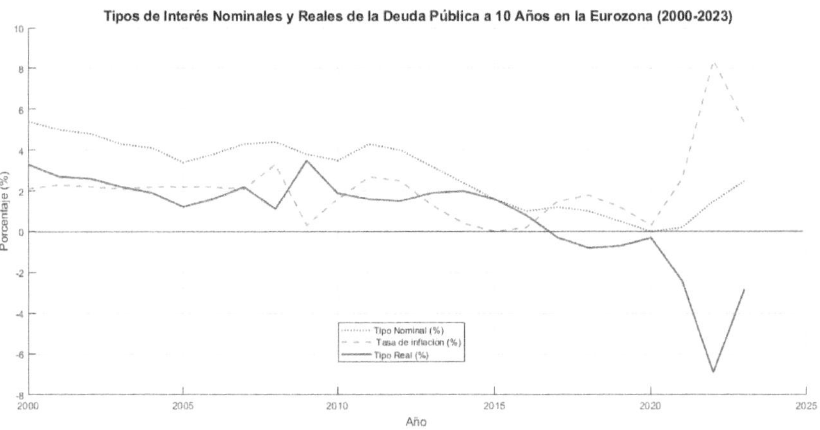

Fuente: BCE y Eurostat.

Nota: los tipos de interés nominales se han calculado a partir del rendimiento promedio mensual de los bonos soberanos a 10 años en la zona del euro. Los tipos de interés reales se han obtenido restando la tasa de inflación del año correspondiente al tipo de interés nominal, siguiendo la ecuación de Fisher en su versión ex post: $r = i - \pi$.

4.2. Los canales de transmisión de la política monetaria

El mecanismo de transmisión de la política monetaria describe cómo las decisiones de los bancos centrales, como la modificación de los tipos de interés oficiales, influyen en la economía real y en la inflación. Si nos centramos en como modificaciones de los tipos de interés terminan teniendo un impacto en la economía, este proceso opera a través de varios canales interrelacionados ilustrados en la figura 1:

Canal de sustitución inter-temporal: tipos de interés más bajos reducen el costo del endeudamiento y disminuyen los rendimientos del ahorro, lo que desincentiva el ahorro y alienta a los hogares a consumir más en el presente en lugar de posponer su consumo al futuro, aumentando así la demanda agregada.

Canal del crédito: las variaciones en los tipos de interés afectan la oferta de crédito de los bancos y la demanda de préstamos de hogares y empresas. Tipos más bajos reducen los costos de financiación de los bancos y aumentan el incentivo para otorgar préstamos, impulsando así el consumo y la inversión.

Canal del coste del capital: los tipos de interés influyen en el coste del capital, es decir, el coste que enfrentan las empresas para financiar sus inversiones. Cuando los tipos de interés bajan, el coste de financiar nuevos proyectos disminuye, incentivando a las empresas a invertir más en bienes de capital con el consecuente aumento de la inversión y la demanda agregada.

Canal renta: este canal pone el énfasis en como cambios en los tipos de interés modifican la renta disponible de los hogares. Por ejemplo, una disminución de los tipos de interés disminuye los pagos de intereses sobre deudas existentes, aumentando la renta disponible de los deudores, mientras que reduce los ingresos por intereses de los ahorradores. Este canal tiene un impacto significativo en el consumo, especialmente en economías con altos niveles de endeudamiento.

Canal redistributivo de los ahorros: este canal está estrechamente relacionado con el canal renta, pero pone énfasis en el aspecto redistributivo de las decisiones de política monetaria. Dado que los hogares de renta baja (a menudo deudores) tienden a tener una mayor propensión marginal al consumo en comparación con los hogares de renta alta (frecuentemente acreedores), una reducción de los tipos de interés disminuye los pagos de intereses sobre las deudas existentes, aumentando la renta disponible de los deudores. Esto, a su vez, eleva la propensión marginal al consumo agregado de la economía, impulsando el consumo total.

Canal del tipo de cambio: las variaciones en los tipos de interés pueden afectar el valor de la moneda nacional. Un tipo de interés más bajo puede depreciar el tipo de cambio, haciendo las exportaciones más competitivas y encareciendo las importaciones, lo que influye en la balanza comercial y en demanda agregada.

Canal riqueza: las decisiones de política monetaria pueden impactar en los precios de activos financieros, como acciones y bonos. Por ejemplo, una reducción en los tipos de interés suele elevar los precios de los activos financieros o el precio de la vivienda, aumentando la riqueza de los hogares con estos activos y estimulando el consumo.

Canal fiscal: este canal refleja cómo las decisiones de política monetaria se pueden interrelacionar con las decisiones fiscales que toman los gobiernos. Una reducción de los tipos de interés disminuye los costes de financiación de la deuda pública, liberando recursos para aumentar el gasto público o la reducción de impuestos, lo que puede estimular la demanda agregada. Además, una política monetaria expansiva que fomente el crecimiento económico puede mejorar las cuentas públicas (mejorando la recaudación y reduciendo el gasto a través de los estabilizadores automáticos). Por el contrario, tipos de interés más altos encarecen el servicio de la deuda y pueden limitar la capacidad fiscal del gobierno, influyendo en la actividad económica a través de cambios en el gasto público o la carga impositiva.

Como se ha evidenciado en la sección anterior, más allá de las modificaciones de los tipos de interés, las expectativas juegan un papel esencial en la transmisión de la política monetaria. Ben Bernanke, expresidente de la Reserva Federal de Estados Unidos, solía decir: "La política monetaria es 98% conversación y solo 2% acción". Esta frase enfatiza la importancia de la comunicación y la gestión de expectativas por parte de los bancos centrales. *El canal de expectativas* amplifica el impacto de la política monetaria al influir en las decisiones futuras de consumo, inversión y ahorro. Los bancos centrales pueden influir en las expectativas de los tipos de interés futuros y la inflación futura. Por ejemplo, ante un anuncio de medidas expansivas futuras, los agentes pueden anticipar mayor inflación y tipos más bajos a largo plazo, lo que incentiva el gasto presente. Por el contrario, si endurece la política monetaria, los agentes pueden esperar menor inflación y tipos más altos, favoreciendo el ahorro. La credibilidad del banco central es clave: si los mercados confían en sus objetivos, la política monetaria será más efectiva, ya que las expectativas sobre inflación y tipos de interés influirán en la economía incluso antes de que se tomen medidas concretas.

Figura 1
Canales de transmisión de la política monetaria

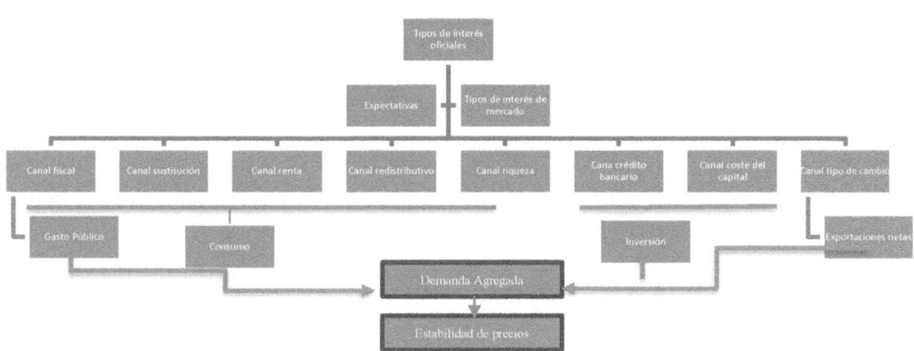

Fuente: Elaboración propia.

5. LA POLÍTICA MONETARIA DEL BANCO CENTRAL EUROPEO

5.1. Breve historia, diseño institucional y estrategia

El Banco Central Europeo (BCE) se estableció el 1 de junio de 1998 con sede en Fráncfort, Alemania, como parte del proceso de integración económica y monetaria de la Unión Europea (UE), que se desarrolla en Europa desde la segunda mitad del siglo XX. A partir de este momento, la política monetaria pasó a ser responsabilidad de una única autoridad central para los países que adoptaran el euro como moneda. Su creación marcó el culmen de un proceso que se inició en el Tratado de Maastricht (1992), y que sentó las bases de la Unión Económica y Monetaria (UEM). En el Tratado de Funcionamiento de la Unión Europea (TFUE) se establecieron los objetivos y límites de la política monetaria del BCE. A diferencia de la Reserva Federal de EE. UU., que tiene un doble mandato (la estabilidad de precios y el pleno empleo), el TFUE otorgó al BCE un único objetivo principal: mantener la estabilidad de precios. La elección de fijar exclusivamente la estabilidad de precios como objetivo principal no es una cuestión menor y tiene implicaciones importantes en su política monetaria. Como nos ha mostrado la historia reciente, mientras que la Reserva Federal puede ser más flexible y priorizar el empleo y el crecimiento económico en tiempos de crisis, el BCE siempre da prioridad a la estabilidad de precios, lo que en varias ocasiones ha conducido a que responda más tímida y lentamente en períodos de recesión. Esta diferencia no es casualidad, sino que responde a las características históricas, económicas y políticas de la Eurozona como la mayor aversión de algunas economías europeas a sufrir episodios inflacionarios descontrolados. No obstante, hay que remarcar que el TFUE también establece que, sin perjuicio del objetivo principal, el BCE también podrá apoyar las políticas económicas generales de la Unión dando cierto margen a políticas de apoyen el crecimiento económico siempre y cuando no pongan en riesgo la estabilidad de precios.

El BCE comenzó su labor el 1 de enero de 1999, cuando el euro se convirtió en la moneda oficial de 11 países de la UE. En esta primera fase, el euro existía solo para transacciones electrónicas y en los mercados financieros. El 1 de enero de 2002, el euro entró en circulación como billetes y monedas físicas, reemplazando a las monedas nacionales de los primeros países de la eurozona. En el año 2025 son 20 de los 27 países que forman la Unión Europea los que han adoptado el euro como moneda oficial.

Su estructura de gobierno se compone del Consejo de Gobierno, que toma decisiones clave sobre política monetaria; el Comité Ejecutivo, que ejecuta dichas decisiones y gestiona el BCE; y el Consejo General, que asesora en la convergencia de nuevos países hacia la eurozona. El BCE es una institución independiente, lo que significa que no recibe instrucciones de gobiernos o entidades políticas. Sus principales funciones incluyen la gestión de los tipos de interés y la oferta monetaria para controlar la inflación, la autorización de la emisión de billetes en euros, la supervisión de los principales bancos europeos a través del Mecanismo Único de Supervisión (MUS), y la administración de reservas de divisas. Además, supervisa los sistemas de pago en la eurozona y asesora a las instituciones de la UE en temas económicos y financieros. Como veremos más adelante, el BCE ha evolucionado para responder a las crisis económicas, ampliando su rol en la estabilidad financiera y fortaleciendo la regulación bancaria en la eurozona.

5.2. La Política Monetaria del BCE: primera fase (1999-2003)

La primera fase de la política monetaria del BCE abarcó desde el lanzamiento del euro en 1999 hasta la revisión estratégica de 2003. Inicialmente, el BCE adoptó una estrategia híbrida basada en dos pilares: un enfoque monetario para el crecimiento de M3 (agregado monetario amplio) y un enfoque económico que evaluaba los riesgos para la estabilidad de precios. Este modelo reflejaba la influencia del Bundesbank alemán con muchos rasgos de la teoría monetarista y su énfasis en la cantidad de dinero como predictor de la inflación. Sin embargo, a partir de 2001, el crecimiento del

M3 se aceleró sin cambios importantes en la evolución de los precios, lo que evidenció la inestabilidad de la demanda de dinero y generó críticas sobre la ambigüedad del marco adoptado. En 2003 el BCE revisó su estrategia, redefiniendo su objetivo de inflación a medio plazo como "inferior pero cercano al 2%" y reduciendo el papel del pilar monetario, que pasó a servir como un complemento al análisis económico en la toma de decisiones. Además, se eliminó la revisión anual del valor de referencia del M3 y, en 2004, el BCE comenzó a publicar sus proyecciones macroeconómicas, aumentando la transparencia y rendición de cuentas.

5.3. La Política Monetaria del BCE: el periodo convencional (2003-2007)

Entre 2003 y 2007, la política monetaria del BCE se caracterizó por entrar en un período de relativa estabilidad macroeconómica y de aplicación convencional de sus herramientas monetarias. Tras la revisión de su estrategia en 2003, el BCE adoptó un régimen más flexible de metas de inflación, en el que redefinió su objetivo de estabilidad de precios como una inflación "inferior pero cercana al 2%" a medio plazo. Durante este período, la política monetaria del BCE se centró en ajustar los tipos de interés como su principal instrumento, sin recurrir a medidas extraordinarias. Como se puede observar en el gráfico 3, entre 2003 y 2005, el BCE mantuvo su tipo de interés de referencia en el 2%, que reflejaba un entorno económico estable con una inflación moderada y un crecimiento sostenido. Sin embargo, a medida que la actividad económica en la eurozona se fortaleció y las presiones inflacionarias comenzaron a aumentar, el BCE inició un ciclo de endurecimiento monetario hasta alcanzar el 4% en 2007. Este enfoque respondía a la preocupación por posibles presiones inflacionarias derivadas del crecimiento económico y la subida del precio del petróleo. En el gráfico 3 se observa cómo el tipo de mercado (tipo de interés al que los bancos se prestan dinero en el mercado interbancario de la Eurozona a un día) fluctúa dentro de un corredor definido por el tipo de interés de la facilidad de depósito y el de la facilidad de crédito.

Este corredor se debe a que ningún banco pediría prestado a otro a un tipo superior al que le ofrece el BCE a través de la facilidad de crédito, ya que siempre tendría la opción de recurrir directamente al banco central. De manera similar, ningún banco estaría dispuesto a prestar a otro a un tipo inferior al que obtendría si depositara su exceso de liquidez en el BCE mediante la facilidad de depósito. Como resultado, el tipo de mercado queda acotado dentro de este rango. Por otra parte, se observa que, hasta finales de 2008, el tipo de interés de mercado fluctuó en torno al de las operaciones principales de financiación. Sin embargo, desde 2009 y como consecuencia de las medidas no convencionales de política monetaria de las que hablaremos a continuación, se ha mantenido pegado al tipo de la facilidad de depósito. Esto se debe al exceso de liquidez en el sistema, ya que cuando las reservas son abundantes, los bancos no necesitan buscar financiación en el mercado interbancario. En un sistema de corredor, la demanda de reservas se vuelve infinitamente elástica en los límites de la banda: los bancos no pagarán más que el tipo de la facilidad marginal de crédito ni aceptarán menos que el de la facilidad de depósito. Como resultado, el tipo de mercado se ha mantenido en el límite inferior del corredor. Por último, es importante señalar que este período coincidió con la acumulación de desequilibrios macroeconómicos en varios países miembros, y la política monetaria pudo haber contribuido a ello. Una política monetaria única no puede responder de manera eficaz si existe heterogeneidad de las economías nacionales. Por ejemplo, los tipos de interés relativamente bajos aplicados en este período beneficiaron a Alemania, ya que ayudaron a reactivar su economía tras más de una década de crecimiento débil, marcado por las dificultades de integrar la antigua Alemania del Este tras la reunificación de 1990. Sin embargo, en países como España, con una economía más acelerada en aquel momento (ver cuadro 2), esos mismos tipos bajos ayudaron a impulsar una expansión descontrolada del crédito y una burbuja inmobiliaria, auspiciada por el fácil acceso a financiación barata.

Cuadro 2
Evolución del crecimiento del PIB y de los precios en la Eurozona, Alemania y España (1999-2007)

Año	Crecimiento PIB Eurozona (%)	Inflación Eurozona (%)	Crecimiento PIB Alemania (%)	Inflación Alemania (%)	Crecimiento PIB España (%)	Inflación España (%)
1999	2.9	1.1	2.0	0.6	4.7	2.3
2000	3.9	2.1	3.2	1.4	5.0	3.5
2001	2.0	2.3	1.5	1.9	3.7	2.8
2002	1.3	2.3	0.0	1.3	2.9	3.6
2003	0.7	2.1	-0.7	1.0	3.1	3.0
2004	2.1	2.2	1.2	1.8	3.3	3.1
2005	1.7	2.2	0.7	1.5	3.6	3.4
2006	3.3	2.2	3.7	1.8	4.2	3.5
2007	3.0	2.1	3.3	2.3	3.8	2.8

Fuente: Eurostat.

5.4. La Política Monetaria del BCE: La Gran Recesión (2008-2013).

Podemos distinguir dos fases distintas en la crisis financiera que golpeó la Eurozona de forma abrupta y prolongada. En 2008-2009, el impacto del colapso de *Lehman Brothers,* originado en EE. UU., generó los primeros problemas en los mercados financieros mundiales. Tal y como hicieron la Reserva Federal y otros bancos centrales, el BCE respondió reduciendo los tipos de interés y ampliando significativamente sus operaciones de refinanciación. Sus intervenciones como prestamista de última instancia fueron masivas y con bastante consenso en el Consejo de Gobierno. Entre octubre de 2008 y mayo de 2009, el BCE redujo el tipo de las operaciones principales de financiación hasta el 1%. También adoptó una serie de medidas de mejora del crédito para mitigar el impacto del colapso de los mercados mayoristas e interbancarios. Entre otros, lanzó operaciones de refinanciación a largo plazo (LTROs) para proporcionar liquidez a los bancos a más largo plazo. También flexibilizó los requisitos de colateral y creó el CBPP, un programa de compra de bonos garantizados para reactivar la financiación bancaria.

En 2010, la crisis de deuda soberana griega y de otros países periféricos generó un fuerte incremento de los diferenciales de los bonos soberanos de estos países, llevando al BCE a lanzar el *Securities Market Programme* (SMP) para comprar deuda en mercados secundarios y tratar de evitar un contagio financiero. Sin embargo, el BCE no estableció límites claros de compra ni un marco de actuación definido, lo que debilitó su impacto en los mercados. La crisis se agravó en 2011, se generó un círculo vicioso entre la deuda pública y la estabilidad del sistema bancario. La crisis de deuda soberana comenzó a transformarse en una crisis bancaria, ya que los inversores temían que un posible impago de los gobiernos afectara la solidez de los bancos con una alta exposición a estos bonos. A su vez, el deterioro de la situación bancaria agravó la percepción del mercado sobre la capacidad de pago de los Estados, ya que existía la expectativa de que los gobiernos tendrían que destinar más recursos para rescatar a las entidades financieras en riesgo, lo que incrementaba aún más la presión sobre la deuda soberana.

Ante esta situación, el BCE respondió mejorando la financiación de los bancos. El coeficiente de reservas mínimas se redujo del 2% al 1%. Además, el BCE puso en marcha dos operaciones de refinanciación a muy largo plazo con vencimiento a tres años. El balance del BCE empezó a crecer de forma notable (ver gráfico 3).

A pesar de estas medidas, la respuesta del BCE en estos momentos de la crisis no fue la más decidida, dados los graves problemas por los que estaba pasando las economías periféricas. El Consejo de Gobierno del BCE, presidido por Jean-Claude Trichet mantenía una postura ortodoxa y conservadora, centrada exclusivamente en la estabilidad de precios. Justo cuando la crisis estaba en uno de sus peores momentos, en la primavera y el verano de 2011, el BCE subió dos veces su tipo de referencia con el objetivo de contrarrestar la aceleración de la inflación y el rápido crecimiento del crédito en Alemania y otros países de la Europa central. Esta desafortunada medida se revirtió antes de finales de año, pero las tensiones siguieron aumentando en el primer semestre de 2012. Los rendimientos de la deuda pública en varios países de la zona del euro alcanzaron nuevos máximos, con el riesgo de que algunos países se vieran obligados a abandonar el euro.

En este contexto, el año 2012 el nuevo presidente del BCE, Mario Draghi, cambió el tono más flexible de la política monetaria del BCE con un enfoque más proactivo y decidido. En julio de 2012 declaró en un discurso, que el BCE estaba «dispuesto a hacer todo lo necesario para preservar el euro». A esto le siguió, a principios de septiembre, el anuncio del programa OMT, en virtud del cual el BCE estaría preparado para intervenir por cantidades ilimitadas en los mercados secundarios de bonos soberanos de países específicos de la zona del euro, sin límite de tiempo preestablecido. Con este anuncio, de facto, el BCE se erigió en prestamista de última instancia para respaldar a los soberanos de la zona del euro en caso de grandes perturbaciones financieras idiosincrásicas. Estas intervenciones, sin embargo, sólo se iniciarían después de que el país en cuestión hubiera firmado un programa económico con la Facilidad Europea de Estabilidad Financiera (FEEF) o el MEDE, que conllevaría «una aplicación estricta y eficaz de las medidas de rescate». En cualquier caso, con este discurso que podemos catalogar como un instrumento de señalización de la política monetaria, los diferenciales de los bonos soberanos empezaron a bajar drásticamente. Así pues, el discurso de Draghi y la OMT marcó realmente un punto de inflexión en la crisis de la deuda soberana de la zona del euro. La fragmentación financiera empezó a remitir, aunque de forma lenta.

Gráfico 3
Evolución de los tipos de interés oficiales y los activos totales en la zona Euro

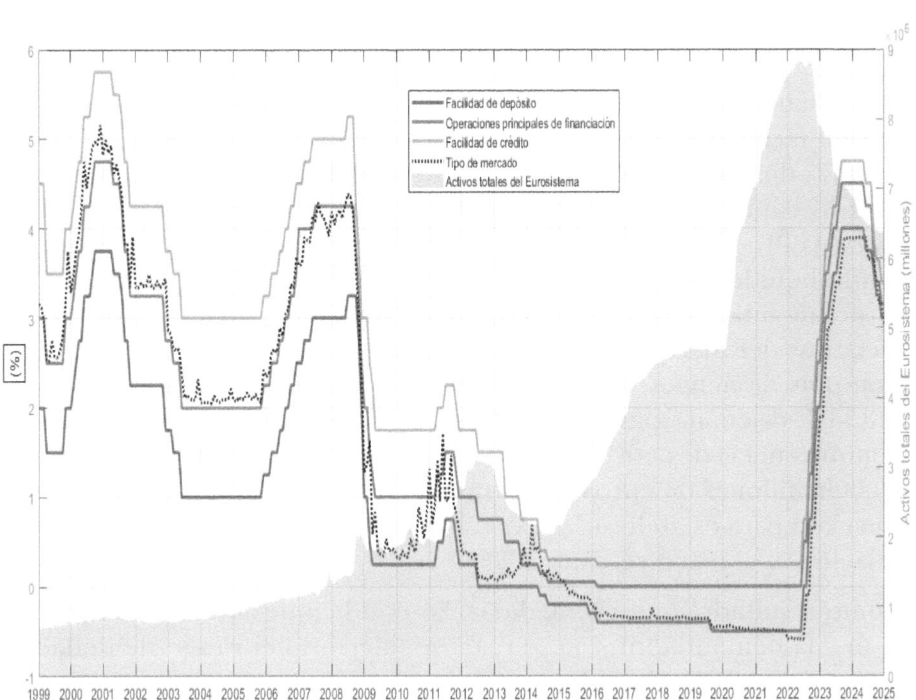

Fuente: Elaboración propia con datos del BCE. Nota: como tipo de interés de mercado se ha utilizado el EONIA hasta octubre de 2019, a partir de esa fecha se ha cogido como referencia el €STR que sustituyó al EONIA como principal el tipo de interés al que los bancos pueden prestarse dinero entre sí a un día en el mercado interbancario de la Eurozona. Aunque ambos ofrecen una información similar, existen diferencias metodológicas en su cálculo. Ver: https://www.ecb.europa.eu/stats/financial_markets_and_interest_rates/euro_short-term_rate/html/index.es.html.

5.5. La Política Monetaria del BCE: Riesgo de deflación y las medidas no convencionales

Tras la doble crisis a la que se enfrentó la Eurozona en el periodo anterior, entre 2014 y 2019, la zona del euro entró en un periodo de baja inflación con riesgo de adentrarse en una espiral deflacionista y un bajo crecimiento económico. En este contexto, el BCE adoptó una política monetaria extraordinariamente expansiva reduciendo los tipos de interés de intervención hasta su mínimo efectivo como se puede observar en el gráfico 3. Ante la incapacidad práctica de seguir bajando los tipos oficiales, el BCE tuvo que hacer uso de lo que se llamaron las medidas no convencionales de política monetaria, tal y como hicieron otros bancos centrales como la Reserva Federal o el Banco de Inglaterra, para seguir dotando de estímulos a una economía débil ante el agotamiento de la política monetaria convencional.

Concretamente, el BCE implementó medidas como la reducción de la tasa de facilidad de depósito a niveles negativos (-0,40% en 2016), los programas de financiación a largo plazo vinculados al crecimiento de los préstamos bancarios (TLTRO), y el Programa Expandido de Compra de Activos (APP), que incluyó la adquisición de deuda pública y privada, inyectando liquidez equivalente al 20% del PIB de la eurozona para reducir los costes de financiación. Además, utilizó la *forward guidance* para orientar expectativas del mercado sobre la evolución de los tipos y la duración de las compras de activos. Hasta 2019, el BCE reforzó estas medidas con el TLTRO-III, diseñado para mejorar las condiciones de crédito, y reanudó las compras netas de activos en noviembre de 2019 por un monto mensual de 20.000 millones de euros, mientras mantenía una estrategia de comunicación clara para estabilizar las expectativas y garantizar la convergencia de la inflación al objetivo cercano al 2%.

Como resultado de estas medidas, las condiciones de financiación mejoraron y la demanda interna se reactivó, alejando el riesgo de deflación. No obstante, el BCE advirtió que la recuperación económica seguía siendo frágil y que era necesario mantener una postura acomodaticia para lograr una inflación sostenible en torno al 2% a medio plazo. En conclusión, la combinación de expansión cuantitativa, tipos de interés negativos y estímulo al crédito fueron las herramientas clave utilizadas por el BCE para estabilizar la economía de la eurozona durante este período. Como se observa en el gráfico 3, estas medidas no convencionales aumentaron el balance del BCE de forma considerable. Valorar el resultado de estas medidas extraordinariamente expansivas es todavía complicado de discernir. Por un lado, aunque se relajaron los riesgos de deflación, como se puede ver en el gráfico 4, la inflación en ese periodo no alcanzó el objetivo y el crecimiento económico de la zona euro fue exiguo. No obstante, cabe preguntarse por el contrafactual: ¿Qué habría pasado con la deflación si el BCE no hubiera aplicado estas medidas? Seguramente el escenario hubiera sido peor. En cualquier caso, este periodo pone de manifiesto la fragilidad de la política monetaria en determinados contextos como una situación de trampa de la liquidez y subraya la necesidad de una coordinación más activa entre las políticas monetarias y fiscales en la eurozona para afrontar desafíos y conseguir los objetivos económicos.

Gráfico 4
Evolución de la tasa de inflación en diferentes economías (2000-2023)

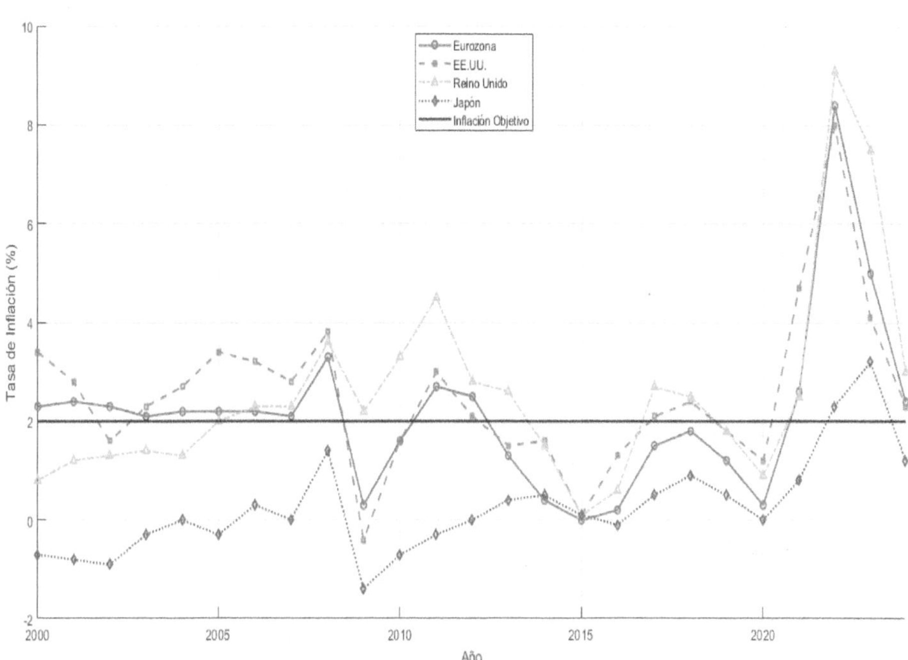

Fuente: Elaboración propia con datos del Banco Mundial.

5.6. La Política Monetaria del BCE: la crisis del COVID-19 y el retorno de la inflación

Durante la crisis derivada del COVID-19, el BCE amplio las diferentes medidas expansivas no convencionales que venía realizando para hacer frente al nuevo desafío económico y financiero. Estas acciones se centraron en estabilizar los mercados, mantener condiciones de financiación favorables y facilitar la recuperación económica. Una de las iniciativas estrella fue el Programa de Compras de Emergencia Pandémica (PEPP), lanzado en marzo de 2020, que permitió la compra de activos a gran escala con una dotación inicial de 750.000 millones de euros, ampliada posteriormente a 1,85 billones de euros. Este programa destacó por su flexibilidad en la distribución de compras entre países miembros. Paralelamente, el BCE reforzó el Programa de Compra de Activos (APP), aumentando temporalmente el ritmo de adquisiciones y destinando 20.000 millones de euros mensuales, además de una compra adicional de 120.000 millones en 2020, con el objetivo de mejorar las condiciones de financiación.

Asimismo, el BCE facilitó operaciones de refinanciación a largo plazo a través del TLTRO-III (Targeted Longer-Term Refinancing Operations), proporcionando liquidez a los bancos con condiciones favorables para estimular el crédito a empresas y hogares. En 2020 y 2021, flexibilizó aún más las condiciones de estos préstamos, permitiendo a los bancos acceder a financiación con tipos de interés de hasta -1%, incentivando el flujo de crédito. También se introdujeron operaciones de refinanciación de emergencia para fortalecer la estabilidad financiera y evitar restricciones de liquidez en el sistema bancario. Como medida adicional, el BCE relajó temporalmente los requisitos regulatorios para los bancos, permitiendo desviaciones en los colchones de capital para que pudieran seguir prestando sin restricciones. También siguió con su estrategia de *forward guidance*, mediante la cual el BCE reforzó su política de comunicación para influir en las expectativas del mercado. A diferencia de la respuesta inicial titubeante que tuvo el BCE para hacer frente a la crisis de 2008, la respuesta del BCE ante esta nueva crisis sanitaria y económica fue rápida y contundente, desplegando una combinación de medidas monetarias y de liquidez sin precedentes que permitieron evitar un colapso financiero y sostener la actividad económica, acelerando la recuperación tras la pandemia.

Es importante añadir que, en 2021, llevó a cabo una revisión de su estrategia de política monetaria, la primera desde 2003, con el objetivo de asegurar que su enfoque siguiera siendo adecuado ante los cambios económicos y sociales experimentados en las últimas décadas. La principal modificación de la nueva estrategia fue la introducción de un objetivo de inflación simétrico del 2% a medio plazo. Esto significa que el BCE considera igualmente indeseables las desviaciones de la inflación por encima o por debajo de este objetivo, y se compromete a tomar las medidas necesarias para mantener la estabilidad de precios. Con esto, el BCE espera aumentar las expectativas inflacionarias al lanzar el mensaje de que no va a endurecer rápidamente su política monetaria si la inflación se acerca al 2%. Además, el BCE reconoció la importancia de incluir en su análisis factores como la globalización, la digitalización, el cambio climático y las transformaciones en el sistema financiero, ya que estos elementos influyen en la dinámica de precios y en la eficacia de la política monetaria. Esta nueva estrategia también enfatiza la necesidad de incorporar consideraciones climáticas en el marco de la política monetaria, reflejando el compromiso del BCE con la sostenibilidad ambiental y su impacto en la economía.

Cuando las economías aún enfrentaban las secuelas de la crisis de la Covid-19, las principales áreas monetarias desarrolladas, incluida la zona del euro, experimentaron un fenómeno prácticamente olvidado en las últimas cuatro décadas: un repunte generalizado de la inflación. En 2022, la inflación en la zona del euro alcanzó un pico del 8,5% (gráfico 4), un nivel no visto desde 1983, en plena crisis del petróleo. Paradójicamente, en los años previos, el principal desafío del BCE había sido la dificultad de estimular la inflación para acercarla al objetivo del 2%. Sin embargo, en un corto periodo, la inflación se disparó hasta niveles históricos, revirtiendo drásticamente el escenario previo. En el recuadro 3 se apuntan algunas posibles explicaciones de este fenómeno. Como respuesta a lo anterior, el BCE reaccionó a partir de la segunda mitad del año de 2022, con un endurecimiento agresivo de su política monetaria. Por un lado, aumentó los tipos en 450 puntos básicos (gráfico 3). Ha sido el ciclo de subidas de tipos más rápido en la historia del euro. Paralelamente, el BCE inició la reducción de su balance mediante el fin de las compras netas de activos bajo los programas PEPP y APP, primero limitando las reinversiones y posteriormente eliminándolas por completo en 2023. Además, ajustó las condiciones de las operaciones de financiación a largo plazo (TLTRO), lo que incrementó el coste de financiación para los bancos e incentivó el reembolso anticipado de los fondos, disminuyendo la liquidez en el sistema financiero. A nivel de comunicación, el BCE adoptó un enfoque basado en la toma de decisiones reunión a reunión, en función de la evolución de los datos económicos y financieros. Otro aspecto importante es que para mejorar la transmisión efectiva de la política monetaria y evitar la fragmentación financiera en la eurozona, creó el Instrumento para la Protección de la Transmisión (TPI), diseñado para intervenir en mercados secundarios si surgían tensiones injustificadas en los diferenciales de los bonos soberanos. El endurecimiento de la política monetaria tuvo un impacto inmediato en el crédito, encareciendo los préstamos hipotecarios y empresariales, y provocando una ralentización del crédito al sector privado. La política restrictiva del BCE ha generado un intenso debate entre los economistas y responsables de política monetaria, con críticas tanto desde una perspectiva más estricta, representada por los "halcones", como desde una visión más moderada, defendida por las "palomas". Los "halcones" argumentan que el BCE reaccionó demasiado tarde ante el repunte inflacionario, permitiendo que los precios se descontrolaran en 2022. Según esta postura, si el banco central hubiera comenzado a subir los tipos de interés antes, la inflación no habría alcanzado niveles tan elevados. Su crítica se basa en que la política monetaria actúa con un retraso temporal, por lo que la inacción inicial del BCE permitió que la inflación se consolidara antes de tomar medidas drásticas. En contraste, las "palomas" sostienen que el BCE sobrerreaccionó con subidas excesivas de los tipos de interés, perjudicando el crecimiento económico sin ser el aumento de tipos de interés la causa principal de la moderación de la inflación. Desde esta perspectiva, los factores determinantes de la inflación fueron shocks de oferta, como el encarecimiento de la energía tras la invasión de Ucrania y la disrupción en las cadenas de suministro globales, eventos transitorios que se habrían corregido sin necesidad de endurecer la política monetaria. Consideran que, en lugar de imponer un ajuste agresivo que ha encarecido el crédito y debilitado la inversión, el BCE debería haber esperado a que la normalización de los mercados energéticos y comerciales redujera la inflación de forma natural. A pesar de estas críticas, el BCE defiende su estrategia argumentando que, si bien la caída de la inflación en 2023 y 2024 está en gran parte vinculada a la resolución de los shocks de oferta, la subida de tipos fue fundamental para anclar las expectativas inflacionarias y evitar una espiral precios-salarios. De no haber intervenido, el aumento de precios podría haberse trasladado a los salarios de forma persistente, generando un ciclo inflacionario difícil de revertir. Así, aunque el impacto de sus decisiones sigue siendo objeto de análisis, el BCE sostiene que su actuación ha prevenido un escenario de inflación prolongada que habría sido aún más perjudicial para la estabilidad económica de la Eurozona. Sin embargo, la realidad es que a pesar de las preocupaciones sobre una posible espiral precios-salarios, esta no se ha materializado, de hecho, los salarios en muchos países de la zona euro en 2024 todavía no habían recuperado el poder adquisitivo perdido durante los años de elevada inflación. No obstante, sí se ha constatado que algunos sectores empresariales han aprovechado el contexto inflacionario para aumentar sus márgenes de beneficio, lo que ha generado un debate sobre el impacto de los beneficios empresariales en la inflación.

Tras la estabilización de la inflación en la Eurozona y su convergencia gradual hacia el objetivo del 2%, el BCE ha comenzado un proceso de normalización de su política monetaria. En junio de 2024, el BCE inició su ciclo de bajadas con una reducción de 25 puntos básicos. Posteriormente, continuó con recortes adicionales en septiembre y diciembre de 2024, así como en enero de 2025, cada uno de 25 puntos básicos, hasta situar el tipo de facilidad de depósito en el 2,75% en enero de 2025. Si bien el endurecimiento monetario se realizó para controlar las expectativas inflacionarias, el banco central ahora enfrenta el desafío de evitar una desaceleración económica excesiva sin generar un repunte inflacionario. Con la inflación moderándose, pero con riesgos latentes como las tensiones geopolíticas y arancelarias, el BCE ha adoptado una postura gradual en un entorno de elevada incertidumbre económica y geopolítica.

Recuadro 3
Causas del episodio inflacionario postpandemia

Aunque existe un debate sobre las causas del repunte inflacionario a nivel global, en el caso de la Eurozona parece plausible que una sucesión de shocks de oferta haya sido el principal desencadenante de la situación. Sin menospreciar el impacto de factores de demanda, como las políticas monetarias y fiscales más expansivas aplicadas tras la pandemia —factores que han tenido un peso mayor en Estados Unidos—, los problemas de suministro han sido determinantes en la evolución de los precios en Europa. Uno de los shocks más relevantes ha sido la crisis energética, provocada por la guerra en Ucrania, que redujo drásticamente el suministro de gas y petróleo desde Rusia. Esta disrupción disparó los costos de la electricidad y los combustibles, afectando directamente a las empresas, que trasladaron esos aumentos a los consumidores, generando así presiones inflacionarias generalizadas a través de sus efectos indirectos. Otro factor clave ha sido la disrupción en las cadenas de suministro globales, iniciada con la pandemia de COVID-19 y prolongada por dificultades logísticas, cuellos de botella en el transporte marítimo y restricciones en la producción de bienes esenciales como microchips y componentes electrónicos. La escasez de estos insumos elevó sus precios y ralentizó la producción en sectores clave, como la automoción y la tecnología, contribuyendo al encarecimiento de los productos finales. Además, los fenómenos climáticos extremos han impactado significativamente la producción agrícola, reduciendo las cosechas y elevando el precio de los alimentos. En particular, las sequías y temperaturas extremas han afectado cultivos básicos, aumentando la presión inflacionaria en productos esenciales para los hogares. En conjunto, estos factores han restringido la oferta de bienes y servicios, ejerciendo una presión alcista sobre los precios y configurando el escenario inflacionario que ha enfrentado la Eurozona en los últimos años.

6. LA POLÍTICA FINANCIERA MACROPRUDENCIAL: EL SEGUNDO PILAR DEL BCE

La estabilidad del sistema financiero es clave para el buen funcionamiento de la economía. A lo largo del tiempo, las autoridades han implementado diferentes estrategias para reducir el riesgo de crisis financieras y bancarias, dando lugar a la regulación macroprudencial.

Las políticas macroprudenciales comenzaron a implementarse de forma sistemática tras la crisis financiera de 2008, cuando se evidenció que la regulación microprudencial, centrada en la solvencia de bancos individuales, no prevenía riesgos sistémicos. La crisis mostró la necesidad de herramientas para frenar la acumulación de riesgos en el sistema financiero y evitar efectos contagio. A partir de 2010, organismos como el G20, el BIS y el FMI impulsaron regulaciones como Basilea III, incorporando requisitos de capital anticíclicos y límites al crédito. Desde entonces, los bancos centrales y autoridades financieras han adoptado estas políticas para fortalecer la estabilidad financiera global.

Podemos definir las políticas macroprudenciales como el conjunto de regulaciones y herramientas utilizadas por las autoridades económicas para prevenir y mitigar riesgos sistémicos en el sistema financiero. Su objetivo principal es evitar crisis financieras que puedan afectar gravemente a la economía en su conjunto. Por tanto, mientras que las políticas macroprudenciales buscan la estabilidad del sistema financiero en su conjunto, previniendo riesgos sistémicos y crisis globales, las políticas microprudenciales se centran en la solvencia individual de cada institución financiera, asegurando que cada banco o entidad cumpla con los requisitos de capital y liquidez. Es necesario advertir que, si bien ambas políticas operan con lógicas diferentes, son complementarias. Una regulación microprudencial ineficiente puede generar vulnerabilidades sistémicas, mientras que una política macroprudencial mal diseñada podría no detectar riesgos en instituciones individuales. El cuadro 3 refleja algunas de las diferencias más relevantes entre ambos tipos de políticas.

Cuadro 3
Comparación entre la política macropudencial y microprudencial

Característica	Política Macroprudencial	Política Microprudencial
Enfoque	Sistema financiero en su conjunto	Instituciones financieras individuales
Objetivo	Prevenir riesgos sistémicos y crisis financieras	Garantizar la solvencia y estabilidad de cada entidad financiera
Riesgo abordado	Riesgo sistémico (efecto contagio, burbujas, acumulación de riesgos)	Riesgo idiosincrático (fallo de una entidad específica)
Herramientas	Requisitos de capital anticíclicos, límites al crédito, regulación del apalancamiento, medidas de liquidez	Supervisión bancaria, requisitos de capital mínimos, auditorías y pruebas de estrés
Acción en el ciclo económico	Procíclica: endurece regulaciones en épocas de expansión y las relaja en recesión	Neutral: regulación estable independientemente del ciclo económico
Entidad responsable	Bancos centrales, consejos de estabilidad financiera, FMI, BIS	Bancos centrales, reguladores bancarios nacionales
Implementación global	Se adoptó ampliamente después de la crisis de 2008 (Basilea III, G20)	Existía antes de la crisis, pero demostró ser insuficiente

Fuente: Elaboración propia a partir de Boissay, F., & Cappiello, L. (2014). Micro versus macroprudential supervision: potential differences, tensions and complementarities. *Financial Stability Review*.

El cuadro 4 resume los principales instrumentos de política macroprudencial, utilizados para mitigar riesgos sistémicos y fortalecer la estabilidad financiera. Estos instrumentos se agrupan en diferentes categorías según su enfoque: los instrumentos basados en capital, que tratan de garantizar que las instituciones financieras mantengan reservas adecuadas para absorber pérdidas en crisis. Los instrumentos basados en liquidez que intentan asegurar que los bancos mantengan activos líquidos suficientes. Los instrumentos dirigidos a prestatarios que se encargan de regular el acceso al crédito para evitar burbujas y el sobreendeudamiento. Los instrumentos basados en exposición que limitan la concentración del crédito en industrias de alto riesgo. Finalmente, los instrumentos de control de capital y flujos financieros que regulan la entrada y salida de capital para proteger la estabilidad financiera ante posibles *shocks* externos.

Cuadro 4
Instrumentos de política macroprudencial

Instrumento	Descripción	Objetivo
Instrumentos basados en capital		
Requisitos de capital anticíclicos	Exigir a los bancos mantener capital adicional en períodos de expansión económica.	Mitigar la prociclicidad del crédito y fortalecer la resiliencia ante crisis.
Colchones de capital para instituciones importantes	Requerir capital adicional para bancos cuya quiebra podría generar un impacto sistémico.	Reducir riesgos de quiebras con efectos en toda la economía.
Requisitos de provisiones dinámicas	Obligar a los bancos a constituir reservas adicionales en periodos de crecimiento.	Crear amortiguadores contra crisis y reducir la prociclicidad del sistema financiero.
Colchón de capital sectorial	Exigir más capital para exposiciones a sectores específicos con mayor riesgo.	Evitar la acumulación de riesgos en sectores críticos y prevenir burbujas.
Instrumentos basados en liquidez		
Requisitos de liquidez	Exigir que los bancos mantengan suficientes activos líquidos para cubrir salidas de capital.	Evitar crisis de liquidez y mejorar la estabilidad del sistema bancario.
Requisitos de liquidez intradía	Obligar a las instituciones financieras a gestionar adecuadamente la liquidez en operaciones diarias.	Prevenir problemas de liquidez por efectos de mercado a muy corto plazo.
Instrumentos dirigidos a prestatarios		
Límites al préstamo-valor	Restringir el porcentaje del valor de un activo que puede financiarse con deuda.	Prevenir burbujas de precios de activos y reducir el endeudamiento excesivo.
Ratios de servicio de la deuda sobre ingresos	Limitar el porcentaje del ingreso de un prestatario que puede destinarse al pago de deuda.	Evitar el sobreendeudamiento de los hogares y mejorar la calidad crediticia.

Límite a la tasa de crecimiento del crédito	Restringir el crecimiento del crédito en períodos de expansión excesiva.	Frenar la acumulación de deuda insostenible y prevenir burbujas.
Instrumentos basados en exposición		
Regulaciones sobre concentraciones sectoriales	Limitar la exposición de las instituciones financieras a sectores específicos.	Diversificar riesgos y prevenir vulnerabilidades sectoriales.
Restricciones a exposiciones interbancarias	Limitar la cantidad de deuda y operaciones entre bancos para evitar contagio.	Reducir el riesgo de propagación de crisis entre bancos.
Instrumentos de control de capital y flujos financieros		
Controles de capital y gestión de flujos financieros	Regular la entrada y salida de capital extranjero y gestionar la volatilidad de flujos financieros.	Proteger la estabilidad financiera doméstica y evitar crisis cambiarias.
Requerimientos de reserva en moneda extranjera	Obligar a los bancos a mantener reservas mínimas en divisas para evitar crisis cambiarias.	Limitar la exposición a choques externos y estabilizar la moneda local.

Fuente: Banco de Pagos Internacionales (BIS), Banco Central Europeo, Fondo Monetario Internacional y Basilea III.

Las políticas macroprudenciales han ganado importancia como herramienta clave para la estabilidad financiera global. Aunque su implementación aún enfrenta desafíos, su combinación con políticas microprudenciales y monetarias tratan de reducir la probabilidad de crisis y mitigar sus efectos cuando ocurren. En la zona del euro, la supervisión y aplicación de políticas macroprudenciales es responsabilidad del Banco Central Europeo (BCE) desde la creación del Mecanismo Único de Supervisión (MUS) en 2014. A través del MUS, el BCE coordina y supervisa la implementación de medidas macroprudenciales en los Estados miembros, asegurando una respuesta armonizada a los riesgos financieros. Además, los bancos centrales nacionales mantienen ciertas competencias para aplicar herramientas específicas según las necesidades de cada país.

7. LOS LÍMITES Y DESAFÍOS DE LA POLÍTICA MONETARIA

A lo largo del capítulo se han ido viendo algunos de los límites o problemas a los que se ha enfrentado la política monetaria en los últimos años. Algunos de ellos, han sido largamente estudiados entre los economistas y se resumen en el cuadro 5.

Cuadro 5
Algunos límites tradicionales de la política monetaria

Límite	Explicación
Retardos internos cortos, pero externos largos	Los retardos internos de la política monetaria son cortos porque los bancos centrales pueden ajustar rápidamente los tipos de interés. Sin embargo, los retardos externos son largos, ya que los efectos sobre la inversión, el consumo y la inflación pueden tardar incluso más de un año en materializarse. Esto dificulta la sincronización de las decisiones monetarias, aumentando el riesgo de actuar demasiado tarde o de forma ineficaz.
Asimetría en su efectividad	La política monetaria contractiva suele ser más efectiva que la expansiva porque frenar la economía es más fácil que estimularla. El aumento de los tipos de interés afecta de inmediato el consumo y la inversión. En cambio, bajar tipos no siempre impulsa la actividad con la misma intensidad, ya que las empresas y consumidores pueden ser cautelosos ante la incertidumbre o sus niveles de deuda. Además, como ha demostrado la experiencia reciente, los bancos centrales tienen un límite para reducir los tipos de interés oficiales nominales, pero no para subirlos.
Ausencia de credibilidad e independencia	La falta de credibilidad del banco central limita la efectividad de la política monetaria porque los agentes económicos no confían en su capacidad para controlar la inflación y estabilizar la economía. Si los mercados anticipan que el banco central priorizará el crecimiento sobre la estabilidad de precios o que financiará el déficit público con emisión monetaria, las expectativas inflacionarias se desanclan, reduciendo el impacto de sus decisiones. Además, la falta de confianza puede generar volatilidad en los mercados financieros, fugas de capital y un menor control sobre las tasas de interés de largo plazo.
Ineficaz frente a *shocks* de oferta	La política monetaria no es eficaz contra la inflación provocada por *shocks* de oferta, como crisis energéticas o disrupciones en la cadena de suministro. Esto se debe a que el mecanismo de la política monetaria actúa sobre la demanda agregada, no sobre la oferta. Si el banco central sube los tipos de interés para combatir este tipo de inflación, aunque podría ayudar a contener las expectativas inflacionarias, también podría empeorar la situación al frenar aún más la inversión y la producción, agravando el problema sin reducir los precios de manera efectiva.
Asimetría en un área monetaria no óptima	En un área monetaria no óptima como la zona del euro, la política monetaria puede generar efectos asimétricos entre los países o regiones que forman esta área. Esto ocurre cuando los países tienen diferencias estructurales significativas, como distintos niveles de desarrollo, productividad, rigidez laboral o dependencia de ciertos sectores. Si el banco central común sube los tipos de interés para frenar la inflación en una economía fuerte, puede agravar una recesión en economías más débiles que requieren estímulo.

Límite	Explicación
Factores internacionales	La autonomía de la política monetaria se ve limitada por las decisiones de otros bancos centrales y los flujos de capital globales. Si grandes economías, como EE.UU., suben sus tipos de interés, los inversionistas pueden retirar capital de otros países, obligando a sus bancos centrales a ajustar su política para evitar depreciaciones o salidas de capital. De igual forma, políticas expansivas en economías avanzadas pueden generar exceso de liquidez en mercados emergentes, aumentando riesgos financieros. En economías con tipo de cambio fijo o dolarizadas, la dependencia es aún mayor, reduciendo su capacidad de respuesta ante *shocks* externos.
Globalización y competencia global	La globalización ha permitido que países con costos de producción más bajos, como China, exporten bienes a precios muy bajos, lo que reduce la inflación interna en muchas economías. Este fenómeno limita la efectividad de la política monetaria, ya que incluso si un banco central intenta estimular la inflación con tasas de interés bajas y mayor liquidez, los precios pueden mantenerse bajos debido a la presión competitiva de los productos importados.

Fuente: Elaboración propia.

Adicionalmente a los límites que se resumen en el cuadro 5, la crisis económica y financiera que sacudió las economías avanzadas destaparon otra serie de problemáticas y desafíos para los bancos centrales que todavía siguen en discusión y se abordan en la siguiente sección.

8. LOS RETOS MÁS RECIENTES DE LA POLÍTICA MONETARIA

8.1. Los efectos indeseados de las políticas monetarias: la desigualdad

La crisis de 2008 y, especialmente, las medidas expansivas no convencionales que aplicaron los bancos centrales para combatirla despertaron la preocupación por los posibles efectos que estas políticas podían tener sobre las desigualdades económicas. Tras años de investigación, se ha llegado a la conclusión de que la política monetaria no es neutral y tiene efectos distributivos distintos sobre la desigualdad de renta y de riqueza. Además, esta relación entre política monetaria y desigualdad es bidireccional. Si la política monetaria tiene efectos distributivos, también las elevadas desigualdades afectan al mecanismo de transmisión de la política monetaria y, en última instancia, a su propia efectividad.

Vayamos por partes. ¿Cómo puede afectar la política monetaria a las desigualdades económicas? Por un lado, los estudios al respecto apuntan a que la política monetaria expansiva —tanto convencional como no convencional— podría tener un efecto reductor sobre la desigualdad de renta.

Esto se debe a que los trabajadores situados en la parte baja de la distribución de la renta son más sensibles, en promedio, al ciclo económico, mientras que los trabajadores con mayores niveles de renta disfrutan de empleos más estables a lo largo del ciclo. Por tanto, una política expansiva que genere empleo va a ayudar más a estos trabajadores de ingresos bajos a encontrar un trabajo o a beneficiarse de una subida salarial. Además, como hemos visto en el apartado 4, una reducción de los tipos de interés beneficia a los deudores —normalmente hogares con menos recursos—, que ven reducidos los intereses a pagar por sus deudas, y perjudica a los acreedores —en promedio, hogares más pudientes—, que reciben ahora menores retornos por sus ahorros.

Sin embargo, los estudios también indican que si ponemos el foco en cómo afecta la política monetaria a la desigualdad de riqueza, el efecto es completamente el contrario. Es decir, la política monetaria beneficia más a los hogares con mayor riqueza. Esto se explica porque estos hogares mantienen una mayor proporción de su riqueza en activos financieros. Por tanto, una reducción de los tipos de interés se traduce en un aumento del precio de estos activos, como acciones o bonos, provocando ganancias superiores en la población que posee estas tenencias y aumentando la desigualdad de riqueza.

Por otro lado, vimos en el apartado 4 que las elevadas desigualdades también pueden afectar al mecanismo de transmisión de la política monetaria y, por tanto, a su efectividad. Muchos estudios han mostrado que los hogares no responden de forma homogénea a cambios en los tipos de interés o en las condiciones financieras. Los hogares de ingresos bajos tienen una mayor sensibilidad a los cambios en los tipos de interés y una mayor propensión marginal a consumir que las rentas más elevadas. Por ejemplo, es lógico pensar que un hogar formado por personas jóvenes y con pocos recursos económicos sea más dependiente de los tipos de interés, como el Euríbor, para endeudarse y poder comprarse su primera vivienda. En cambio, los hogares con más recursos no son tan dependientes de los mercados crediticios y, por tanto, de las fluctuaciones de los tipos de interés. Por tanto, en un mundo con muchas desigualdades y con la renta y la riqueza concentradas en pocas manos, el efecto de la política monetaria sobre el consumo y la inversión puede verse limitado, reduciendo su capacidad para estimular la actividad económica y afectar al crecimiento a largo plazo.

8.2. Política monetaria y cambio climático

En los últimos años, ha crecido entre varios bancos centrales la preocupación por la relación entre la política monetaria y el cambio climático. Esta relación también es bidireccional: por un lado, los bancos centrales han comenzado a considerar los riesgos climáticos en sus decisiones, ya que fenómenos extremos como huracanes, sequías o incendios pueden afectar los objetivos tradicionales como la inflación y la estabilidad financiera. Por otro lado, distintas voces se preguntan si la política monetaria puede contribuir a acelerar la transición hacia una economía más sostenible. En este contexto, el BCE ha adoptado en los últimos años un enfoque más proactivo para abordar los riesgos climáticos dentro de su marco de política monetaria. Ha incorporado criterios de sostenibilidad en su programa de compra de activos y en su sistema de colateral, ha exigido una mayor transparencia sobre los riesgos climáticos en las carteras de los bancos y ha instado al sector financiero a adoptar medidas para mitigar su impacto ambiental. Ya sea porque el cambio climático impacta y seguirá impactando el principal objetivo de los bancos centrales—la estabilidad de precios—o porque la política monetaria puede desempeñar un papel en la aceleración de la transición ecológica, todo apunta a que los bancos centrales deberán adaptar sus instrumentos y estrategias a una nueva realidad económica y ambiental.

8.3. Nuevas propuestas de política monetaria en el contexto de tipos de interés reducidos

Desde la crisis financiera de 2008 hasta el repunte inflacionario de 2021, hemos analizado en este capítulo cómo los bancos centrales enfrentaron tipos de interés en su límite inferior, lo que llevó al agotamiento de la política monetaria convencional y obligó a recurrir a medidas no convencionales. Sin embargo, estas también resultaron insuficientes para alejar a las economías occidentales del riesgo de deflación.

Aunque en los últimos años los tipos de interés han aumentado y han vuelto a terreno positivo, diversos estudios indican que los tipos bajos podrían regresar pronto a su límite inferior. De hecho, algunos análisis sugieren que la tendencia a la baja en los tipos de interés ha estado presente en las economías occidentales desde el siglo XVII (Schmelzing, 2020).

Ante la preocupación por la posible ineficacia de la política monetaria en caso de nuevas crisis y la necesidad de contar con herramientas efectivas para aplicar estímulos expansivos, han surgido diversas propuestas alternativas. El cuadro 6 resume las propuestas principales.

Cuadro 6
Propuestas alternativas ante un escenario de tipos de interés reducidos

Propuesta	Descripción	Objetivo principal	Inconvenientes
Mayor protagonismo de la política fiscal estabilizadora	Aumentar el gasto público y/o reducir impuestos para estimular la demanda.	Impulsar la actividad económica en contextos de bajo crecimiento.	Riesgo de aumento del déficit y la deuda pública. Riesgo de equivalencia ricardiana o bajos multiplicadores fiscales
Coordinación monetaria y fiscal (helicóptero monetario)	Transferencia directa de dinero del banco central a los ciudadanos o monetización del déficit público	Estimular la demanda sin necesidad de intermediación bancaria ni aumentar el déficit	Posibles efectos inflacionarios y riesgos de credibilidad.
Objetivo de nivel de precios o PIB nominal	Compromiso de política monetaria con una trayectoria específica.	Aumentar expectativas de inflación y reducir tipos reales.	Dificultades de comunicación y credibilidad.
Aumentar el objetivo de inflación	Subir el objetivo de inflación al 3% o 4% para tener mayor margen de maniobra.	Ampliar el espacio de reducir los tipos de interés reales cuando los nominales están en su límite inferior	Pérdida de credibilidad y riesgo de expectativas desancladas.
Suprimir el dinero en efectivo	Sustituir el dinero físico por dinero digital controlado por el banco central	Eliminar el límite inferior de los tipos de interés nominales	Preocupaciones por privacidad. Competencias digitales necesarias en toda la población

Fuente: Elaboración propia.

8.4. Interdependencia entre la política monetaria y la política fiscal

A lo largo de los capítulos de este manual, se han analizado por separado la política fiscal y la política monetaria como instrumentos de estabilización económica. No obstante, su interdependencia es fundamental para alcanzar los objetivos macroeconómicos. Considerarlas como compartimentos estancos puede ser útil para construir modelos teóricos que faciliten su estudio (ver recuadro 4), pero resulta insuficiente para evaluar su efectividad en la práctica. Un ejemplo paradigmático es la delegación exclusiva de la estabilidad de precios al banco central, dotándolo de independencia para cumplir con su mandato. Sin embargo, ¿puede el banco central alcanzar este objetivo si la política fiscal opera en sentido contrario? En los últimos años hemos vivido situaciones que ilustran esta interdependencia. Por ejemplo, tras la crisis financiera, los banqueros centrales del BCE instaron a las autoridades fiscales de los países miembros a adoptar políticas fiscales más expansivas después de un prolongado período de austeridad en Europa. Más recientemente, en el contexto del episodio inflacionista postpandemia, distintos gobiernos han intervenido con políticas fiscales selectivas, como la reducción de impuestos sobre bienes energéticos y alimentos, con el objetivo de complementar la estrategia del BCE en la contención de la inflación. Estos escenarios plantean algunos interrogantes: ¿es adecuado asignar exclusivamente a las autoridades monetarias la responsabilidad de la estabilidad de precios? ¿Cuál es el grado óptimo de coordinación entre ambas políticas? ¿Cómo afecta esta interacción a la independencia de los bancos centrales?

Durante los años más duros de la pandemia, las voces a favor de una mayor coordinación entre la política fiscal y la política monetaria en la Eurozona se hicieron patentes. Por un lado, la baja inflación y el agotamiento de los instrumentos convencionales de política monetaria en un escenario de trampa de liquidez limitaban la eficacia de los bancos centrales para estimular la economía. Por otro lado, muchos países presentaban elevados niveles de deuda pública, lo que dificultaba la implementación de estímulos fiscales suficientes para mitigar la crisis económica.

En este contexto, surgieron distintas propuestas para una coordinación más estrecha entre ambas políticas con el objetivo de superar conjuntamente el desafío. Estas propuestas, en una situación excepcional como la pandemia, se centraban en dos enfoques principales: (1) transferencias directas del banco central a los ciudadanos (helicóptero monetario) donde el banco central crearía dinero nuevo y lo distribuiría directamente entre la población para estimular el consumo y (2) monetización del déficit público, en la que el banco central financiaría directamente el gasto gubernamental mediante la compra de deuda sin intención de reducir posteriormente la cantidad de dinero en circulación.

Ambas propuestas implicaban la creación de dinero por parte del banco central y una cooperación entre la autoridad fiscal y la autoridad monetaria en mayor o menor grado para garantizar su distribución eficiente en la economía. Los defensores de estas medidas argumentaban que su principal ventaja radicaba en la capacidad de proporcionar importantes estímulos económicos sin aumentar las cargas fiscales. Además, destacaban dos mecanismos clave para evitar efectos negativos en los mercados financieros. Por un lado, el incremento en la oferta monetaria evitaría que el aumento del gasto público provocara un alza en los tipos de interés, limitando así el efecto de expulsión (crowding out) sobre la inversión privada. Por otro lado, se evitaría la equivalencia ricardiana al tratarse de una expansión monetaria permanente, sin compromisos de futuras subidas de impuestos o recortes de gasto, se aseguraba que la nueva liquidez se tradujera en un aumento real del consumo y la inversión en lugar de ser simplemente ahorrada por los ciudadanos.

No obstante, sin un control y diseño adecuado, esta coordinación entre política fiscal y monetaria conlleva riesgos significativos. Si el aumento de la oferta monetaria es excesivo y sostenido en el tiempo, podría derivar en una espiral inflacionaria difícil de contener, debilitando la confianza en la moneda. Al mismo tiempo, si el banco central pierde su independencia y se convierte en un mero instrumento del gobierno para financiar el déficit, los mercados podrían percibir un mayor riesgo de descontrol fiscal, aumentando las primas de riesgo y la volatilidad financiera.

El debate sobre la coordinación entre política fiscal y monetaria sigue abierto y cobra especial relevancia en momentos de crisis (recuadro 4). Si bien una cooperación bien diseñada puede maximizar la eficacia de ambas herramientas y evitar escenarios de estanflación o recesión prolongada, una aplicación descontrolada podría erosionar la estabilidad macroeconómica y generar desequilibrios estructurales difíciles de corregir. En última instancia, el desafío radica en encontrar un equilibrio óptimo de coordinación que maximice sus ventajas y limite los riesgos.

Recuadro 4
Dominancia fiscal y dominancia monetaria

Tradicionalmente, los economistas han desarrollado dos marcos teóricos que representan regímenes extremos en la relación entre política fiscal y política monetaria: la dominancia fiscal y la dominancia monetaria. En un régimen de dominancia fiscal la política monetaria se supedita a las necesidades fiscales del gobierno. El banco central pierde autonomía y su actuación se orienta a financiar el déficit público, generalmente a través de la compra de deuda soberana. En este contexto, la política monetaria pierde eficacia para controlar la inflación, ya que cualquier intento de endurecimiento puede ser neutralizado por expansiones fiscales descontroladas. Algunos autores y teorías señalan que la dominancia fiscal es la cuna de las grandes hiperinflaciones. Por otro lado, en el régimen de dominancia monetaria el banco central mantiene su independencia y fija su política sin interferencias fiscales, priorizando la estabilidad de precios. La política fiscal, en consecuencia, se ajusta para no interferir con los objetivos de la autoridad monetaria. Sin embargo, este régimen puede generar tensiones en momentos de crisis, cuando una respuesta fiscal pierde flexibilidad ante una crisis grave, ya que debe ajustarse a las decisiones del banco central.

En la práctica, ningún país opera en un régimen puro de dominancia fiscal o dominancia monetaria. En su lugar, los gobiernos y los bancos centrales interactúan en un equilibrio dinámico, en el que el grado de coordinación entre ambas políticas determina los resultados macroeconómicos.

ORIENTACIÓN BIBLIOGRÁFICA

Para una argumentación clásica sobre la utilidad del dinero, resulta especialmente relevante el artículo de Kocherlakota (1998), "Money is memory", *Journal of Economic Theory, 81(2), 232-251.* Respecto al proceso de creación monetaria en las economías modernas, destaca el trabajo divulgativo elaborado por el Banco de Inglaterra: McLeay, Radia y Thomas (2014), "Money in the modern economy: An introduction", *Bank of England Quarterly Bulletin.*

Sobre el funcionamiento y los mecanismos de transmisión de la política monetaria, tanto el Banco de España como el Banco Central Europeo ofrecen recursos explicativos útiles en sus respectivas páginas web. Para una visión actualizada del marco operativo del BCE, se recomienda la entrevista a Isabel Schnabel, miembro del Comité Ejecutivo del BCE, en el podcast Macro Musings (https://www.mercatus.org/macro-musings/isabel-schnabel-ecb-and-its-new-operational-framework). Una crítica reciente al diseño institucional del BCE puede encontrarse en De Grauwe y Ji (2023), "Monetary policies that do not subsidise Banks", *VoxEU.*

Una perspectiva crítica del papel de los bancos centrales en la estabilización macroeconómica reciente se expone en Stiglitz, J. E. (2024), "Neoliberalismo, economía keynesiana y la respuesta a la inflación actual", *El Trimestre Económico, 91*(363), 707-749.

En relación con los desafíos y límites actuales de la política monetaria, se recomienda Albert y Ochando (2022), "Revisión y reformulación de la política monetaria para el siglo XXI", *Revista de Economía Crítica,* 33, 25-41. En la web del BCE también se ofrece información actualizada sobre las medidas que han tomado con relación al cambio climático.

Para profundizar en la conexión entre la política fiscal y la política monetaria se recomienda Cochrane, J. H. (2023). *The fiscal theory of the price level.* Princeton University Press. Por último, para los curiosos sobre la evolución histórica de los tipos de interés se puede consultar el siguiente artículo: Schmelzing, P. (2020), "Eight centuries of global real interest rates, RG, and the 'suprasecular'decline", *Bank of England Working Paper (845).*

Capítulo 7

Políticas de estabilización exterior: equilibrio exterior, sostenibilidad de la balanza de pagos y políticas de ajuste exterior

JESÚS PAÚL
Universidad CEU San Pablo

1. INTRODUCCIÓN

Desde la Segunda Guerra Mundial y, de forma más acusada, desde la década de los ochenta del pasado siglo, se ha producido un proceso de globalización económica y financiera, resultado del cual las economías de los diferentes países son cada vez más abiertas e interdependientes.

La importante reducción en los costes de transporte, la sorprendente evolución de las tecnologías de la información y la comunicación, la apuesta política por reducir las barreras al comercio y a los flujos internacionales de capital, así como los múltiples procesos de integración económica regional, impulsaron el comercio de bienes y servicios y los flujos internacionales de capital, así como la mundialización de la producción con el desarrollo de las cadenas globales de producción.

En los últimos años hemos asistido a diferentes acontecimientos, como la crisis financiera global de 2008, la epidemia del COVID de 2019 y la invasión rusa de Ucrania en 2022, que han puesto de manifiesto algunas de las vulnerabilidades de una economía mundial crecientemente integrada. A su vez, la guerra arancelaria iniciada por el presidente estadounidense Trump en 2025 abre el interrogante sobre el futuro de la globalización económica: ¿se detendrá?, ¿sufrirá un retroceso? o ¿cambiará de ritmo? No obstante, con independencia del posible cambio de ritmo y forma del proceso de globalización económica internacional, el funcionamiento de las economías nacionales no puede entenderse sin tener en cuenta las importantes interrelaciones económicas y financieras con el exterior.

El sector exterior puede constituir para un país una importante fuente de crecimiento económico y generación de empleo. Sin embargo, también puede suponer una importante restricción y fuente de inestabilidad económica cuando, como consecuencia de problemas estructurales, de forma prolongada se registra un elevado desequilibrio exterior que puede conducir a una crisis de balanza de pagos. Así, el mantenimiento de un cierto equilibrio exterior es un factor fundamental para garantizar la estabilidad macroeconómica a medio plazo de un país, por lo que las autoridades económicas deberían utilizar los instrumentos de política económica para garantizarlo.

No obstante, a pesar de la relevancia del equilibrio exterior, tanto su interpretación, como la definición de políticas para su corrección, resultan realmente complejas, como comprobaremos a lo largo del capítulo. Por un lado, no es fácil determinar qué se entiende por equilibrio exterior, y, aun suponiendo que el equilibrio exterior signifique equilibrio en el saldo de la balanza por cuenta corriente, tampoco la interpretación de éste está exenta de dificultades. Por otro lado, tampoco resulta sencillo establecer de forma genérica políticas económicas de corrección del desequilibrio exterior. Por ejemplo, políticas económicas que pueden contribuir a la corrección del desequilibrio exterior a corto plazo, pueden no hacerlo a largo plazo o políticas que son válidas para un país pueden no serlo para otro. Así, las políticas de ajuste dependerán del sistema cambiario y del grado de movilidad internacional del capital existente.

En este capítulo vamos a centrarnos en las variables y políticas macroeconómicas que tienen incidencia sobre el saldo exterior. Sin embargo, es importante resaltar que otras variables y políticas de índole microeconómica tienen un impacto muy relevante en la balanza de pagos de un país. Por ejemplo, el tamaño de las empresas, la especialización de la estructura productiva o la inversión en I+D, entre otros, son factores que inciden en la capacidad exportadora de un país y, en consecuencia, sobre su saldo exterior. Por tanto, aunque en este capítulo nos centraremos en las variables y políticas macroeconómicas que afectan al saldo exterior, es preciso no perder la perspectiva de que su comportamiento es, en buena medida, la plasmación del funcionamiento global de la economía de un país.

El objetivo fundamental de este capítulo es aclarar qué se entiende por equilibrio externo, su sostenibilidad y las políticas que pueden contribuir a alcanzarlo. Para ello, en primer lugar, se analiza la relación entre la balanza de pagos de un país y el proceso de globalización económica y financiera. Posteriormente, en segundo lugar, se define el equilibrio exterior y se analizan las dificultades para su delimitación. En tercer lugar, se aborda el estudio de las diferentes perspectivas que nos permiten aproximarnos al saldo de la cuenta corriente. En el apartado quinto, se estudia el desequilibrio de la economía española. Seguidamente, analizamos los determinantes del saldo por cuenta corriente. En el epígrafe siete, se estudia la relación entre el saldo por cuenta corriente (variable flujo) y la posición de inversión internacional (variable stock) y la relevancia que ésta tiene a la hora de evaluar la sostenibilidad de un desequilibrio exterior. En octavo lugar, nos ocupamos de los múltiples factores que inciden sobre la sostenibilidad del desequilibrio externo. A continuación, se estudian las políticas de ajuste exterior, diferenciando aquellas que facilitan la financiación del déficit exterior de aquellas otras que contribuyen a su corrección. Y para finalizar se realiza una reflexión sobre el presente y futuro de la globalización económica.

2. LA BALANZA DE PAGOS Y LA GLOBALIZACIÓN ECONÓMICA INTERNACIONAL

Antes de abordar el análisis de qué se entiende por equilibrio exterior, su sostenibilidad y qué políticas económicas pueden contribuir a alcanzarlo, es conveniente clarificar y resaltar la relación entre la balanza de pagos de un país, como instrumento de análisis de la economía de este, y el proceso de globalización económica internacional registrado tras la Segunda Guerra Mundial.

El equilibrio exterior que precisa cualquier país para asegurar una senda de crecimiento estable a medio y largo plazo es entendido como el equilibrio en la balanza de pagos. La balanza de pagos, según el Fondo Monetario Internacional (FMI), se define como un registro sistemático de todas las transacciones económicas entre los residentes de un país y los residentes de otros países durante un período determinado. En este registro se incluye tanto las transacciones de bienes y servicios, como las transacciones financieras y de capital.

Por otro lado, al referirnos al proceso de globalización económica observado a nivel mundial desde los años 50, y de manera mucho más pronunciada desde los años 70 del siglo pasado, hablamos del crecimiento de los flujos de bienes, servicios y capital. Como resultado de este, se ha producido una creciente integración económica y financiera entre los distintos países. A nivel global, la apertura comercial se ha más que duplicado desde los años sesenta, impulsada por mejoras en el transporte, las comunicaciones y, sobre todo, por la liberalización comercial. El crecimiento del comercio exterior de bienes y servicios fue especialmente notable hasta mediados de la primera década del presente siglo, destacando dos elementos: la irrupción de China en el comercio mundial y la especialización en la producción a través de la expansión de las cadenas de valor globales.

Los flujos internacionales de capital también aumentaron junto al crecimiento de los intercambios de bienes y servicios, pero su incremento ha sido mucho más acusado. La apertura financiera se ha incrementado fundamentalmente desde los años ochenta, debido a los avances en las tecnologías de la información y la comunicación, y especialmente por la liberalización de los movimientos internacionales de capital. Como ejemplo de este aumento, los flujos internacionales de capital pasaron de aproximadamente 1 billón de dólares en 1990 a superar los 12 billones en 2006, antes de iniciarse la crisis financiera global.

Lógicamente, la globalización económica internacional se ha reflejado en la balanza de pagos de los diferentes países, ya que esta registra las transacciones económicas y financieras entre residentes y no residentes. Este impacto de la globalización económica internacional sobre la balanza de pagos de los distintos países se ha producido a diferentes niveles:

a) *En el volumen de las transacciones registradas.* El crecimiento de los flujos internacionales de bienes, servicios y, sobre todo, de flujos financieros ha hecho que las transacciones con el exterior registradas en la balanza de pagos aumenten en términos de PIB.

b) *En la composición.* La globalización económica internacional ha incrementado el intercambio de bienes intermedios, debido a las cadenas globales de valor, y de servicios, tanto turísticos como no turísticos, aumentando su peso relativo. Además, todas las transacciones registradas en la cuenta financiera ya sean inversiones directas, inversiones en cartera u otras inversiones, han adquirido una relevancia que no tenían en un marco de restricciones a los movimientos internacionales de capital.

c) *En el tamaño de los desequilibrios en cuenta corriente.* La liberalización de los flujos internacionales de capital ha facilitado la financiación de los déficits por cuenta corriente y la colocación en el exterior de los recursos financieros asociados a los superávits por cuenta corriente, aumentando los desequilibrios.

En definitiva, el proceso de globalización económica internacional registrado desde la Segunda Guerra Mundial tuvo un impacto profundo en la balanza de pagos de los distintos países, tanto en el volumen de transacciones registradas, como en su composición y en el tamaño de los desequilibrios y este contexto es importante tenerlo en cuenta a la hora de abordar la definición del equilibrio exterior y de las políticas económicas precisas para alcanzarlo.

3. EL EQUILIBRIO EXTERIOR: LAS DIFICULTADES PARA SU DELIMITACIÓN

El equilibrio en la balanza de pagos ha sido tradicionalmente considerado, junto al pleno empleo y la estabilidad de precios, un objetivo a corto plazo de la política económica. Dicho de otra forma, las autoridades económicas persiguen dos objetivos: el "equilibrio interno", entendido como aquella situación en la que un país alcanza el pleno empleo con estabilidad de precios, y el "equilibrio externo", referido al equilibrio en la balanza de pagos.

Aunque en el pasado en muchas ocasiones se abordaron ambos objetivos con un enfoque dicotómico, en realidad están estrechamente interrelacionados, de tal forma que el comportamiento interno de la economía nacional tendrá su repercusión en el saldo de la balanza de pagos y a su vez el desempeño del sector exterior repercutirá en el equilibrio interno.

Sin embargo, a pesar de la importancia que el mantenimiento del equilibrio externo tiene para la economía de cualquier país no constituye un objetivo último de la política económica en sentido estricto, como la estabilidad de precios o el pleno empleo, ya que no es una variable económica que sea de interés para los ciudadanos o que afecte directamente al bienestar de estos. Es por ello por lo que el equilibrio en la balanza de pagos en ocasiones ha sido considerado como un "cuasi-objetivo", es decir, una variable intermedia elevada a la categoría de objetivo por las autoridades económicas, en la medida en que constituye un medio para alcanzar el objetivo último de equilibrio interno.

Con independencia de que el equilibrio en la balanza de pagos sea considerado o no un objetivo último de la política económica en sentido estricto, lo que la realidad económica nos ha mostrado es que es una variable de máxima relevancia y, por tanto, debe ser objeto de interés por parte de las autoridades económicas.

La determinación de qué se entiende por equilibrio exterior y cómo interpretar la existencia de un desequilibrio externo, en cuanto al riesgo que puede representar para la estabilidad de la economía nacional, es realmente difícil, especialmente si lo comparamos con otras variables económicas como el crecimiento de la producción, el nivel de desempleo o la tasa de inflación, en las que es posible establecer de forma prácticamente intuitiva sus implicaciones en términos de bienestar, así como evaluar si el nivel que registran es positivo o negativo para la economía nacional. Por el contrario, existen distintas formas de aproximarnos al concepto de equilibrio de la balanza de pagos y, además, la existencia de un desequilibrio externo no es en sí ni bueno ni malo, de modo que en ocasiones puede ser interpretado como beneficioso para el país en cuestión, mientras que en otras ocasiones se considerará perjudicial dependiendo de las circunstancias económicas concretas del país.

El hecho de que el equilibrio externo se asocie al equilibrio en la balanza de pagos no quiere decir que para que exista equilibrio externo sea necesario que el conjunto de la balanza de pagos esté en equilibrio. Y en este sentido merece la pena resaltar la diferencia existente entre equilibrio de la balanza de pagos desde un punto de vista contable y desde un punto de vista económico.

Desde el punto de vista contable, la balanza de pagos está siempre equilibrada. Sin embargo, este equilibrio contable no implica que las distintas balanzas que la componen estén en equilibrio, ni que el país no experimente un desequilibrio económico en la balanza de pagos, que es lo relevante desde el punto de vista de la política económica

No es fácil determinar cuándo un país tiene su balanza de pagos "equilibrada" desde el punto de vista económico, ya que no existe un único criterio de qué balanza o grupos de balanza se han de observar a la hora de determinar si existe equilibrio o no en la balanza de pagos. ¿Qué balanza se debe observar?: ¿la balanza por cuenta corriente?, ¿la cuenta financiera?, ¿la cuenta financiera del banco central? o ¿alguna agrupación de cuentas?

Una posibilidad para analizar la existencia o no de equilibrio en la balanza de pagos es la propuesta por Meade de distinguir entre:

- Transacciones autónomas: las ocasionadas por actividades comerciales o financieras, o por razones políticas, siendo su característica distintiva el que tienen lugar independientemente de la posición de la balanza de pagos de un país.
- Transacciones acomodantes o de ajuste: son las que tienen lugar como consecuencia de las transacciones autónomas.

En la mayoría de las ocasiones no resulta difícil distinguir entre transacciones autónomas o transacciones acomodantes. Por ejemplo, las exportaciones de bienes y servicios son transacciones autónomas ya que se producen exclusivamente por razones económicas; la inversión extranjera directa, así como buena parte de la inversión en cartera u otra inversión, también podrían catalogarse como transacciones autónomas ya que se llevan a cabo con el objetivo de obtener un rendimiento. Por otro lado, la variación de la cuenta financiera del banco central, dado que no hace sino compensar el desequilibrio de las partidas autónomas, sería una partida acomodante.

No obstante, existen casos en los que se plantea una seria dificultad para determinar el carácter autónomo o acomodante de una transacción. Por ejemplo, si las autoridades monetarias de un país con un fuerte déficit por cuenta corriente elevan los tipos de interés con el fin de atraer capital extranjero y facilitar la financiación del déficit: ¿cómo debería considerarse la transacción correspondiente? Desde el punto de vista del inversor sería una transacción autónoma, sin embargo, desde la perspectiva de las autoridades monetarias sería una transacción acomodante.

Con independencia de los problemas anteriormente señalados, si trazamos una línea horizontal imaginaria a través de la balanza de pagos que separe transacciones autónomas y transacciones acomodantes, el equilibrio o desequilibrio en la balanza de pagos viene determinado por la suma de las transacciones autónomas, lo cual, desde el punto de vista operativo, no está exento de problemas, dadas las dificultades para identificar las transacciones autónomas.

El criterio más utilizado para evaluar la existencia o no de equilibrio externo es analizar el saldo en la balanza por cuenta corriente o el saldo en la balanza por cuenta corriente más la balanza de capital, es decir, la capacidad o necesidad de financiación del país[1].

Desde una perspectiva actual, merece la pena destacar que, junto al saldo de la balanza por cuenta corriente, existen otros indicadores económicos cuyo seguimiento nos ofrece una visión más completa sobre la existencia o no de un posible desequilibrio externo en un país y, en consecuencia, sobre las medidas de política económica a aplicar (véase Recuadro 1). Por un lado, es relevante analizar la composición de la cuenta financiera. Por ejemplo, a la hora de evaluar la existencia o no de equilibrio exterior, no es lo mismo que un país con déficit en su cuenta corriente reciba importantes entradas de inversión extranjera directa, o que, por el contrario, se esté financiando con inversiones en cartera de elevada volatilidad. Por otro lado,

---

1 La cuenta de capital muestra las transferencias de capital y la adquisición y disposición de activos no financieros no producidos entre residentes y no residentes (como, por ejemplo, marcas registradas, concesiones, etc). Por su escasa relevancia desde un punto de vista cuantitativo, en ocasiones, haremos abstracción del saldo en la cuenta de capital y diremos que cuando un país tiene un superávit en su cuenta corriente tiene capacidad de financiación, mientras que cuando presenta un déficit tiene necesidad de financiación.

también puede ser de gran utilidad el seguimiento de otras variables, tanto de flujo, como las cuotas de exportación y de penetración de las importaciones, las tasas de ahorro e inversión, como de stock, como la posición de inversión internacional y la deuda exterior. Asimismo, el comportamiento del tipo de cambio real es una variable de interés, en la medida en que refleja la evolución de la competitividad exterior de una economía.

Recuadro 1
Indicadores de desequilibrios externos en la UEM

Desde 2012 en el marco de gobernanza de la UEM existe una vigilancia de los desequilibrios macroeconómicos, entre los que se han incluido los siguientes indicadores económicos de desequilibrios externos y competitividad:

- *Cuenta corriente como porcentaje del PIB: Media móvil de los tres últimos años con un umbral de +6/-4.*
- *Posición neta de la inversión internacional como porcentaje del PIB: con un umbral del -35.*
- *Tipo de cambio efectivo real en relación con otros 35 países industrializados*: *Variación porcentual (3 años) con un umbral del +/-5 con la UEM y de +/-11 con no UEM.*
- *Cuotas de mercado de las exportaciones nominales*: *Variación porcentual (5 años) con un umbral de -6.*
- *Costes laborales unitarios nominales: Variación porcentual (3 años) con un umbral de +9 con UEM y de +12 con no UEM.*

En este capítulo vamos a centrarnos fundamentalmente en el análisis del equilibrio en la balanza por cuenta corriente, aunque también nos ocuparemos del significado de la posición de inversión internacional.

4. BALANZA POR CUENTA CORRIENTE: SIGNIFICADO MACROECONÓMICO Y DIFERENTES PERSPECTIVAS

Incluso aproximándonos al concepto de equilibrio exterior a través del análisis del saldo en la balanza por cuenta corriente, no es fácil determinar con claridad la presencia o no de un desequilibrio exterior y mucho menos establecer límites numéricos precisos que nos permitan hablar de la existencia de un desequilibrio.

Estas dificultades de interpretación del saldo en la cuenta corriente se derivan de su propia naturaleza, en el sentido de que la cuenta corriente es la manifestación de la interacción de múltiples factores, estructurales y cíclicos: las tasas de ahorro e inversión nacionales, el crecimiento económico del país y del exterior, los flujos de capital, los tipos de interés y los tipos de cambio, entre otros.

De hecho, como comprobaremos a continuación, es posible aproximarnos al saldo por cuenta corriente desde diferentes perspectivas, cada una de las cuales enfatiza la relación existente entre la cuenta corriente con agregados macroeconómicos alternativos. Con el fin de comprender estas diferentes perspectivas de la balanza por cuenta corriente y las relaciones entre ellas, vamos a utilizar identidades básicas de contabilidad nacional y de balanza de pagos que son satisfechas en todo momento del tiempo y en cualquier economía.

Partiendo de la identidad básica de una economía abierta:

$$PIB \equiv C + I + G + X - M$$

Siendo:

PIB = Producto Interior Bruto

C = Consumo Privado

I = Inversión Privada

G = Gasto Público

X = Exportaciones de Bienes y Servicios

M = Importaciones de Bienes y Servicios

Sumando en ambos miembros las rentas, primaria y secundaria, con el exterior (R), obtendríamos:

$$PIB + R \equiv C + I + G + X - M + R$$

En donde:

$PIB + R \equiv Y \equiv$ Renta Nacional

$X - M + R \equiv CC \equiv$ Saldo en la Balanza por Cuenta Corriente

Y, por tanto, puede transformarse en:

$$Y \equiv C + I + G + CC$$

Si consideramos que $C + I + G$ es la demanda interna o absorción de los residentes (A), obtendremos:

$$Y \equiv A + CC$$

Y, por tanto, podemos expresar el saldo por cuenta corriente como diferencia entre renta y gasto (demanda interna):

$$CC \equiv Y - A$$

Cuando la renta supera al gasto, el país muestra un superávit en la cuenta corriente, mientras que cuando la renta es inferior al gasto, el país muestra un déficit por cuenta corriente.

A su vez, dado que la renta se destina necesariamente al consumo (C), al ahorro (S) o al pago de impuestos (T), tendremos:

$$Y \equiv C + S + T$$

Y, por tanto:

$$C + I + G + CC \equiv Y \equiv C + S + T$$

La anterior expresión podemos expresarla de la forma siguiente:

$$CC \equiv (S - I) +(T - G)$$

Esta identidad permite relacionar el saldo en la balanza por cuenta corriente con el comportamiento de los agentes económicos nacionales. Cuando el ahorro nacional (suma del ahorro privado, S, y el ahorro público, T – G) supera la inversión (I), la economía nacional mostrará un superávit en el saldo en la cuenta corriente (capacidad de financiación), por el contrario, cuando el ahorro nacional sea inferior a la inversión nacional, el país registrará un déficit en su cuenta corriente (necesidad de financiación).

Otra forma de abordar el significado del saldo en la balanza por cuenta corriente es a partir de la identidad básica de la balanza de pagos, según la cual el saldo en la balanza por cuenta corriente debe igualar el saldo en la cuenta financiera[2]:

$$CC \equiv CF$$

La cuenta financiera recoge la variación de activos externos (ΔA^x) menos la variación de pasivos externos (ΔP^x)[3]:

---

2 Estamos suponiendo que tanto el saldo en la cuenta de capital como la partida errores y omisiones son cero.

3 Un activo externo es un activo emitido por un no residente en poder de un residente y un pasivo externo es un activo emitido por un residente en poder de un no residente. En la cuenta financiera, un aumento de los activos externos supone un pago al exterior, es decir, una salida de capital y se anota con signo positivo en los activos. Por su parte, un aumento de los pasivos externos supone un ingreso del exterior, es decir, una entrada de capital y se anota en los pasivos también con signo positivo.

$$CC \equiv CF \equiv \Delta A^x - \Delta P^x$$

Por tanto:

a) Si la balanza por cuenta corriente es superavitaria, la cuenta financiera mostrará un saldo neto positivo, es decir, la variación de activos externos será superior a la variación de pasivos externos lo que supondrá una salida neta de capital. Este saldo positivo en la cuenta financiera hará que en periodos sucesivos se produzca un aumento en los ingresos por rentas de inversión, incrementándose el superávit en la balanza por cuenta corriente.

b) Si la balanza por cuenta corriente es deficitaria, la cuenta financiera mostrará un saldo neto negativo, es decir, la variación de activos externos será inferior a la variación de pasivos externos lo que supondrá una entrada neta de capital. Este saldo negativo en la cuenta financiera hará que en periodos sucesivos se produzca un aumento en los pagos por rentas de inversión, incrementándose el déficit en la balanza por cuenta corriente.

Si reagrupamos las anteriores identidades obtenemos:

$$CC \equiv X - M + R \equiv Y - A \equiv (S - I) + (T - G) \equiv CF \equiv \Delta A^x - \Delta P^x$$

Las anteriores identidades nos muestran la existencia de diferentes formas de aproximarnos al concepto de saldo por cuenta corriente. Asimismo, es muy importante resaltar que estas identidades muestran "asociaciones en el tiempo" entre las distintas variables, pero no significa que existan relaciones causales entre las mismas.

Dependiendo de la perspectiva desde la que se aborde el análisis de un desequilibrio en cuenta corriente las variables en las que se hará hincapié serán distintas. Por ejemplo, la presencia de un elevado déficit por cuenta corriente puede explicarse de formas muy distintas, en parte, según la perspectiva a la que nos aproximemos al concepto de saldo por cuenta corriente:

a) Entendido el saldo en la cuenta corriente como diferencia entre exportaciones e importaciones (de bienes, servicios y rentas). En este caso, la existencia de un elevado déficit por cuenta corriente puede estar asociada a un problema de falta de competitividad de los bienes y servicios nacionales, lo que dificulta la venta de la producción nacional en el exterior e incentiva la sustitución de la producción nacional por bienes importados.

b) Desde la perspectiva interna, es decir, entendido el saldo por cuenta corriente como diferencia entre ahorro e inversión nacional o como diferencia entre renta y gasto. La presencia de un déficit por cuenta corriente podría interpretarse como que el país "está viviendo por encima de sus posibilidades", en la medida en que la inversión nacional excede el ahorro nacional, o lo que es lo mismo que el gasto supera a la renta. Asimismo, en esta perspectiva interna se basa la teoría de los "déficits gemelos", según la cual el déficit exterior estaría relacionado con la presencia de déficits públicos.

c) Desde la perspectiva financiera, en la medida en que el saldo por cuenta corriente tiene su simétrico en el saldo de la cuenta financiera. Así, el saldo deficitario en la cuenta corriente y, por tanto, el saldo negativo en la cuenta financiera puede ser interpretado como que el país en cuestión es un "oasis de prosperidad», que atrae inversión del resto del mundo, lo que conduce al desequilibrio en la cuenta corriente. Partiendo de esta perspectiva, en el desequilibrio en la cuenta financiera podría estar el origen de un desequilibrio en la cuenta corriente.

En definitiva, al saldo de la cuenta corriente podemos aproximarnos desde diferentes perspectivas, cada una de las cuales enfatiza la relación existente entre la cuenta corriente con agregados macroeconómicos alternativos:

1. La cuenta corriente como diferencia entre exportaciones e importaciones.
2. La cuenta corriente como diferencia entre ahorro e inversión nacional.
3. La cuenta corriente como la variación de activos y pasivos externos.

Estas tres expresiones de la cuenta corriente no son sino diferentes perspectivas de una misma realidad y no resultan inconexas entre sí, sino que por el contrario están relacionadas mediante identidades, de ahí que no sea plausible establecer juicios divergentes, ya que las tres son consistentes entre sí y se refuerzan mutuamente.

En general, y con independencia de la perspectiva con la que nos aproximemos al concepto de saldo por cuenta corriente, podemos diferenciar dos tipos de factores causantes del desequilibrio exterior: internos y externos, aunque esta distinción entre unos y otros no siempre será fácil de realizar.

Entre las causas internas se encuentra la presencia de tensiones inflacionistas que se traducen en una pérdida de competitividad, medida a través de una apreciación real de la moneda nacional. Asimismo, la existencia de una economía "sobrecalentada" en la que la demanda interna crece a una tasa muy elevada va a ser otro factor interno causante de un déficit exterior. Entre los factores de naturaleza externa con incidencia en el saldo en la cuenta corriente podemos destacar las alteraciones en la relación real de intercambio como consecuencia de perturbaciones por el lado de la oferta, tal y como ocurrió en la década de los setenta ante la subida en los precios del petróleo.

Tal y como se analiza en el Recuadro 2, las balanzas por cuenta corrientes de los distintos países están interrelacionadas y si analizamos el mundo en su totalidad deberíamos obtener un saldo por cuenta corriente nulo, sin embargo, esto no es así.

Recuadro 2
La Balanza por Cuenta Corriente del Mundo

El valor de las exportaciones de un país normalmente no va a coincidir con el de sus importaciones. Habitualmente un país presentará un superávit en su cuenta corriente (es decir, tendrá capacidad de financiación y prestará al exterior) o un déficit en su cuenta corriente (es decir, tendrá necesidad de financiación y el exterior le prestará). Sin embargo, cuando consideramos la perspectiva del conjunto de la economía mundial el saldo por cuenta corriente debe ser cero.

Dado que la exportación de un país se corresponde con la importación de otro país:

$\text{Exportación}_{\text{País i}} = \text{Importación}_{\text{País j}}$

Por tanto, si agregamos las exportaciones de todos los países del mundo estas deberían coincidir con el agregado de importaciones de todos los países del mundo (país i, país j, ..., país k):

$$\Sigma \textit{ Paises con superavit en cuenta corriente} = \Sigma \textit{ Países con déficit en cuenta corriente}$$

De lo que se derivan dos conclusiones importantes:

1ª.- La cuenta corriente de la economía mundial debería ser cero.

2ª.- La suma de los saldos de los países con superávit en cuenta corriente debería coincidir con la suma de los saldos de los países con déficit en cuenta corriente.

Sin embargo, en la práctica, cuando son sumadas las cifras oficiales de las cuentas corrientes de los distintos países, como por ejemplo las que facilita el FMI, comprobamos que en 2024 el mundo exportó 519 mil millones de dólares más de los que importó. ¿Significa esto que la Tierra es un exportador neto y que Marte o Saturno son importadores netos a los que la Tierra está prestando recursos financieros? Es evidente que al menos hasta la fecha el comercio extraterrestre es bastante improbable, por lo que la existencia de desequilibrios por cuenta corriente en el conjunto del mundo se debe a errores estadísticos y de medición en las transacciones económicas y financieras internacionales.

Desde 2004, tras décadas en las que las cifras de la cuenta corriente de la economía mundial mostraban un déficit aproximadamente del 0,5% del PIB, el saldo por cuenta corriente de la economía mundial es superavitario, lo que necesariamente supone que los déficits por cuenta corriente de los países deficitarios, como, por ejemplo, Estados Unidos, están siendo subestimados y/o los superávits por cuenta corriente de los países superavitarios, como, por ejemplo, China, están siendo sobreestimados (Véase Gráfico 1).

Hay distintos factores que llevan a la incorrecta medición de los saldos por cuenta corriente. Por ejemplo, cuando la economía mundial registraba un continuado déficit en cuenta corriente se consideraba que el principal problema se encontraba en el cómputo que desde los países desarrollados se hacía con relación a los ingresos por las rentas de inversión que obtenían de sus inversiones en otros países. Desde una perspectiva actual, también se pueden estar produciendo errores en el cómputo de determinados servicios o en el intercambio de bienes que se realizan dentro de las propias empresas multinacionales.

Gráfico 1

Fuente: Elaboración propia a partir de FMI, "World Economic Outlook", abril, 2025.

Más allá de los problemas estadísticos existentes a la hora de medir correctamente el valor de los desequilibrios por cuenta corriente de cada país y, en consecuencia, del conjunto de la economía mundial, el hecho de que en realidad el saldo por cuenta corriente del conjunto de la economía mundial sea nulo, nos conduce a una importante conclusión desde el punto de vista de política económica: los desequilibrios por cuenta corriente son interdependientes y, por tanto, la corrección de los desequilibrios globales por cuenta corriente no pueden afrontarse de forma aislada. En este sentido, cuando tras la crisis financiera global se demandaba que el conjunto de los países de la Eurozona estableciese políticas dirigidas a impulsar sus exportaciones y que éstas se convirtieran en el motor de su crecimiento económico, era necesario que éstas se acompañaran del aumento del déficit por cuenta corriente (o la reducción del superávit) de otros países, porque como ya se ha resaltado es totalmente imposible que todos los países del mundo sean exportadores netos. Igualmente, no es posible demandar que China reduzca su superávit por cuenta corriente si simultáneamente no se produce la reducción de los déficits por cuenta corriente de otros países, como, por ejemplo, Estados Unidos (Véase Cuadro 1).

Cuadro 1

Cuenta Corriente. 2024 (Miles de Millones de dólares)			
China	424	Estados Unidos	-1133
Alemania	267	Reino Unido	-122
Japón	193	Brasil	-61
Taiwán	123	Australia	-34
Holanda	122	Rumanía	-31
Corea	99	India	-31
Irlanda	99	Egipto	-20
Singapur	96	Grecia	-17
Noruega	83	Filipinas	-17
Rusia	62	Nueva Zelanda	-15

Fuente: FMI, "World Economic Outlook", abril, 2025.

5. EL DESEQUILIBRIO EXTERIOR DE LA ECONOMÍA ESPAÑOLA: UN ANÁLISIS EN PERSPECTIVA INTERNA

En las décadas previas a la creación de la UEM la economía española se caracterizó por registrar déficits exteriores, especialmente en las fases expansivas del ciclo económico, y que normalmente obligaban a una devaluación de la peseta como medida correctora. La implantación del euro supuso un cambio importante de régimen macroeconómico con un claro impacto desde el punto de vista de la sostenibilidad del desequilibrio exterior, en la medida que posibilitaba su financiación en nuestra propia moneda, el euro. Tal y como puede observarse en el gráfico 1, desde el inicio de la UEM la economía española ha registrado un comportamiento de su desequilibrio exterior que, por su tamaño, su persistencia e incluso por la velocidad de corrección del mismo no es comparable al registrado en anteriores períodos históricos y que difícilmente puede entenderse sin considerar la pertenencia de nuestra economía a una unión monetaria.

Gráfico 1

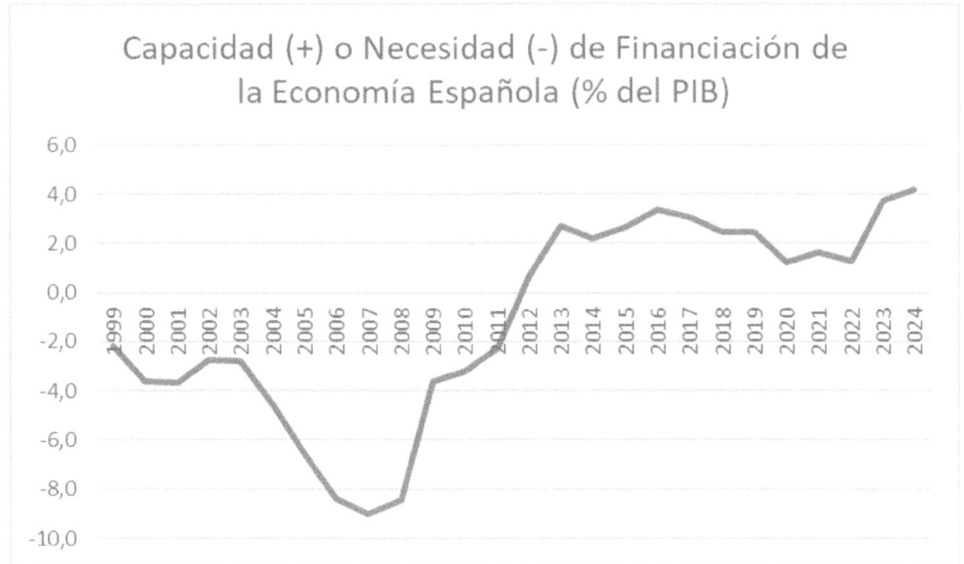

Fuente: Elaboración propia a partir de INE.

El desequilibrio exterior de la economía española es habitualmente explicado desde la perspectiva de los flujos de bienes, servicios y rentas. Así, el creciente y muy elevado déficit exterior registrado durante los primeros años de vigencia del euro respondería a la fase fuertemente expansiva que atravesó nuestra economía y a la pérdida de competitividad registrada, lo que unido a la estructura del comercio exterior español por productos y por áreas geográficas, junto con la creciente competencia en los mercados internacionales de los países emergentes, hizo que se frenaran nuestras ventas al exterior y, sobre todo, que aumentase sensiblemente la penetración de las importaciones.

Sin embargo, tratar de explicar el comportamiento de nuestro sector exterior exclusivamente a partir de los factores que determinan de forma directa los flujos comerciales, sino erróneo, sí resulta insuficiente, ya que para hallar una explicación adecuada hay que considerar la incidencia que han tenido otras variables, entre las que destacan los tipos de interés, el precio de los activos y la disponibilidad de financiación exterior, la evolución de las cuales a su vez es el resultado de otras fuerzas fundamentales. Y para comprender la incidencia de todas ellas, resulta más conveniente adoptar una perspectiva alternativa, la que podríamos denominar interna, según la cual el saldo exterior es el resultado de la diferencia entre ahorro e inversión nacional.

Dado que la capacidad (o necesidad) de financiación de un país es igual a la diferencia entre su nivel de ahorro y de inversión nacional, la variación de ese saldo exterior responde al comportamiento individual o conjunto de ambas magnitudes.

Si observamos el gráfico 2 podemos comprobar que la rápida ampliación de la necesidad de financiación que registró nuestra economía desde 1999 hasta 2007, y, de forma especialmente acusada desde 2004, se debió principalmente a un aumento de la inversión nacional y en menor medida a una disminución del ahorro. En efecto, en este período, mientras que la inversión aumentó 5,2 puntos del PIB, hasta alcanzar alrededor del 30 por 100 de éste, el ahorro descendió 1,2 puntos, aumentando la necesidad de financiación de la economía española en torno a 7 puntos, para situar el déficit exterior en el 9 por 100 de nuestra producción anual.

Por su parte, el proceso de "reversión en la cuenta corriente" que registró la economía española a partir de 2008, y que condujo a que, a partir de 2012, nuestro país presentase una capacidad de financiación que se ha mantenido hasta la actualidad, se explica prácticamente en su totalidad por el desplome registrado por la inversión nacional, que se redujo desde el entorno del 30% en 2007 hasta aproximadamente el 17,5% en 2013. A su vez, el ahorro nacional, aunque en los primeros años tras el estallido de la crisis financiera global mantuvo la tendencia de descenso iniciada en los años de "boom económico", a partir de 2012, con la agudización de la crisis de la deuda soberana europea, registró un cambio de tendencia, por lo que cuando se analiza el conjunto del período que transcurre desde 2008 a 2014 se comprueba que registró un muy moderado aumento (0,2% del PIB), con una escasa contribución a la corrección del desequilibrio exterior.

Gráfico 2

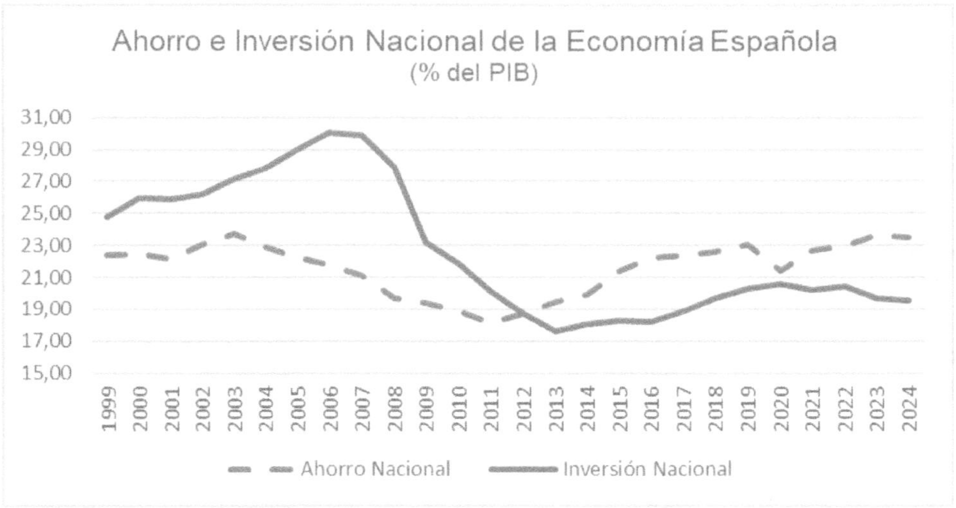

Fuente: Elaboración propia a partir de INE.

Por último, durante el período que se inicia en 2014 y transcurre hasta 2024, y en el que de forma continuada la economía española ha registrado una capacidad de financiación en el intérvalo del 1 al 4% del PIB, se ha producido un aumento tanto del ahorro nacional (3,5 puntos del PIB), como de la inversión nacional (1,5 puntos del PIB). Este aumento en la inversión nacional no ha impedido que su nivel a finales de 2024 se sitúe aproximadamente cuatro puntos por debajo del existente al inicio de la UEM.

El gráfico 3 reporta una información adicional para entender las causas de las oscilaciones registradas por la capacidad/necesidad de financiación de la economía española desde el inicio de la UEM, ya que diferencia entre la capacidad (necesidad) de financiación de las Administraciones Públicas y la del Sector Privado no Financiero (que incluye a las sociedades no financieras y a los hogares e instituciones sin fines de lucro al servicio de los hogares). Tal y como puede observarse, el crecimiento desbordado de la necesidad de financiación exterior de la economía española que se produjo entre 2004 y mediados de 2008 respondió a un patrón de comportamiento justamente contrario al que se había constatado hasta el inicio de la UEM, ya que se debió exclusivamente al crecimiento de la necesidad de financiación del Sector Privado no Financiero, mientras que, por el contrario, las Administraciones Públicas dejaron atrás su tradicional papel de demandante de financiación para pasar en 2005 a constituirse en un sector con capacidad de financiación.

Gráfico 3

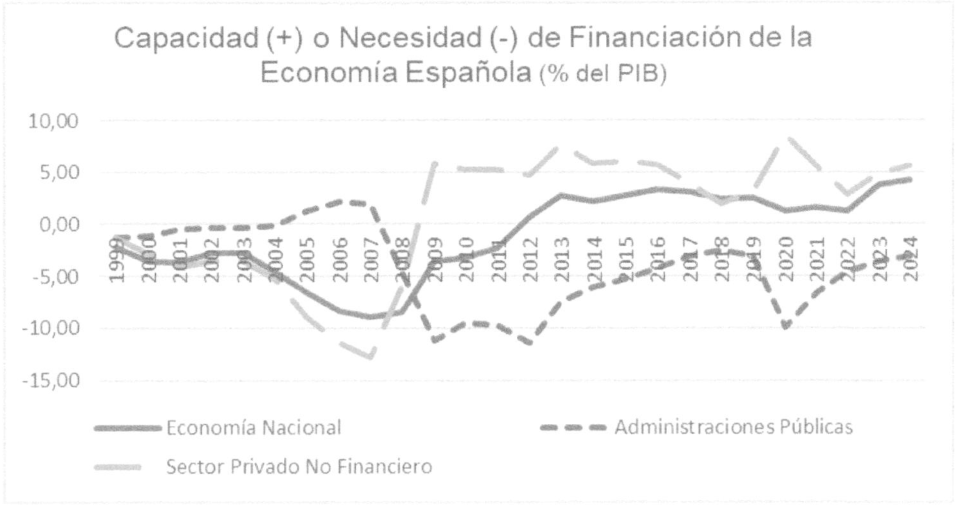

Fuente: Elaboración propia a partir de INE.

Al igual que el fuerte deterioro del déficit exterior que registró la economía española desde 2004 hasta 2007 se debió exclusivamente al incremento en la necesidad de financiación del Sector Privado no Financiero, la fortísima corrección en el déficit exterior que se produjo hasta 2013 se debió al brusco ajuste realizado por el Sector Privado no Financiero, que pasó de registrar una necesidad de financiación en torno a 13 puntos del PIB en 2008 a una capacidad de financiación superior a 7 puntos del PIB a finales de 2013.

Por último, hay que destacar que la crisis de la COVID-19 tuvo su impacto desde el punto de vista del saldo exterior, reduciendo en 2020 la capacidad de financiación de la economía española hasta el 1,2% del PIB, debido al muy rápido aumento de las necesidades de financiación de las Administraciones Públicas (10% del PIB). No obstante, la posterior corrección de las cuentas públicas ha hecho que en 2024 la capacidad de financiación de nuestra economía alcance un máximo histórico del 4,2% del PIB.

6. DETERMINANTES DEL SALDO POR CUENTA CORRIENTE

Antes de analizar cómo pueden las autoridades económicas utilizar los instrumentos de política económica para corregir los desequilibrios externos resulta conveniente estudiar, aunque sea de forma muy genérica, qué factores inciden sobre el saldo por cuenta corriente.

Al igual que existen distintas formas de aproximarnos al saldo por cuenta corriente, existen distintos marcos teóricos a la hora de analizar la cuenta corriente y en función de cuál sea el marco conceptual utilizado se hará hincapié en unos factores u otros como determinantes del saldo por cuenta corriente. En general, podemos diferenciar dos grandes marcos explicativos de la cuenta corriente: un enfoque tradicional que podríamos enmarcar en el modelo Mundell-Fleming, que nos aproxima a la cuenta corriente como diferencia entre exportaciones e importaciones, y un enfoque intertemporal de la cuenta corriente enmarcado dentro de la denominada nueva macreconomía abierta, y que entiende la cuenta corriente como diferencia entre ahorro e inversión nacional.

Si partimos del enfoque tradicional, la balanza por cuenta corriente viene determinada básicamente por la diferencia entre exportaciones e importaciones de bienes y servicios y, en consecuencia, son los factores que inciden sobre el volumen de exportaciones y el volumen de importaciones los principales determinantes del saldo por cuenta corriente.

El volumen de exportaciones de bienes y servicios (X) depende de la renta exterior (Ye) y del tipo de cambio real (R). Aumentos en la renta exterior impulsarán las exportaciones nacionales, mientras que aumentos en el tipo de cambio real, es decir, apreciaciones reales de la moneda nacional, y, por tanto, pérdidas de competitividad de la producción nacional en relación a la producción exterior, traerán consigo reducciones en el volumen de exportaciones.

$$X = X(Ye, R) \longrightarrow \begin{cases} \dfrac{\partial X}{\partial Ye} > 0 \\ \dfrac{\partial X}{\partial R} < 0 \end{cases}$$

El volumen de importaciones de bienes y servicios (M) depende de la renta nacional (Y) y del tipo de cambio real (R). Aumentos en la renta nacional incrementarán las importaciones nacionales, mientras que aumentos en el tipo de cambio real, es decir, apreciaciones reales de la moneda nacional, y, por tanto, pérdidas de competitividad de la producción nacional en relación a la producción exterior, traerán consigo aumentos en el volumen de importaciones.

$$M = M(Y, R) \longrightarrow \begin{cases} \dfrac{\partial M}{\partial Y} > 0 \\ \dfrac{\partial M}{\partial R} > 0 \end{cases}$$

Por tanto, a partir de este enfoque tradicional el saldo en la balanza por cuenta corriente está determinado, por un lado, por la posición cíclica de la economía nacional y de los países con los que se realizan intercambios comerciales, y, por otro lado, por el comportamiento del tipo de cambio real, es decir, de la competitividad relativa de la producción nacional en relación al exterior.

Por su parte, si partimos de un enfoque intertemporal de la cuenta corriente, dado que la cuenta corriente es entendida como diferencia entre ahorro e inversión, son los factores que inciden sobre el ahorro y la inversión los que determinan en última instancia el saldo por cuenta corriente. La relación de factores que inciden en el comportamiento del ahorro e inversión de un país es muy amplia y no existe un acuerdo generalizado sobre los mismos. No obstante, la muy abundante literatura empírica que ha estudiado los determinantes a medio plazo del saldo por cuenta corriente partiendo de la citada identidad macroeconómica destaca, entre otros, los siguientes factores:

- *Demográficos:* en un país en el que exista una relativamente elevada proporción de población económicamente dependiente habrá un menor ahorro nacional y, en consecuencia, un menor saldo en la cuenta corriente.
- *De convergencia*: en países con un bajo nivel de renta (medido a través de un reducido PIB per cápita) es de esperar que se registren déficits por cuenta corriente asociados a procesos de "catching-up".
- *Inversión (en porcentaje del PIB)*: una elevada inversión traería consigo aumentos de la productividad futura y, por tanto, expectativas de una mayor renta futura. Este hecho daría lugar a un ajuste intertemporal en las decisiones de los agentes que se traducirían en un déficit por cuenta corriente.
- *Saldo Fiscal*: diversos modelos asocian positivamente el saldo presupuestario y el saldo por cuenta corriente en el medio plazo. Déficits presupuestarios se traducen en déficits por cuenta corriente al redistribuir renta de las generaciones futuras a la generación actual.

- *Posición de Inversión Internacional (% PIB)*: se espera que las economías que presentan un elevado nivel de endeudamiento, por un lado, registren en el futuro superávits por cuenta corriente que les permitan mantener su solvencia a medio plazo. Sin embargo, por otro lado, cuanto mayor sea la posición deudora de un país, mayores serán sus pagos netos por rentas.
- *Dependencia energética*: aquellos países que muestran una elevada dependencia energética registrarán elevados déficits comerciales energéticos que se traducirán en déficits por cuenta corriente.

7. DESEQUILIBRIOS POR CUENTA CORRIENTE Y POSICIÓN DE INVERSIÓN INTERNACIONAL

Tal y como ya hemos señalado, los desequilibrios en cuenta corriente van a estar asociados a desequilibrios en la cuenta financiera y, por tanto, van a traer consigo variaciones en los stocks de activos y pasivos externos.

A la hora de evaluar el desequilibrio exterior de un país no sólo es importante analizar la cuantía del déficit por cuenta corriente (variable flujo), sino que también es de suma relevancia analizar la posición deudora o acreedora que un país tiene con el exterior (variable stock).

La posición de inversión internacional (PII) es el indicador económico habitualmente utilizado a la hora de medir la posición deudora o acreedora de un país con el exterior. En concreto, la PII de un país es la diferencia de los stocks de activos y pasivos externos de una economía en un momento del tiempo. Si el volumen de activos frente al exterior es superior al de pasivos el país tendrá una Posición de Inversión Internacional Neta acreedora, mientras que si los pasivos frente al exterior superan a los activos el país tendrá una Posición de Inversión Internacional Neta deudora.

La PII en el año t se corresponderá con la posición del año t-1 más las variaciones de activos y pasivos externos del año t, que se reflejan en la balanza financiera, más los cambios de valoración que se hayan producido en el período considerado —tanto por variaciones en los tipos de cambio como en los precios de los activos y pasivos externos— y más otras variaciones en el volumen de los activos y pasivos financieros frente al exterior, como, por ejemplo, la cancelación unilateral de un préstamo por parte del acreedor.

$$PII_t = PII_{t-1} + CF_t + Efectos\ valoración_t$$

Por tanto, si un país registra un déficit en su cuenta corriente, o lo que es lo mismo la economía del país tiene necesidad de financiación, necesariamente desde el punto de vista de la cuenta financiera registrará un signo negativo, es decir, las entradas netas de capital superarán a las salidas, o, dicho en otras palabras, el incremento en los pasivos externos será superior al aumento en los activos frente al exterior. Por el contrario, si un país registra un superávit en su cuenta corriente, o lo que es lo mismo la economía del país tiene capacidad de financiación, necesariamente desde el punto de vista de la cuenta financiera registrará un signo positivo, es decir, las salidas netas de capital superarán a las entradas, o, dicho en otras palabras, el incremento en los activos externos será superior al aumento en los pasivos frente al exterior. En consecuencia, haciendo abstracción de las variaciones que puedan producirse en la valoración, un déficit por cuenta corriente traerá consigo un deterioro en la posición de inversión internacional, mientras que un superávit por cuenta corriente traerá consigo una mejora en la posición de inversión internacional (véase Recuadro 3).

Recuadro 3
Déficit exterior y Posición de Inversión Internacional de Estados Unidos

Desde inicios de los años ochenta Estados Unidos presenta de forma continuada una necesidad de financiación, que alcanzó su máximo en 2006, aproximándose al 6% del PIB. Tras la crisis financiera global se registró una importante reducción en el desequilibrio exterior, situándose en el entorno del 2%. Sin embargo, en la presente década se ha vuelto a producir un importante aumento, alcanzando en 2024 el 3,9% del PIB (véase gráfico 1).

Gráfico 1

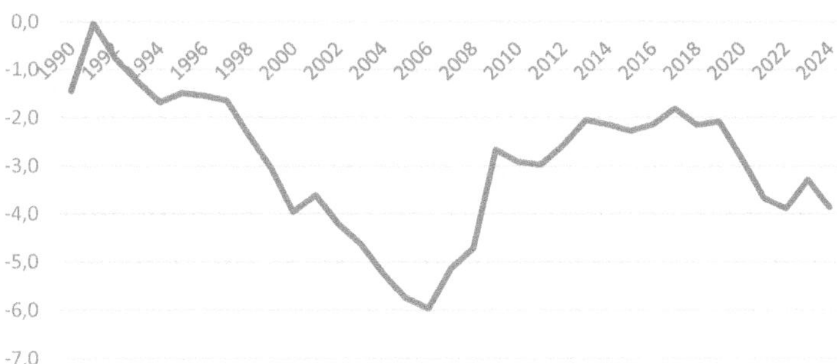

Fuente: Elaboración propia a partir de Bureau of Economic Analysis, marzo, 2025.

La continuada y elevada necesidad de financiación de la economía estadounidense se ha plasmado en una creciente PII negativa, es decir, una posición deudora, que alcanzó en 2024 el 90% del PIB, situándose entre las economías avanzadas más endeudadas con el exterior (véase gráfico 2). Este deterioro en la PII estadounidense, como consecuencia de los elevados y crecientes déficits en cuenta corriente, es una de las razones, aunque no la única, que ha llevado al presidente Trump a iniciar la guerra arancelaria, al considerar que unos elevados aranceles constituyen un instrumento adecuado para corregir el desequilibrio exterior.

Gráfico 2

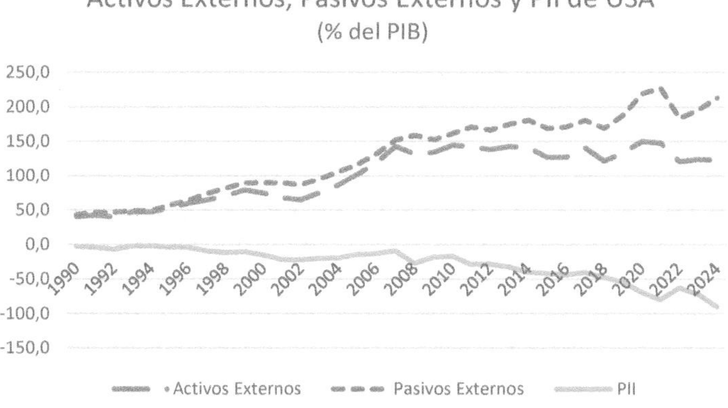

Fuente: Elaboración propia a partir de Bureau of Economic Analysis, marzo, 2025.

Esta relación existente entre el saldo por cuenta corriente y la Posición de Inversión Internacional nos aproxima a los conceptos de déficit exterior financiable y déficit exterior sostenible. Hablamos de la existencia de un déficit exterior financiable cuando el país en cuestión cubre sus necesidades de financiación sin tener que recurrir a sus reservas de divisas o acudiendo a éstas lo hace en una pequeña cuantía sin provocar su agotamiento.

La sostenibilidad de un desequilibrio exterior no viene solo determinada por el nivel del déficit por cuenta corriente, sino también por la posición deudora internacional que registre el país en cuestión. De ahí que, desde el punto de vista de los mercados financieros y de las agencias de rating, sea de máxima importancia calcular la sostenibilidad o no de la posición deudora exterior neta de un país, ya que ello va a determinar el riesgo de prestar al país en cuestión y, en consecuencia, el coste de su financiación exterior.

Un déficit exterior podríamos calificarlo como sostenible cuando permita estabilizar la posición deudora neta de un país en un nivel en el que el país pueda hacer frente a sus compromisos de pago futuros.

Como comprobaremos posteriormente, no es posible establecer un nivel de posición deudora neta sostenible igual para todo país y en cualquier momento del tiempo, sino que, por el contrario, este va a depender de múltiples factores. No obstante, tomando como dado un determinado nivel de posición deudora neta de un país considerado como sostenible, es posible determinar de qué variables depende el saldo por cuenta corriente necesario para estabilizar la posición deudora neta de dicho país. En concreto, el saldo por cuenta corriente que estabiliza el endeudamiento neto externo de un país dependerá de[4]:

1°. El nivel de la posición deudora neta (en proporción al PIB) en que se desee estabilizar la economía.

2°. El tipo de interés a abonar por los pasivos externos.

3°. La tasa de crecimiento del PIB nominal.

En concreto, en el caso en que la tasa de crecimiento del PIB nominal sea inferior al tipo de interés que se ha de pagar por el endeudamiento externo para estabilizar el nivel de posición deudora neta será necesario que el país en el futuro registre superávits por cuenta corriente. Sin embargo, si la tasa de crecimiento del PIB nominal supera al coste de la financiación externa será posible estabilizar el nivel de endeudamiento externo (en términos de PIB), aunque el país registre un déficit por cuenta corriente. Por tanto, cuanto mayor sea la diferencia entre crecimiento nominal y tipos de interés, el país en cuestión podrá registrar un mayor déficit por cuenta corriente sin que se produzcan aumentos en su posición deudora neta.

Cuando la posición deudora internacional es muy elevada puede que el país se vea forzado a reducir la proporción de endeudamiento externo en proporción al PIB, o incluso en términos absolutos, en cuyo caso puede que tenga que registrar sucesivos superávits en cuenta corriente.

8. LOS FACTORES QUE INCIDEN SOBRE LA SOSTENIBILIDAD DE UN DESEQUILIBRIO POR CUENTA CORRIENTE

Como ya hemos señalado la balanza por cuenta corriente de un país normalmente presentará un déficit o un superávit, y la existencia de este

---

[4] La fórmula que relaciona el déficit por cuenta corriente (excluido rentas de inversión), CC, con el nivel de posición deudora neta, d, la tasa de crecimiento del PIB nominal, g, y el tipo de interés, r, es la siguiente: $CC = ((g - r)/(1 + g)) \times d$

desequilibrio no debe ser normalmente un motivo de especial preocupación. Sin embargo, si un desequilibrio por cuenta corriente, y más concretamente un déficit, se mantiene de forma prolongada en el tiempo sí puede constituir un problema importante ya que puede hacerse insostenible y obligar a las autoridades a adoptar las medidas correctoras.

En principio, la insostenibilidad de un desequilibrio en cuenta corriente va a presentarse cuando un país registre un déficit elevado, de ahí que, desde una perspectiva de política económica, resulte fundamental determinar qué nivel de déficit en la balanza por cuenta corriente puede ser considerado como sostenible.

Sin embargo, en la práctica, como mostraremos a continuación, no es posible establecer un nivel universalmente reconocido que establezca cuando un déficit por cuenta corriente es o no sostenible (Véase el Recuadro 4., como ejemplo de las dificultades para determinar la sostenibilidad de un desequilibrio en la cuenta corriente). Es cierto que ha existido un cierto consenso en que un déficit por cuenta corriente no es sostenible si excede del 5% del PIB durante un período de tres o cuatro años, especialmente si está financiado con capital a corto plazo. Sin embargo, ni los estudios empíricos que se han llevado a cabo, ni la propia experiencia histórica, parecen confirmar esta creencia convencional. Así, hay países —como, por ejemplo, Australia o Israel— que han podido sostener elevados déficits por cuenta corriente durante períodos prolongados de tiempo, mientras que otros —como Chile o México— no lo han podido hacer y han sufrido varias crisis externas[5].

---

[5] Cabe destacar como entre los países integrados en una unión monetaria aún resulta más difícil establecer un nivel de sostenibilidad de desequilibrio en cuenta corriente. Así lo demuestran los enormes desequilibrios exteriores que durante la primera década de vida de la UEM registraron España, Grecia y Portugal. Asimismo, Estados Unidos, con su moneda, el dólar, aceptada como moneda de reserva en el mundo, ha podido mantener de forma muy prolongada elevados déficits por cuenta corriente sin incurrir hasta la fecha en crisis de balanza de pagos.

Recuadro 4
Un ejemplo de la dificultad para determinar la sostenibilidad de un déficit por cuenta corriente

Lo acontecido con la balanza de pagos de la economía española durante la crisis financiera global constituye un excelente ejemplo de las dificultades existentes para juzgar la sostenibilidad del desequilibrio exterior atendiendo exclusivamente al nivel del saldo en la cuenta corriente. En 2007, cuando la crisis financiera internacional empezó a manifestar sus primeros síntomas, la economía española presentaba unas necesidades de financiación (saldo de la cuenta corriente más la cuenta de capital) del 9,0% del PIB, muy por encima de lo que habitualmente es considerado sostenible. Además, este enorme desequilibrio en la cuenta corriente no era algo excepcional, sino que en años anteriores el desequilibrio también superó ampliamente el hipotético nivel sostenible del 5%. Sin embargo, la economía española no tenía apenas problemas de financiación. Las inversiones de cartera del exterior en España y la financiación captada en el exterior por las instituciones financieras prácticamente cubrían la totalidad de las necesidades de financiación de los sectores económicos nacionales, de modo que la financiación prestada por el Banco de España y, en última instancia, por el Eurosistema era prácticamente anecdótica (0,8% del PIB).

Por el contrario, en 2012 las necesidades de financiación de la economía española habían desaparecido. La gravedad de la crisis económica había facilitado una rápida corrección del desequilibrio exterior, hasta alcanzar el saldo por cuenta corriente más cuenta de capital un superávit del 0,7% del PIB. Sin embargo, la crisis de la deuda soberana de la UEM, unida a la crisis bancaria española, hicieron que las salidas netas de capital de nuestra economía alcanzaran el 16,8% del PIB. Estas salidas de capital tuvieron que ser financiadas exclusivamente mediante el aumento de la posición deudora del Banco de España frente al Eurosistema.

En definitiva, si se realiza una comparación del saldo en cuenta corriente (o cuenta corriente más cuenta de capital) en 2007 y 2012 y se analiza este dato de forma aislada nunca se llegaría a la conclusión de que un país con una capacidad de financiación del 0,7% del PIB va a tener enormes dificultades de financiación, mientras que por el contrario un déficit del entorno del 9%, que "a priori" podría ser juzgado como insostenible, pudo ser financiado fácilmente. Es cierto, que la interpretación del saldo de la balanza de pagos de España, como país integrado en la UEM, tiene elementos diferenciadores, pero en cualquier caso constituye un buen ejemplo de las dificultades para evaluar la sostenibilidad de un desequilibrio exterior atendiendo exclusivamente al nivel del desequilibrio en la cuenta corriente.

Balanza de Pagos de España (% del PIB)

	2007	2012
1. B.Comercial	-8,7	-2,7
2. B. Servicios	2,9	4,7
3. Renta Primaria	-2,5	-0,8
4. Renta Secundaria	-1,1	-1,1
1+2+3+4 Cuenta Corriente	-9,4	0,2
5. Cuenta de capital	0,4	0,5
6. C.Corriente + C.Capital	-9,0	0,7
7. C.Financiera (excl. B.E.)	-8,7	16,8
Inv. Ext. Directas	5,1	-1,6
Inv. en Cartera	-9,6	5,4
Otras Inversiones	-4,6	13,9
Derivados Financieros	0,4	-0,8
8. Banco de España (B.E.)	-0,8	-16,4
9. Errores y Omisiones	-0,5	0,1

Fuente: Elaboración propia a partir de Banco de España.

Desde un punto de vista estrictamente teórico, un nivel sostenible de la cuenta corriente es aquel consistente con la solvencia externa del país y ésta se define con relación al valor de la restricción presupuestaria de la economía, es decir, una economía es solvente si el valor presente descontado de los superávits por cuenta corriente futuros es igual al endeudamiento externo actual. Sin embargo, la aplicabilidad práctica de esta definición es muy limitada, por un lado, porque impone escasas restricciones a la evolución de la cuenta corriente y del endeudamiento externo y, por otro lado, por el hecho de que está relacionada con decisiones políticas y hechos futuros. De ahí que, los análisis que han tratado de cuantificar el nivel sostenible de déficit por cuenta corriente lo hayan hecho a partir de un criterio más práctico, considerando que un déficit por cuenta corriente es sostenible cuando de él se deriva una ratio deuda externa/PIB estable. Sin embargo, esta definición de déficit por cuenta corriente sostenible exige disponer de un modelo macroeconómico que permita calcular una senda de equilibrio de la balanza por cuenta corriente, y las estimaciones de déficit por cuenta corriente que se derivan de estos análisis están sujetas a numerosas limitaciones.

No obstante, sí es posible obtener algunas conclusiones muy relevantes respecto a la sostenibilidad de los déficits por cuenta corriente:

1) El saldo sostenible en la balanza por cuenta corriente varía de un país a otro.

2) La cuantía de un déficit por cuenta corriente por sí sola no facilita información suficiente para determinar su sostenibilidad a largo plazo.

3) La evaluación de la sostenibilidad del déficit por cuenta corriente debe hacerse junto a otra serie de variables económicas.

Por tanto, no tiene ningún sentido tratar de establecer un nivel de déficit por cuenta corriente que sirva de señal de alarma ante posible crisis externas. Un determinado nivel de déficit por cuenta corriente puede ser excesivo para un país, mientras que otros países pueden mantener de forma prolongada en el tiempo déficits muy superiores sin que su sostenibilidad sea cuestionada.

Dado que el tamaño del déficit por cuenta corriente no permite emitir juicios normativos en cuanto a su sostenibilidad, las autoridades económicas deben utilizar un amplio conjunto de indicadores macroeconómicos y estructurales que la teoría económica considera importantes a la hora de valorar la sostenibilidad externa y que han incidido en diferentes episodios de desequilibrios persistentes en la balanza por cuenta corriente. El Recuadro 5 resume algunos de los principales factores que inciden en la sostenibilidad de un desequilibrio por cuenta corriente.

Recuadro 5
Algunos factores que inciden en la sostenibilidad del déficit por cuenta corriente

La sostenibilidad de un déficit por cuenta corriente depende de un elevado y diverso número de factores, lo que dificulta notablemente evaluar cuando un déficit por cuenta corriente es o no sostenible.

Entre los factores que determinan la sostenibilidad de un déficit por cuenta corriente podemos destacar:

a) *El origen del déficit por cuenta corriente*

• Mayor sostenibilidad si el déficit tiene su origen en un aumento de la inversión, que si tiene su origen en una caída en el ahorro.

• Mayor sostenibilidad si el capital exterior se destina a financiar inversiones productivas.

b) *La composición de la cuenta corriente*

• Menor sostenibilidad si el déficit por cuenta corriente tiene su origen en la balanza comercial.

c) *El grado de apertura de la economía*

- Mayor sostenibilidad del déficit cuanto mayor sea el grado de apertura de la economía.
- Mayor sostenibilidad cuanto más diversificada sea la base exportadora.

d) *La composición de las entradas de capital*

- Mayor sostenibilidad cuando el déficit por cuenta corriente se financia con capital a largo plazo, por ejemplo, a través de inversión extranjera directa y en moneda nacional.

e) *El régimen cambiario*

- Menor sostenibilidad de un déficit por cuenta corriente en presencia de un sistema de tipos de cambio fijos o semifijos.

f) *La fragilidad del sistema financiero*

- Menor sostenibilidad de un déficit por cuenta corriente cuanto menos desarrollado esté el sistema financiero de un país.

g) *Inestabilidad política e incertidumbre sobre el entorno económico*

- La inestabilidad política o la incertidumbre sobre el curso futuro de la política económica afectará negativamente a la sostenibilidad de un déficit por cuenta corriente.

9. POLÍTICAS DE AJUSTE EXTERIOR

Como hemos visto a lo largo del capítulo, el mantenimiento de un cierto equilibrio exterior es un factor fundamental para garantizar la estabilidad macroeconómica de un país, por lo que las autoridades económicas deberán utilizar los instrumentos de política económica para garantizarlo. Sin embargo, tal y como hemos mostrado, es realmente difícil determinar cuándo las transacciones económicas y financieras con el exterior constituyen un factor de vulnerabilidad grave para la economía nacional que exija la adopción de medidas correctoras.

En primer lugar, es conveniente diferenciar entre déficits y superávits por cuenta corriente ya que aunque ambas situaciones pueden ser calificadas como desequilibrios exteriores, la gravedad, los efectos que de ellas se derivan y las políticas aplicables para su corrección son muy distintas. A pesar de que los superávits por cuenta corriente también pueden crear dificultades en una economía, en particular, como consecuencia de los problemas en el control de la cantidad de dinero derivados del aumento en los activos de reserva, difícilmente un superávit en cuenta corriente va a provocar una crisis que ponga en serio peligro la estabilidad macroeconómica del país. Es por ello que a la hora de analizar las políticas de ajuste exterior nos centraremos en las dirigidas a corregir los déficits por cuenta corriente.

En segundo lugar, es fundamental determinar el tipo de déficit exterior que presenta la economía. En concreto, si tiene un carácter coyuntural, es decir, de carácter temporal y asociado al ciclo económico o, si tiene un carácter estructural y, por tanto, que permanece en el tiempo y puede asociarse a factores estructurales propios del funcionamiento de la economía del país.

La balanza por cuenta corriente se ve afectada tanto por la posición cíclica de la economía nacional como por la de los países con los que realiza intercambios comerciales. En este sentido, es importante determinar si el comportamiento del saldo exterior es el reflejo de la posición cíclica y, en consecuencia, su evolución podría revertir cuando se modifiquen esas condiciones cíclicas, o responde a cambios estructurales y, por tanto, con mayor permanencia en el tiempo. Con la finalidad de determinar el peso relativo de los factores cíclicos y estructurales en la corrección del déficit por cuenta corriente, en los últimos años diferentes instituciones han calculado el saldo exterior ajustado cíclicamente, es decir, el saldo exterior que se registraría si la economía creciera a su nivel potencial[6].

La delimitación del carácter coyuntural o estructural del déficit por cuenta corriente es de suma importancia, ya que en función de ello las decisiones de política económica que deberán adoptar las autoridades serán muy distintas. En el caso de que el déficit exterior tenga un carácter coyuntural las autoridades no se verán obligadas a adoptar medidas de ajuste, sino que optarán por favorecer su financiación. Por el contrario, cuando el déficit por cuenta corriente tiene carácter estructural y, por tanto, se convierte en crónico a lo largo del tiempo, las autoridades deberán adoptar las medidas de política económica adecuadas para su corrección, incluso aunque inicialmente no se hayan enfrentado a problemas para su financiación por parte de los inversores internacionales.

9.1. Políticas para la financiación del déficit en cuenta corriente

Un déficit por cuenta corriente se financia con una entrada financiera neta (aumento neto en los pasivos financieros con el exterior) y/o con una reducción en los activos de reserva. En concreto, si se produce una financiación espontánea a través de entradas netas de capital no se registrará

6 Al igual que ocurre con el saldo presupuestaria ajustado cíclicamente, el cálculo de este indicador de desequilibrio exterior se enfrenta a la fiabilidad de la metodología empleada a la hora de calcular un teórico “output gap”.

caída en el nivel de activos de reserva, por el contrario, si las entradas netas de capital no cubren en su totalidad el déficit por cuenta corriente se producirá una pérdida en el nivel de activos de reserva.

Dado que la disponibilidad de activos de reserva es limitada, la financiación de un déficit por cuenta corriente a través de activos de reserva solo podrá realizarse si el desequilibrio externo tiene un carácter temporal y reversible. Además, es importante tener en cuenta que cuando un déficit exterior está siendo financiado mediante una reducción en los activos de reserva, su caída puede incidir en la voluntad de los inversores privados internacionales a la hora de prestar capital al país, que pueden descontar que los activos de reserva se agotarán dentro del horizonte de inversión de los inversionistas. Ante esta situación, las entradas netas de capital que están financiando parcialmente el déficit por cuenta corriente pueden tornarse en importantes salidas netas de capital, provocando un rápido agotamiento de los activos de reserva o una importante depreciación, si el país tiene un sistema de tipos de cambio flexibles.

No es fácil delimitar qué medidas concretas van a impulsar la entrada neta de capital extranjero que permita financiar déficits temporales de la balanza por cuenta corriente. En general, todas aquellas medidas que impulsen la estabilidad económica y política del país en el momento presente y en el futuro impulsarán la entrada estable de flujos financieros externos.

Cuando no se produzca una entrada espontánea de capital extranjero que permita financiar el déficit exterior, las autoridades pueden adoptar medidas de política monetaria y fiscal destinadas a mejorar el entorno económico nacional de inversión a largo plazo.

Desde el ámbito de la política monetaria, la subida de tipos de interés podría ayudar a incrementar las entradas netas de capital, a la vez que al reducir la inversión reduciría el déficit por cuenta corriente. No obstante, si el déficit exterior está asociado a una situación de elevado desempleo, la política monetaria restrictiva agravaría el desequilibrio interno. Por otro lado, las entradas de capital asociadas a la subida del tipo de interés normalmente serán muy volátiles, por lo que la subida de tipos de interés sólo puede constituir una solución temporal a los problemas de financiación del déficit exterior.

Desde el ámbito de la política presupuestaria, la reducción del déficit público puede contribuir a la corrección del déficit exterior. Si los inversores internacionales perciben que las políticas de gasto son inadecuadas, en el sentido de que no potencian el aumento de la productividad, y/o que el saldo presupuestario y el endeudamiento público son insostenibles, no se generarán de forma espontánea entradas netas de capital.

En definitiva, todas aquellas medidas que mejoren la capacidad de servicio de la deuda de la economía facilitarán la financiación espontánea de un déficit por cuenta corriente. No obstante, hay que resaltar que, aunque se consiga un entorno económico y político que facilite la financiación estable del déficit, no es posible ni aconsejable que esta situación se convierta en crónica. Como ya hemos resaltado, existe una relación dinámica entre cuenta corriente, cuenta financiera y posición de inversión internacional. Los déficits por cuenta corriente son financiados con entradas netas de capital, lo que supone un aumento en la posición deudora frente al exterior del país. En consecuencia, los pagos netos por rentas de inversión cada vez son mayores, provocando un progresivo aumento del déficit por cuenta corriente. A su vez, el progresivo deterioro en la posición deudora internacional puede acrecentar las dudas sobre la sostenibilidad del desequilibrio exterior, incrementando el coste de la financiación exterior. Por tanto, resulta inevitable que si el déficit exterior permanece en el tiempo las autoridades adopten medidas preventivas para su corrección, aunque todavía no se hayan producido problemas para su financiación.

9.2. Políticas de corrección del déficit por cuenta corriente

En ocasiones un país puede registrar un nivel de déficit por cuenta corriente que resulte insostenible y, aunque puede que a corto plazo no existan problemas para su financiación, a medio plazo es más que probable que los inversores internacionales no estén dispuestos a seguir financiando al país, por lo que se produciría de forma abrupta una crisis de balanza de pagos, con los consiguientes costes económicos para el país. En definitiva, antes de que surja una crisis de balanza de pagos en la que el país no pueda hacer frente a la financiación del desequilibrio exterior es conveniente que las autoridades económicas adopten medidas de política económica de carácter preventivo que favorezcan su corrección y que aseguren la sostenibilidad de la posición externa.

Desde un punto de vista macroeconómico y desde una perspectiva coyuntural, los tres instrumentos básicos de que disponen las autoridades para avanzar en la corrección del déficit exterior son las variaciones de los tipos de cambio, así como medidas de política monetaria y fiscal.

a) El tipo de cambio como instrumento de corrección del déficit exterior

En el apartado 6, cuando estudiamos los determinantes del saldo por cuenta corriente, vimos como el saldo por cuenta corriente depende del tipo de cambio real, entendido éste como un indicador de la competitividad relativa de la producción nacional en relación con el exterior (véase el Recuadro 6 en relación con el concepto de competitividad).

El tipo de cambio real mide el precio de los bienes y servicios nacionales en relación con los bienes y servicios del exterior cuando los expresamos en una moneda común. Podemos expresar el tipo de cambio real de los países de la zona euro frente a Estados Unidos ($R_{USA/UEM}$) de la forma siguiente:

$$R_{USA/UEM} = (E_{\$/€} \times P_{Euro})/P_{EE.UU}.$$

donde:

$E_{\$/€}$: tipo de cambio nominal del dólar frente al euro (número de dólares por euro)

P_{Euro}: precios de los bienes y servicios de la Eurozona

$P_{EE.UU.}$: precios de los bienes y servicios de Estados Unidos

Las depreciaciones reales, es decir, las reducciones en $R_{USA/UEM}$, mejoran la competitividad relativa de los productos nacionales y, por tanto, aumentan las exportaciones reales de bienes y servicios y reducen las importaciones, mejorando el saldo por cuenta corriente.

Dada la definición del tipo de cambio real, observamos que las variaciones en el tipo de cambio nominal van a tener su efecto en el tipo de cambio real y, en consecuencia, en el volumen de exportaciones e importaciones y, en última instancia, en el saldo por cuenta corriente.

Cuando un país tiene un sistema de tipos de cambio fijos o intervenidos, una devaluación nominal, es decir, una reducción en el valor de la moneda nacional respecto al resto de monedas va a abaratar el precio de los bienes y servicios nacionales en el exterior, incrementando las exportaciones, al tiempo que encarece los productos importados, por lo que fomentará la sustitución de productos importados por los de fabricación nacional.

En principio, en la medida en que una devaluación nominal aumenta el volumen de exportaciones y reduce el volumen de importaciones, normalmente va a traer consigo una reducción del déficit exterior. No obstante, la devaluación encarece el precio de los productos importados por lo que podría darse la circunstancia de que, aunque se importe menos en volumen, la cantidad a pagar en moneda nacional por los mismos se incremente y que, en última instancia, la devaluación no mejore el saldo por cuenta corriente. En otras palabras, tal y como establece la denominada condición de Marshall-Lerner, el efecto de la devaluación nominal sobre el saldo por cuenta corriente va a estar en función de las elasticidades precio de exportaciones e importaciones. Siempre que las elasticidades de exportaciones e importaciones sean elevadas (su suma supere la unidad), una devaluación nominal tendrá un efecto positivo sobre el saldo por cuenta corriente.

A su vez, el hecho de que la devaluación nominal encarezca las importaciones hará que los precios internos aumenten y, en consecuencia, merme la mejora de competitividad alcanzada por la vía de la devaluación nominal. Es por ello que es importante que las autoridades económicas complementen el ajuste del tipo de cambio con políticas monetarias y fiscales restrictivas que aminoren el efecto que la devaluación nominal tiene sobre los precios internos.

Recuadro 6
La competitividad de una economía: un concepto difícil de delimitar

En economías cada vez más abiertas, como consecuencia del rápido proceso de globalización económica y financiera registrado en las últimas décadas, la competitividad constituye una variable clave en el desempeño de cualquier país. Esta relevancia de la competitividad se acrecentó a partir del estallido de la crisis financiera global en 2008, especialmente para aquellos países de la UEM que presentaban un elevado endeudamiento público y privado, que limitaba las posibilidades de reactivación del crecimiento económico mediante el impulso de la demanda interna.

A pesar de la relevancia que en la actualidad tiene la competitividad, no existe una definición comúnmente aceptada del mismo y qué se entiende por competitividad dependerá del contexto en el que nos encontremos. En el presente capítulo, al igual que en la mayoría de los textos de teoría y política macroeconómica, hemos considerado una acepción restringida de la competitividad, en el sentido que consideramos que la competitividad de la producción nacional en relación con la producción exterior depende exclusivamente de los precios relativos entre países y, por tanto, de los precios nacionales, de los precios del exterior y del tipo de cambio nominal (es decir, del tipo de cambio real).

Junto a esta acepción restringida de la competitividad de la economía de un país, existen otras diferentes. Por un lado, lo que podríamos denominar competitividad exterior o comercial, entendida ésta como la capacidad de un país para vender sus productos en los mercados internacionales, lo que se plasma en el mantenimiento o ganancia de cuotas de mercado. Esta acepción de la competitividad de un país es similar a la que se tiene en cuanto a lo que constituye una empresa competitiva. Por otro lado, otra acepción se refiere a la competitividad agregada o económica, atendiendo a la cual la competitividad de un país depende de su capacidad para mantener o aumentar la producción, la productividad, el empleo y el nivel de vida de su población.

Si se considera el término competitividad en un sentido amplio no es de extrañar que la competitividad se haya convertido en un objetivo estratégico de la política económica de muchos países, ya que en definitiva a lo que nos estaríamos refiriendo es a la necesidad de que las autoridades económicas busquen unos buenos resultados de los principales indicadores económicos. En este sentido, las políticas económicas a aplicar para impulsar la competitividad de un país no se limitarían a las políticas coyunturales dirigidas a mantener los equilibrios macroeconómicos a corto plazo, sino que a su vez comprenderían todas aquellas medidas de índole estructural que fomenten la productividad del país.

Es importante resaltar que cuando un país forma parte de una unión monetaria, como la UEM, por definición es imposible el ajuste del tipo de cambio nominal, y, por tanto, la única forma para un país miembro de mejorar la competitividad-precio frente al resto de países que la integran es consiguiendo mantener una inflación inferior a la de sus competidores. La política económica habitualmente aplicada ha sido la denominada política de "devaluación interna", que presupone que una reducción de los costes salariales permitirá unos menores costes laborales unitarios, lo que dará lugar a crecimientos más moderados de los precios, y si la tasa de inflación de los competidores no cambia, permitirá una mejora en la competitividad, contribuyendo a la corrección del déficit por cuenta corriente.

Las políticas de devaluación interna inspiraron el marco general de aplicación de la política económica en los países deficitarios de la UEM tras el estallido de la crisis financiera global (véase el Recuadro 7. en relación al comportamiento de los desequilibrios por cuenta corriente en la UEM). Para impulsarlas se adoptaron sobre todo reformas en el mercado de trabajo que, fundamentalmente, perseguían modificar las instituciones de negociación colectiva para favorecer un ajuste a la baja de los salarios. También se introdujo una mayor competencia en los mercados de bienes y servicios para que las bajadas en los costes salariales se trasladasen con mayor rapidez a los precios, aunque estas medidas se adoptaron con mucha menos decisión. A su vez, las políticas de austeridad fiscal han constituido el otro pilar fundamental de esta estrategia.

Es muy discutible que las políticas de devaluación interna consiguieran los objetivos perseguidos de mejora de la competitividad, ya que, en ocasiones, como ha sido el caso de España la contención en los costes laborales no se trasladó en toda su cuantía a precios, sino que fue aprovechada para aumentar los márgenes de beneficios. Por otro lado, la devaluación interna agravó la caída en la demanda interna.

Recuadro 7
Los desequilibrios por cuenta corriente en la UEM

Una de las características más notables en el funcionamiento de la UEM tras su creación fue la existencia de importantes desequilibrios por cuenta corriente en su seno, que fueron además ampliándose hasta que en 2007 se desató la crisis financiera internacional. Así, mientras Alemania registraba en 2007 un superávit en su cuenta corriente y de capital cercano al 7% del PIB, y otros países más pequeños como Austria, Holanda o Finlandia registraban también cifras similares o superiores, la situación era muy diferente en Grecia, España y Portugal, con déficits próximos o mayores al 10% (véase gráfico 1).

Inicialmente los desequilibrios por cuenta corriente fueron contemplados como una muestra del buen funcionamiento de la UEM, en la medida que posibilitaban el trasvase de recursos financieros de los países con mayor renta hacia los países con menor renta, lo que impulsaría un proceso de convergencia real. Sin embargo, el trascurso del tiempo mostró que el tamaño y la persistencia que habían adquirido los desequilibrios constituían una amenaza a la propia UEM. De hecho, los países que en 2007 registraban un mayor déficit por cuenta corriente —Grecia, Portugal, España e Irlanda—, o bien fueron intervenidos o se vieron inmersos en crisis de deuda soberana.

Gráfico 1

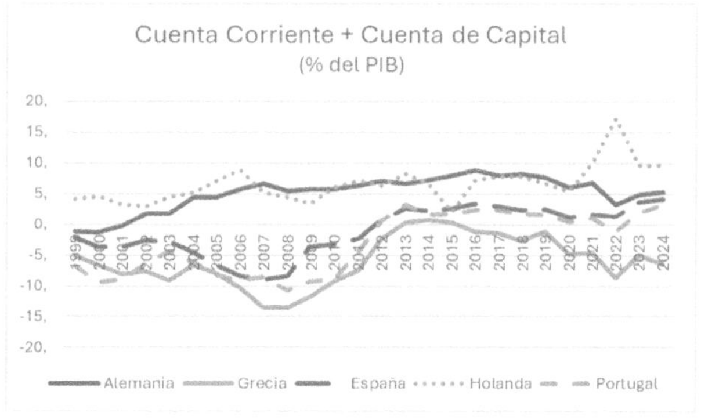

Gráfico 2

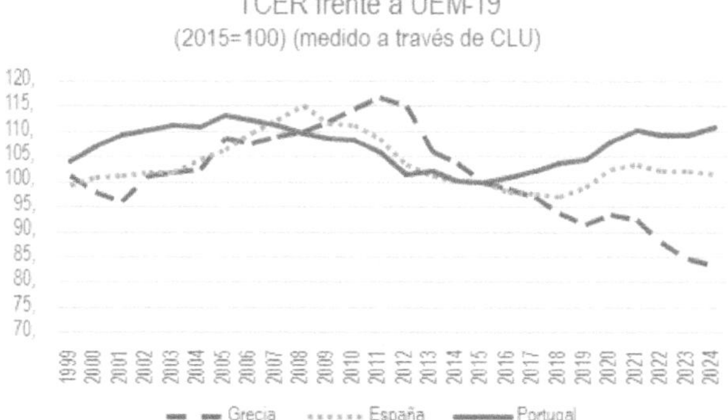

Fuente: Eurostat y elaboración propia.

El que los desequilibrios por cuenta corriente en el seno de la UEM alcanzasen unos niveles insostenibles respondió a la conjunción de distintos factores, que lejos de ser independientes estaban estrechamente interrelacionados: la existencia de abundantes y baratos recursos financieros en los países centrales de la UEM, que se dirigieron hacia los países deficitarios del sur, el comportamiento muy diferenciado de la competitividad de los países deficitarios y superavitarios y, por último, la existencia de un crecimiento muy diferenciado de la demanda interna de los países deficitarios y superavitarios. En definitiva, todos estos factores no eran sino la plasmación de un modelo de crecimiento económico desequilibrado, con los países centrales, liderados por Alemania, con un modelo de crecimiento basado en las exportaciones y, los países deficitarios del sur, con un modelo de crecimiento basado en el endeudamiento.

Cuando estalló la crisis financiera internacional quedó en evidencia que los déficits por cuenta corriente eran insostenibles y la recomendación de política económica de las autoridades europeas para su corrección se centró en la necesidad de recuperar de forma acelerada la competitividad perdida, como consecuencia del mayor crecimiento relativo de los costes laborales. Las políticas de devaluación interna y de austeridad fiscal se convirtieron en los instrumentos básicos que los países del sur tuvieron que aplicar con el fin de restablecer sus equilibrios macroeconómicos.

Desde 2008 se asistió a una muy rápida corrección en los déficits exteriores de los países periféricos del sur. Ahora bien, resulta bastante discutible que esto sea una muestra del éxito de las políticas de devaluación interna. Por un lado, aunque es cierto que la contención salarial permitió a España, Grecia y Portugal recuperar la competitividad-costes perdida durante la primera década de funcionamiento del euro (véase gráfico 2), las mejoras en competitividad-precio han sido mucho más moderadas, ya que las empresas aprovecharon la reducción de los costes laborales para incrementar sus márgenes de beneficios. Por tanto, difícilmente se puede argumentar que la corrección de los déficits por cuenta corriente responda a las mejoras de competitividad. De hecho, más bien fueron el resultado del hundimiento en la demanda interna, al cual contribuyeron las propias políticas de devaluación interna.

b) El papel de las políticas monetaria y fiscal en la corrección del déficit exterior

La variación en el tipo de cambio nominal puede contribuir a cerrar la brecha entre ahorro e inversión y, por tanto, a reducir el déficit por cuenta corriente, pero normalmente será preciso que la devaluación se acompañe de medidas encaminadas a reducir el gasto interno mediante la instrumentación de políticas fiscales y monetarias más restrictivas.

El signo de la política monetaria puede jugar un papel importante en la reducción del déficit por cuenta corriente. En ocasiones, como lo acontecido en la economía española en los años del boom inmobiliario, el déficit exterior puede estar asociado a la aplicación de una política monetaria fuertemente expansiva que se traduce en unos tipos de interés reales muy bajos o incluso negativos que impulsan la inversión y dañan el ahorro interno. En estas circunstancias, la aplicación de una política monetaria restrictiva y, por tanto, la elevación de los tipos de interés nominales y reales reducirá aquellos componentes del gasto que son sensibles al tipo de interés (fundamentalmente inversión y consumo), a la vez que probablemente alentará el ahorro. A su vez, el incremento en los tipos de interés estimulará que los inversores internacionales incrementen la demanda de activos financieros nacionales facilitando la financiación del déficit exterior.

Un aspecto que merece la pena destacar es la relación que en ocasiones se establece entre el saldo por cuenta corriente y el signo de la política monetaria. Si un déficit en la balanza por cuenta corriente se traduce en una reducción en los activos de reserva, como consecuencia de que no se producen suficientes entradas netas de capital, se registrará una reducción de la base monetaria (a no ser que se produzcan una esterilización que compense el descenso en los activos de reserva) y, por consiguiente, se estaría endureciendo el signo de la política monetaria. De esta forma tendríamos que un déficit por cuenta corriente de forma automática traería consigo un endurecimiento de la política monetaria que contribuiría al ajuste exterior.

Por su parte, la política fiscal también puede jugar un papel relevante en la corrección del desequilibrio entre gasto y renta. Medidas de política fiscal restrictivas (aumento en los impuestos o reducciones del gasto público) traerán consigo una reducción en la brecha entre ahorro e inversión y, con ello, del déficit por cuenta corriente. Tal y como analizamos en el apartado segundo, un déficit fiscal puede constituir una causa potencial del déficit por cuenta corriente, en cuyo caso su corrección facilitará la reducción del desequilibrio externo. No obstante, no toda política fiscal restrictiva tendrá un efecto corrector del déficit por cuenta corriente. Por ejemplo, si se producen recortes en determinadas partidas del gasto público, como los destinados a infraestructuras o investigación, puede que se esté dañando la capacidad potencial de la economía, de tal forma que, aunque a corto plazo la restricción fiscal contribuye al ajuste del déficit exterior, no es así a medio plazo. Por tanto, a la hora de utilizar la política fiscal restrictiva como instrumento corrector del déficit por cuenta corriente es preciso tener en cuenta que esas medidas pueden tener un impacto sobre las necesidades de financiación del sector privado y sobre el PIB potencial de la economía.

La utilización de políticas monetaria y fiscales restrictivas para contribuir al equilibrio externo constituye una fórmula adecuada cuando la economía se encuentra en una situación en la que el nivel de producción se encuentra por encima del potencial, es decir, cuando existe sobreempleo y déficit por cuenta corriente. Por el contrario, cuando la economía registra de forma simultánea déficit por cuenta corriente y desempleo (producción por debajo del potencial) se plantearía un dilema de política económica, ya que la utilización de las políticas de demanda restrictivas contribuiría al equilibrio externo, pero agravaría el desequilibrio interno.

10. PRESENTE Y FUTURO DE LA GLOBALIZACIÓN ECONÓMICA

La crisis financiera global que comenzó en 2008 marcó el fin de la tendencia de creciente globalización económica y financiera internacional que había comenzado tras la Segunda Guerra Mundial. Si analizamos dos indicadores de integración global, como el comercio mundial de bienes y servicios y la inversión extranjera directa (véanse gráficos 4 y 5), podemos observar que, tras alcanzar su máximo en 2007, el proceso de globalización económica se ha detenido al menos temporalmente.

Gráfico 4

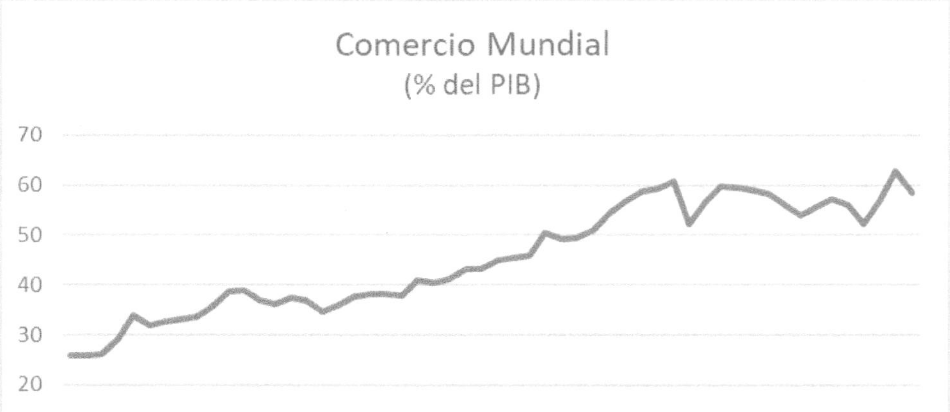

Comercio Mundial
(% del PIB)

Fuente: Banco Mundial. Open Database.

Gráfico 5

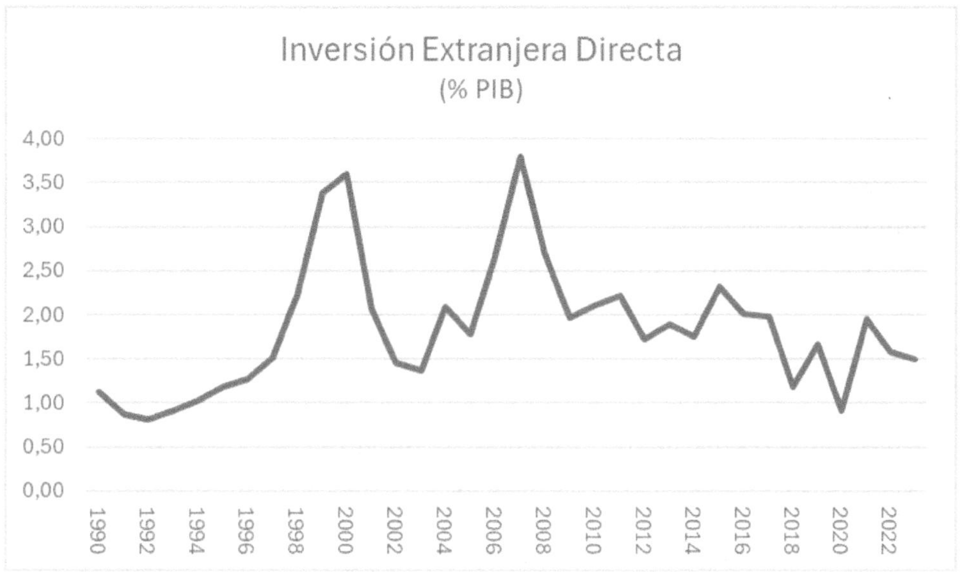

Fuente: Unctad.

Sin embargo, el estado actual del proceso de globalización y los múltiples interrogantes existentes sobre su futuro no es solo el resultado de la crisis financiera global. En los últimos años hemos asistido a un aumento de las tensiones geopolíticas, a disrupciones en las cadenas de suministro, a crisis externas, como la guerra de Rusia con Ucrania, a una pandemia mundial, y a un aumento de medidas proteccionistas, como la guerra arancelaria iniciada por el presidente estadounidense, Donald Trump, y todo ello ha tenido un importante impacto en el comercio mundial, planteando el interrogante de si la globalización económica y financiera ha llegado a su fin.

Actualmente, resulta complicado determinar si la globalización ha alcanzado su punto máximo, pero parece bastante plausible afirmar que estamos entrando en una nueva era de globalización y a una redefinición de esta. Estos cambios tendrán un impacto en el objetivo del equilibrio exterior que hemos analizado en este capítulo.

Para entender por qué la globalización se ha estancado es importante comprender el contexto en el que se produjo y los factores que la impulsaron. Al igual que con otras olas de globalización, hubo avances tecnológicos (la revolución en las telecomunicaciones y la informática) que facilitaron la profundización de la interacción económica internacional.

Estos avances fueron necesarios para que se produjera el proceso de globalización, pero en sí mismos no fueron suficientes, sino que también se dieron otros factores y circunstancias geopolíticas que facilitaron el proceso de globalización, y que en la actualidad parecen haber desaparecido y/o modificado. Tras la Segunda Guerra Mundial, Estados Unidos lideró el diseño de un orden económico mundial basado en normas y en el establecimiento de instituciones multilaterales encargadas de supervisar el cumplimiento de éstas.

Para impulsar el comercio mundial en 1947, bajo el liderazgo de Estados Unidos y el Reino Unido, 23 países firmaron el Acuerdo General sobre Aranceles Aduaneros y Comercio (GATT), posibilitando la recuperación gradual del comercio mundial. Posteriormente, con la progresiva eliminación de los controles a los movimientos internacionales de capital, iniciada por los países desarrollados a principios de la década de 1980, los flujos de capital (inversión extranjera directa y de cartera) impulsaron la interdependencia financiera mundial, a la vez que posibilitaron la existencia de desequilibrios en las cuentas corrientes, que hasta ese momento eran imposibles de financiar.

Más tarde, la caída del Muro de Berlín y la adopción de un modelo de crecimiento basado en la exportación por parte China fueron el catalizador de la rápida expansión del comercio y la inversión acaecida en la última década del siglo XX y principios del XXI.

La apuesta por el libre comercio se convirtió en un pilar fundamental del orden económico mundial. Así, el número de países miembros del GATT y su sucesora, la Organización Mundial del Comercio (OMS), se expandió rápidamente hasta alcanzar los 166 miembros en 2024. A través de ocho rondas de negociaciones arancelarias, los aranceles globales se redujeron sustancialmente y los vínculos económicos internacionales a través del comercio y la inversión se profundizaron.

En definitiva, el proceso de globalización económica iniciado tras la Segunda Guerra Mundial y que alcanzó su máximo en la primera década del S.XXI no solo fue resultado de los avances tecnológicos, sino también de una clara apuesta política por el libre comercio, la integración financiera internacional, la economía de mercado y el multilateralismo.

Gráfico 6

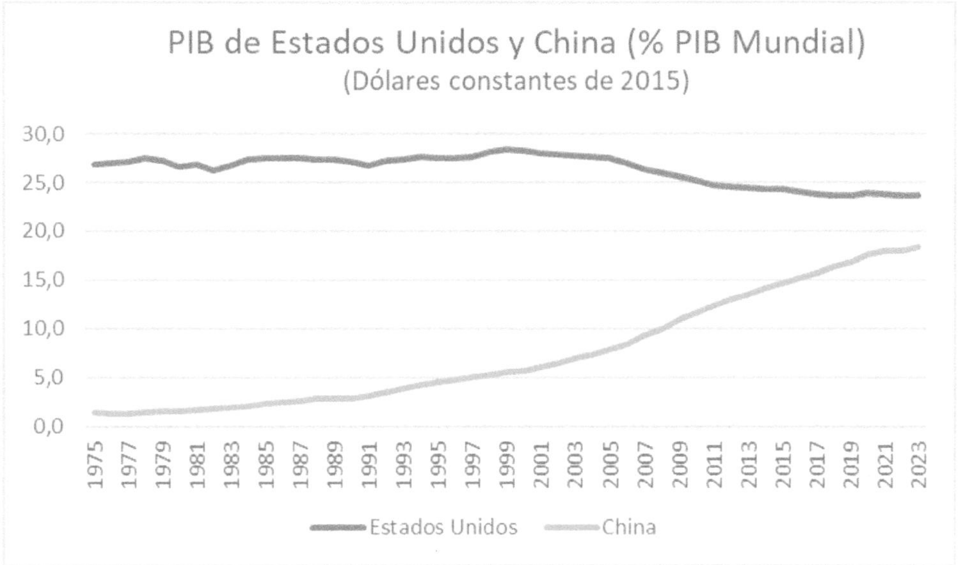

Fuente: Banco Mundial. Open Database.

Estados Unidos, que constituía con diferencia la principal potencia hegemónica mundial, fue la impulsora del orden económico internacional que facilitó el proceso de globalización económica internacional. Así, a finales de los años 40 y principios de los cincuenta del S.XX el PIB estadounidense representaba en torno al 50% del PIB mundial. Esta excepcional hegemonía de la economía norteamericana era algo anómalo como consecuencia de la devastación que la guerra supuso para las economías europea. Una vez superados los efectos de la guerra mundial, desde los años setenta hasta finales del pasado siglo, el peso del PIB norteamericano se situó en torno al 28% del PIB mundial, iniciando un ligero pero continuado retroceso hasta suponer el 23,6% en 2023 (véase gráfico 6).

El papel hegemónico de Estados Unidos en la economía mundial se acrecentaba aún más si tenemos en cuenta que era el claro líder entre las democracias liberales. El peso económico de los principales países democráticos (Estados Unidos, Unión Europea, Reino Unido, Japón y Canadá) en 1980 representaba aproximadamente el 67% del PIB mundial, participación que se ha reducido hasta el 48% en 2023.

Sin embargo, este orden económico unipolar se ha visto progresivamente modificado a lo largo de los últimos treinta años con la irrupción de la economía china. En 1980 China representaba el 1,6% del PIB mundial, en

2023 su participación se situó en el 18,4% Si en el año 2000 la economía estadounidense era cinco veces mayor que la china, en 2023 tan solo la superaba en un 28%.

Pero no solo se ha producido en las últimas décadas un cambio en el tamaño relativo de las grandes economías. China se ha convertido en la mayor potencia comercial mundial y un actor relevante en las finanzas globales. Desde una perspectiva económica, por lo tanto, el dominio indiscutible de Estados Unidos ha desaparecido, a lo que se añade la pérdida de relevancia de las democracias liberales defensoras del orden económico internacional fundado por Estados Unidos tras la Segunda Guerra Mundial.

Esta redistribución de la actividad económica mundial no sólo ha provocado un cambio en la dinámica de poder en las negociaciones comerciales, sino que ha erosionado el consenso político económico basado en las bondades del libre mercado que ha sustentado el proceso de globalización económica.

El auge de China no solo ha representado una ruptura con los principios del neoliberalismo económico, sino que también ha generado un creciente cuestionamiento del sistema de mercado y de las teorías que lo respaldan, incluso dentro de las propias democracias liberales. En particular, la distribución desigual de los beneficios derivados de la globalización ha acentuado la disparidad de riqueza tanto entre países como en el interior de estos.

El mundo, por lo tanto, ha pasado de un liderazgo unipolar y con un modelo económico en gran medida indiscutible, a un mundo multipolar, en el que no solo se compite en el ámbito económico sino también en cuanto al modelo económico.

En este nuevo marco internacional, el presidente estadounidense, Donald Trump, ha considerado que los objetivos de política nacional estaban siendo amenazados por el comercio internacional y que la mejor forma de devolver a Estados Unidos la hegemonía económica que tenía en el pasado es el establecimiento de restricciones comerciales que protejan la producción nacional, aunque esto sea a costa de dinamitar las reglas del orden económico mundial definidas hace ochenta años.

La guerra arancelaria iniciada por Trump en 2025, que tuvo su origen en su primer mandato en 2018, representa uno de los ejemplos más claros de los desafíos que enfrenta el proceso de globalización económica. Este conflicto comercial ilustra cómo las tendencias recientes hacia una posible reversión de la globalización podrían consolidarse. Asimismo, medidas como los controles a las exportaciones —destinados a frenar la difusión tecnológica—, las políticas orientadas a proteger las cadenas de suministro y fomentar la producción nacional, así como ciertas intervenciones públicas como los subsidios industriales, contradicen los principios del sistema de comercio multilateral que ha sustentado la globalización en las últimas décadas.

El sistema económico mundial en el que han operado la mayoría de los países durante los últimos ochenta años ha experimentado cambios sustanciales, marcando el inicio de una nueva era a nivel global. Al mismo tiempo, las normas que han sustentado el orden internacional —como los principios del libre comercio— están siendo cuestionadas, sin que hayan surgido aún nuevas reglas ampliamente aceptadas que las reemplacen.

Es en este contexto de cambio de paradigma donde Estados Unidos ha desatado una guerra comercial que persigue no solo objetivos económicos, sino también geopolíticos. Los aranceles impuestos no solo generarán un shock de demanda negativo para el resto del mundo, sino también un shock de oferta adverso para la propia economía estadounidense. En este sentido, el objetivo del presidente Trump no es únicamente favorecer a la economía norteamericana, sino, sobre todo, debilitar a sus principales competidores comerciales. Además, la guerra arancelaria tendrá repercusiones significativas no solo sobre la actividad económica global, sino también en el ámbito financiero, dificultando el acceso a financiación internacional y complicando la cobertura de los desequilibrios en la balanza de pagos.

En definitiva, al igual que el orden económico internacional, el proceso de globalización económica ha ingresado en una nueva etapa. Esto no implica su desaparición, pero sí una transformación caracterizada por elementos claramente diferenciados respecto al pasado. Persiste una considerable incertidumbre en torno a las normas que regirán el comercio internacional y a la capacidad de este nuevo marco para fomentar un crecimiento económico inclusivo, que no profundice las desigualdades tanto entre países como dentro de ellos. En este contexto, es fundamental recordar que la globalización económica y financiera no debe concebirse como un fin en sí mismo, sino como un medio para promover el bienestar general de la población mundial.

ORIENTACIÓN BIBLIGRÁFICA

Para un análisis del equilibrio exterior y de la política económica en una economía abierta desde un punto de vista académico y utilizando el marco teórico tradicional IS-LM-BP puede verse Cuadrado Roura, J.R. (Director) (2023): *Política Económica: elaboración, objetivos e instrumentos,* McGraw-Hill, Madrid, 7ª Edición, Cap. 12., y Fernández Díaz, A., Parejo Gámir, J.A. y Rodríguez Saiz, L. (2006): *Política Económica,* McGraw-Hill, Madrid, Cap. 8.

Un análisis de las políticas de fomento de competitividad y, en general, de las políticas estructurales encaminadas a favorecer el reequilibrio exterior, aspectos que no han sido tratados en el presente capítulo, puede encontrarse en Antuñano Maruri, I. y Sánchez Andrés, A. (2009): *Política Económica. Elaboración y políticas coyunturales,* Tirant lo Blanch, Valencia, Cap. 11.

Para un análisis en profundidad de la estructura y criterios de elaboración de la balanza de pagos y la posición de inversión internacional, véase Fondo Monetario Internacional (2013): *Manual de Balanza de Pagos y Posición de Inversión Internacional. Sexta Edición,* Washington, y Banco de España (2015), *Balanza de Pagos de España 2014,* Madrid, Cap. 2, Nota Metodológica.

Existe una amplia bibliografía específica en que se analizan distintos aspectos relacionados con los desequilibrios en la balanza de pagos, tanto desde un punto de vista teórico, como de los desequilibrios externos a nivel global o en la UEM. Para la interpretación de la cuenta corriente y porqué es importante su seguimiento véase: Gosh, A. y Ramakrishnan, U. (2006) ¿Importa el déficit en cuenta corriente?, *Finanzas y Desarrollo,* diciembre, y Blanchard, O. y Milesi-Ferretti (2011), (Why) Should current accounts be reduced?, *IMF Staff Discussions Note,* marzo. Para un análisis detallado de los desequilibrios por cuenta corriente en el seno de la UEM antes de la crisis financiera global véase: Arestis, P. y Paúl, J. (2009). "Los déficits por cuenta corriente en la UEM y la crisis financiera internacional", *Ola Financiera,* México, Vol. 6, Nº. 14, y Chen, R., Milesi-Ferretti, G.M. y Tressel, T. (2012) "External Imbalances in the euro Area", *IMF Working Paper* 12/236. Puede profundizarse en el análisis de los desequilibrios globales en cuenta corriente en Bernanke, B. (2005): "The global saving glut and the U.S. current account deficit", Speech at the Sandridge Lecture, Richmond, March 10. El concepto de saldo por cuenta corriente ajustado al ciclo y el comportamiento de este en las principales economías puede verse en Estrada, A. (2012): "El saldo en la balanza por cuenta corriente ajustado de ciclo: un análisis para las economías del G-20", *Boletín Económico del Banco de España,* marzo, 2013, pp. 57-67.

Para un análisis del presente y futuro de la globalización económica, véase la colección de documentos que presenta la Hinrich Foundation con el título "Entering a new era of globalization", https://www.hinrichfoundation.com/research/article/trade-and-geopolitics/entering-a-new-era-of-globalization.